全国各类高等院校食品加工工艺专业规划与创新系列教材

食品分析检测技术

主　编　蔚　慧　张　建　李志民
副主编　李慧婉　赵　赟　姜海云
　　　　郭　伟　王　丽

中国商业出版社

图书在版编目(CIP)数据

食品分析检测技术/蔚慧、张建、李志民主编.—北京：中国商业出版社，2023.4
ISBN 978—7—5208—0126—3

Ⅰ.①食… Ⅱ.①蔚…②张…③李… Ⅲ.①食品分析－高等学校－教材②食品检验－高等学校－教材 Ⅳ.①TS207.3

中国版本图书馆 CIP 数据核字(2018)第 209867 号

责任编辑：蔡 凯

中国商业出版社出版发行
010—63180647　www.c-cbook.com
(100053 北京广安门内报国寺1号)
新华书店经销
北京军迪印刷有限责任公司印刷

＊ ＊ ＊ ＊ ＊

787 毫米×1092 毫米　16 开　17 印张　320 千字
2018 年 7 月第 1 版　2023 年 4 月第 2 次印刷

定价：56.00 元

＊ ＊ ＊ ＊

(如有印装质量问题可更换)

前　言

  本教材是由从事食品检测教学工作十余年的一线教师,通过总结多年教学经验,结合食品检验工国家职业资格考试的要求、标准和多届毕业学生在企业从事食品检验与安全管理实际岗位职业能力要求精心编写,同时邀请食品质量检测技术人员参与编写工作。注重以国家职业资格鉴定标准与企业用人实际需求为依据,适当融入我国食品行业发展预期。坚持以学生为主体,充分考虑学生学习兴趣和特点,将促进学生认知能力发展和建立职业认同感相结合,力争实现知识与技能、过程与方法、情感态度与价值观学习的统一。

  本教材以食品企业及质量检测部门、农产品质量检测部门、质量技术监督部门的任职要求为依据,以任务教学为线索,即以食品检测的工作能力、工作任务为线索,选取学生必需的基础知识、基本操作技能和食品检测工作岗位的典型工作任务进行编写,注重培养学生从事食品检测职业的综合素质能力。教材中的试剂配制、操作步骤、理论基础、检测方法、结果分析主要参考国家现行标准进行编写,体现了食品检测工作岗位的实际需要。

  本书将教学内容模块化,强化实用性,并尽可能反映食品分析的新技术、新成果。内容包括食品分析与检测知识概述、样品制备、感官检验、物理检验、水分测定、矿物质的测定、酸度的检测、蛋白质的测定、碳水化合物的测定、脂类的测定、维生素的测定和食品添加剂的检测、食品包装材料及容器的检测和食品中有毒物质的检测,另外还包括食品分析与检测的典型实验十一例。

  本书由邯郸职业技术学院蔚慧(模块一、二、十、十四)、张建(模块四、六、十一、十二)、李志民(模块三、九)担任主编,副主编为邯郸职业技术学院李慧婉(模块十五)、赵赟(模块十三)、姜海云(模块八)、邯郸一中郭伟(模块五)、王丽(模块七),蔚慧、张建负责全书的设计、统稿工作。

本书适合高职高专层次食品营养与检测技术、食品加工技术类、食品质量与安全、食品药品监督管理专业等食品相关专业使用的教材,亦可作为食品生产、科研和管理人员的参考用书。本书在编写过程中得到学校领导和教研室同仁们及中国商业出版社编辑的热情支持与大力帮助,在此表示衷心的感谢。

由于编者水平有限,书中难免存在疏漏或不当之处,恳请各位专家与读者批评指正。

编者

2023 年 3 月

目 录

模块一 概述 ………………………………………………………………… (1)
 项目一 食品分析的目的 ………………………………………………… (2)
 项目二 食品分析的内容 ………………………………………………… (2)
 项目三 食品分析检验的方法 …………………………………………… (4)

模块二 食品样品的采集与处理 ………………………………………… (7)
 项目一 采样 ……………………………………………………………… (8)
 项目二 样品预处理 ……………………………………………………… (10)
 项目三 食品分析的数据处理 …………………………………………… (17)

模块三 食品的感官检验法 ……………………………………………… (21)
 项目一 概述 ……………………………………………………………… (22)
 项目二 感官检验常用的方法 …………………………………………… (27)
 项目三 感官检验数据的统计分析 ……………………………………… (28)

模块四 物理检验 ………………………………………………………… (31)
 项目一 相对密度法 ……………………………………………………… (32)
 项目二 折光法 …………………………………………………………… (36)
 项目三 旋光度的检测 …………………………………………………… (40)
 项目四 黏度检验 ………………………………………………………… (41)
 项目五 气体压力测定法 ………………………………………………… (43)

模块五 水分的测定 ……………………………………………………… (45)
 项目一 概述 ……………………………………………………………… (46)

项目二　重量法 …………………………………………………………………………（47）
　　项目三　容量法 …………………………………………………………………………（50）
　　项目四　仪器法 …………………………………………………………………………（52）

模块六　灰分及几种矿物元素的测定 ………………………………………………（57）
　　项目一　概述 ……………………………………………………………………………（58）
　　项目二　灰分的测定 ……………………………………………………………………（58）
　　项目三　食品中营养元素的测定 ………………………………………………………（62）
　　项目四　食品中有害元素的测定 ………………………………………………………（70）

模块七　酸度的测定 …………………………………………………………………（77）
　　项目一　概述 ……………………………………………………………………………（78）
　　项目二　食品中总酸度的测定 …………………………………………………………（79）
　　项目三　挥发酸的测定 …………………………………………………………………（81）
　　项目四　有效酸度（pH值）的测定 ……………………………………………………（82）
　　项目五　乳及乳制品酸度的测定 ………………………………………………………（85）

模块八　蛋白质和氨基酸的测定 ……………………………………………………（88）
　　项目一　概述 ……………………………………………………………………………（89）
　　项目二　凯氏定氮法 ……………………………………………………………………（89）
　　项目三　蛋白质的快速测定法 …………………………………………………………（96）
　　项目四　氨基酸总量的测定 ……………………………………………………………（99）
　　项目五　氨基酸的分离定量 ……………………………………………………………（102）

模块九　碳水化合物的测定 …………………………………………………………（105）
　　项目一　概述 ……………………………………………………………………………（106）
　　项目二　还原糖的测定 …………………………………………………………………（106）
　　项目三　蔗糖的测定 ……………………………………………………………………（115）
　　项目四　总糖的测定 ……………………………………………………………………（118）
　　项目五　淀粉的测定 ……………………………………………………………………（119）
　　项目六　纤维的测定 ……………………………………………………………………（123）
　　项目七　果胶物质的测定 ………………………………………………………………（128）

模块十 食品中脂类物质的测定 ································· (133)
    项目一 概述 ··· (134)
    项目二 重量法 ··· (135)
    项目三 容量法 ··· (140)
    项目四 仪器分析法 ··· (142)

模块十一 食品添加剂的测定 ·· (145)
    项目一 防腐剂的测定 ··· (146)
    项目二 护色剂的测定 ··· (152)
    项目三 抗氧化剂的测定 ·· (157)
    项目四 漂白剂和着色剂的测定 ··································· (160)

模块十二 维生素的测定 ·· (168)
    项目一 维生素的种类 ··· (169)
    项目二 维生素 A 的测定 ·· (169)
    项目三 维生素 D 的测定 ·· (173)
    项目四 维生素 E 的测定 ·· (175)
    项目五 维生素 C 的测定 ·· (177)
    项目六 维生素 B_2 的测定 ·· (180)

模块十三 食品包装材料及容器的检测 ························· (183)
    项目一 概述 ··· (184)
    项目二 食品包装用塑料成型品的检测 ························· (186)
    项目三 食品用橡胶制品及容器内壁涂料的检测 ············ (189)
    项目四 食品包装用纸的检测 ······································· (192)

模块十四 有毒物质的测定 ··· (196)
    项目一 农药 ··· (197)
    项目二 兽药 ··· (205)
    项目三 毒素 ··· (208)

模块十五 实验 ·· (213)
    实验一 乳粉中水分含量的测定 ··································· (213)

实验二　面粉中灰分含量的测定 …………………………………………………… (214)

实验三　木耳中铁的测定 ……………………………………………………………… (216)

实验四　汽水中总酸度的测定 ………………………………………………………… (217)

实验五　牛乳中脂肪的测定 …………………………………………………………… (219)

实验六　水果硬糖中还原糖的测定 …………………………………………………… (220)

实验七　豆乳饮料中蛋白质的测定 …………………………………………………… (223)

实验八　酱油中氨基酸态氮含量的测定 ……………………………………………… (225)

实验九　果蔬中维生素 C 含量的测定 ………………………………………………… (227)

实验十　番茄酱中番茄红素的测定 …………………………………………………… (229)

实验十一　咸肉中亚硝酸盐的测定 …………………………………………………… (230)

附录 …………………………………………………………………………………………… (233)

附表 …………………………………………………………………………………………… (241)

模块一　概述

◆ **基础理论和知识**

1. 食品分析检验技术的目的。
2. 食品分析检验的主要内容。
3. 食品分析检验的常见方法。

◆ **基本技能及要求**

1. 掌握食品分析的定义。
2. 掌握食品分析的作用。
3. 了解食品分析的范围。

◆ **学习重点**

食品分析的检验内容。

◆ **学习难点**

掌握食品分析检验的方法。

◆ **导入案例**

市场中食品种类繁多，怎么才能保证我们买到的是安全卫生的食品呢？根据我国《食品安全法》食品出厂之前，必须经过检验，出厂检验是食品生产中的最后一道工序，是食品生产者能够控制的最后一道关卡。食品生产者如果不能严格把关，就有可能使不符合食品安全标准的食品流入市场。出厂后出现问题，食品生产企业即使召回食品，也会对其声誉造成不同程度的影响。查验出厂食品，更是对消费者的身体健康负责。企业作为食品安全的第一责任人，有责任、有义务对自己生产的食品检验，确保出厂食品合格、安全。

◆ **讨论**

1. 食品分析的主要内容是什么？
2. 食品分析常用方法有哪些？

项目一　食品分析的目的

任务1　食品分析的意义

一、食品分析的目的

食品分析检验就是专门研究各类食品组成成分的检测方法、检验技术及有关理论的一门技术性和应用性学科。

食品是人们日常生活不可缺少的物质，还是人类的能量来源。因此，食品品质的好坏，直接关系着人们的身体健康，而评价食品品质的好坏，就是要看它的营养性、安全性和可接受性，即营养成分含量多少，存不存在有毒有害物质和感官性状如何。

二、食品分析的任务

食品分析的任务是运用物理、化学、生物化学等学科的基本理论及各种科学技术，对食品工业生产中的物料（原料、辅助材料、半成品、成品、副产品等）的主要成分及其含量和有关工艺参数进行检测。

任务2　食品分析的作用

在食品科学研究中，食品分析是不可缺少的手段，不管是理论性研究还是应用性研究，几乎都离不开食品分析。例如，在开发新的食品资源，试制新产品、新设备，改革生产工艺，改进产品包装、贮运技术等方面的研究中，常需选定适当的项目进行分析，再将分析结果进行综合对比，得出结论。

项目二　食品分析的内容

任务　食品分析的主要对象

由于食品的种类繁多，组成成分十分复杂，分析的目的不同分析项目也各不相同，某些食品还有特定的分析项目，这使食品分析的范围十分广泛，它包括以下一些内容。

一、食品营养成分的分析

食品是供给人体能量，构成人体组织和调节人体内部产生的各种生理过程的原料，因此，一切食品必须含有人体所需的营养成分。食品的种类繁多，但从营养成分来看，主要有水分、灰分、矿物元素、脂肪、碳水化合物、蛋白质与氨基酸、有机酸、维生素八大类，这是构成食品的主要成分。

不同的食品所含营养成分的种类和含量是各不相同的,在天然食品中,能够同时提供各种营养成分的品种较少,人们必须根据人体对营养的要求,进行合理搭配,以获得较全面的营养。为此必须对各种食品的营养成分进行分析,以评价其营养价值,为选择食品提供资料。此外,在食品工业生产中,对工艺配方的确定、工艺合理性的鉴定、生产过程的控制及成品质量的监测等,都离不开营养成分的分析。营养成分的分析是食品分析的主要内容。

二、食品添加剂的分析

在食品生产中,为了改善食品的感官性状,为改善食品原来的品质、增加营养、提高质量,为延长食品的货架期而加入食品添加剂。由于目前所使用工艺需要,常加入一些辅助材料。

食品添加剂多为化学合成物质,有些对人体具有一定的毒性,故国家对其使用范围及用量均作了严格的规定。为监督在食品生产中合理地使用食品添加剂,保证食品的安全性,必须对食品添加剂进行检测,这是食品分析的一项重要内容。

三、食品中有害物质的分析

正常的食品应当无毒无害,符合应有的营养素要求,具有相应的色、香、味等感官性状,但食品在生产、加工、包装、运输、贮存、销售等各个环节中,常产生、引入某些对人体有害的物质,按其性质分,主要有以下几类:

1. 有害元素

这是由工业"三废"、生产设备、包装材料等对食品的污染所造成的,主要有砷、铅、镉、汞等。

2. 农药

由于不合理地施用农药造成对农作物的污染或因工业"三废"对动植物生长环境造成污染,再经动植物体的富集作用及食物链的传递,最终造成食品中农药的残留。

3. 细菌、霉菌及其毒素

这是由于食品的生产或贮藏环节不当而引起的微生物污染,此类污染物中,危害最大的是黄曲霉毒素。

4. 食品加工中形成的有害物质

在一些食品加工中,可形成有害物质。如在腌制、发酵等加工过程中,可形成亚硝胺;在烧烤、烟熏等加工中,可形成3,4-苯并芘。

5. 来自包装材料的有害物质

由于使用了质量不符合卫生要求的包装材料,其中的有害物质如聚氯乙烯、多氯联苯、荧光增白剂等对食品造成污染。食品中有害物质的种类很多,来源各异,且随着环境污染的日趋严重,食品污染源将更加广泛。为了保证食品的安全性,必须对食品中的有害成分进行监督检验。

四、食品的感官鉴定

各种食品都具有各自的感官特征，除了色、香、味是所有食品共有的感官特征外，液态食品还有澄清、透明等感官指标，固体、半固体食品还有软、硬、弹性、韧性、黏、滑、干燥等一切能为人体感官判定和接受的指标。好的食品不但要符合营养和卫生的要求，而且要有良好的可接受性。因此，各类食品的质量标准中都有感官指标。感官鉴定是食品质量检验的主要内容之一，在食品分析中占有重要的地位。

项目三 食品分析检验的方法

在食品分析过程中，由于分析目的的不同，干扰成分的性质及它们在食品中存在的数量的差异，所选择的分析方法也各不相同。食品分析采用的方法有感官检验法、化学分析法、仪器分析法、微生物分析法和酶分析法。

任务1 感官检验法

感官检验又称感官分析，是在心理学、生理学和统计学的基础上发展起来的一种检验方法。它是借助人的感觉器官的功能，如视觉、嗅觉、味觉和触觉等感觉来检验食品的色、香、味和组织状态等。

感官检验是与仪器检验并行的重要的检测手段，其重要性不仅在于有些产品的特性目前还不能用仪器检验，只能靠感官，即使能够得到先进的测量仪器，感官检验的重要性也不随之降低，因为感官指标与理化指标是相互补充的，只有仪器分析与感官分析相结合才能得到产品质量的完整信息。因此，感官检验法是食品重要的分析手段之一。

任务2 化学分析法

化学分析法是以物质的化学反应为基础，使被测成分在溶液中与试剂作用，由生成物的量或消耗试剂的量来确定组分和含量的方法。化学分析法包括定性分析和定量分析两部分。但对于食品分析来说，由于大多数食品的来源及主要成分都是已知的，一般不必作定性分析，仅在个别情况下才作定性分析。因此，最经常的工作是定量分析。

化学定量分析法包括重量法和容量法，食品中水分、灰分、脂肪、果胶、纤维等成分的测定，常规法都是重量法。容量法又包括酸碱滴定法、氧化还原滴定法、络合滴定法和沉淀滴定法四种，其中前两种最常用，如酸度、蛋白质的测定用到酸碱滴定法，还原糖、维生素C的测定用到氧化还原滴定法。

化学分析法是食品分析的基础。即使是现代的仪器分析，也都是用化学方法对样品进行预处理及制备标准样品，而且仪器分析的原理大多数也是建立在化学分析的基础上的。

为检验仪器分析的准确度和精密度,还须用规定的或推荐的化学分析标准方法作对照,以确定两种方法分析结果的符合程度。因此,化学分析法是食品分析最基本的、最重要的分析方法。食品中大多数成分的分析都可以靠化学分析方法来完成。

任务3　仪器分析法

以物质的物理或物理化学性质为基础,利用光电仪器来测定物质含量的方法称为仪器分析法。它包括物理分析法和物理化学分析法。

物理分析法是通过测定密度、黏度、折光率、旋光度等物质特有的物理性质来求出被测组分含量的方法。如密度法可测定糖液的浓度、酒中酒精含量,检验牛乳是否掺水、脱脂等等;折光法可测定果汁、番茄制品、蜂蜜、糖浆等食品的固形物含量,牛乳中乳糖含量等;旋光法可测定饮料中蔗糖含量、谷类食品中淀粉含量等。

物理化学分析法是通过测量物质的光学性质、电化学性质等物理化学性质来求出被测组分含量的方法。它包括光学分析法、电化学分析法、色谱分析法、质谱分析法和放电化学分析法等,食品分析中常用的是前三种方法。

光学分析法又分为紫外——可见分光光度法、原子吸收分光光度法、荧光分析法等,可用于测定食品中无机元素、碳水化合物、蛋白质、氨基酸、食品添加剂、维生素等成分。

电化学分析法又分为电导分析法、电位分析(离子选择电极)法、极谱分析法等。电导法可测定糖品灰分和水的纯度等;离子选择电极法广泛应用于测定pH值、无机元素、酸根、食品添加剂等成分;极谱法已应用于测定重金属、维生素、食品添加剂等成分,这些方法解决了一些食品的前处理和干扰问题。

色谱法是近些年来迅速发展起来的一种分析技术,它极大地丰富了食品分析的内容,解决了许多用常规化学分析法不能解决的微量成分分析的难题,为食品分析技术开辟了新途径。色谱法包含许多分支,食品分析中常用的是薄层色谱法、气相色谱法和高效液相色谱法。可用于测定有机酸、氨基酸、糖类、维生素,食品添加剂、农药残留量、黄曲霉素等成分。

仪器分析法具有灵敏、快速、操作简单、易于实现自动化等优点。随着科学技术的发展,仪器分析法已越来越广泛地应用于食品分析中。

任务4　微生物分析法

微生物分析法是基于某些微生物生长需要特定的物质,方法条件温和,克服了化学分析法和仪器分析法中某些被测成分易分解的弱点,方法的选择性也较高。此法广泛应用于维生素、抗生素残留量、激素等成分的分析中。

任务5　酶分析法

酶分析法是利用酶的反应进行物质定性、定量的方法。酶是生物催化剂,它具有高效和专一的催化特征，而且是在温和的条件下进行。酶作为分析试剂应用于食品分析中，解决了从复杂的组分中检测某一成分而不受或很少受其他共存成分干扰的问题，具有简便、快速、准确、灵敏等优点。目前已应用于食品中有机酸（柠檬酸、苹果酸、乳酸等）、糖类（葡萄糖、果糖、乳糖、半乳糖、麦芽糖等）、淀粉、维生素C等成分的测定。

任务6　国内外食品分析检验技术发展动态与进展

随着科学技术的迅猛发展，各种食品分析检验的方法不断得到完善、更新，在保证分析检验结果准确度的前提下，食品分析正朝着微量、快速、自动化的方向发展。许多高灵敏度、高分辨率的分析仪器越来越多地应用于食品分析检验中，为食品的开发与研究、食品的安全与卫生检验提供了强有力的手段。例如色谱分析、核磁共振和免疫分析等一些分析新技术也在食品分析中得以应用。另外，食品快速检测技术正在迅猛发展。例如，农药残留试纸法、硝酸盐试纸法及兽药残留检测用的酶联免疫吸收试剂盒法等。

目前，对转基因产品的检测是一个热门话题。国内外转基因检测方法有三种：

第一种是以核酸为基础的PCR检测方法，包括定性PCR、实时荧光定量PCR、PCR - ELISA半定量和基因芯片等方法；

第二种是检测外源基因的表达产物——蛋白质检测方法，分为试纸条、ELISA和蛋白芯片三种方法；

第三种是利用红外检测转基因产品化学及空间结构。

思考题

1. 食品分析的意义是什么？
2. 食品分析检验包括的内容是什么？
3. 食品分析检验有哪些方法？每种方法的特点是什么？

模块二　食品样品的采集与处理

◆ **基础理论和知识**

1. 样品的采集。
2. 样品预处理。
3. 样品的数据分析。

◆ **基本技能及要求**

1. 掌握有机物破坏法、溶剂提取法及蒸馏法等各种食品样品的预处理方法,以适应不同食品类型的分析需要。
2. 了解食品分析的一般程序,学会食品样品的采集、制备和保存方法。

◆ **学习重点**

样品预处理的方法。

◆ **学习难点**

样品分析数据的处理。

◆ **导入案例**

我国是全球茶叶最大的产场地,面对国际市场"绿色壁垒"的盛行,我国茶叶出口受到极大影响,尤其是欧盟、日本等国的标准极为严格,美国在食品及药物管理局(FDA)内设立茶叶检验部,对进口茶叶进行抽样检验,德国、法国、日本等均有政府指定的机构对进口茶叶进行抽样检查,如不符合本国对茶叶的品质和质量要求,禁止进口,甚至销毁。茶叶出口中的贸易壁垒主要是技术标准方面,并且许多标准一直在改变,日趋严格,为减少茶叶出口中的摩擦,必须做好茶叶各项指标的检测,而检测时样品的采集应该严格遵循相应的标准。

◆ **讨论**

1. 数量多且包装完整的茶叶怎样抽取样品呢?
2. 样品可以直接检验吗?

项目一　采样

任务1　样品采集

样品的采集是从大量的分析对象中抽取有代表性的一部分样品作为分析材料(分析样品)。

采样是食品分析检验的第一步工作,它关系到食品分析的最后结果是否能够准确地反应它所代表的整批食品的性状,这项工作必须非常慎重地进行。不同食品具有不同质地、不同形状,即便是同一类产品也会因为品种、产地、成熟期、加工条件或保藏方法的不同,其成分含量也有明显的不同,这就要求必须用科学的方法,遵循相应的规则,采用适当的标准,从大量的、成分不均的全部被检食品中采集能代表被检物质的分析样品,否则即便是操作再细心、分析再精确,都不能准确地反映被检对象的真实状况,甚至会出现错误的结论。

一、食品采样的原则

1. 代表性采集样品能够代表整批被检食品的性状。
2. 真实性采集样品必须由采集人亲自到实地进行该项工作。
3. 准确性样品采集过程必须科学、细致,避免外来物的进入,同时防止发生食品成分的化学变化。
4. 及时性采集样品要及时送检。

二、采样步骤

采样一般分为三步,依次获得检样、原始样品和平均样品。由分析对象大批物料的各个部分采集的少量物料称为检样;许多份检样综合在一起称为原始样品;原始样品经过技术处理,再抽取其中的一部分供分析检验的样品称为平均样品。

三、食品采样的方法

食品采样通常采用随机抽样和代表性抽样相结合的方式。具体的取样方法,因分析对象的性质而不同。

1. 均匀固体物料(如粮食、粉状食品)

有完整包装(袋、桶、箱等)的,可先按总件数确定采样件数,然后从样品堆放的不同部位,按采样件数确定具体采样袋(桶、箱),在每袋的上、中、下三层取出三份得到检样,多个检样综合起来成为原始样品。用"四分法"将原始样品做成平均样品,即将原始样品充分混合均匀后堆集在清洁的玻璃板上,压平成圆饼形,并划成"十"字线,将样品分成四份,取厚度在3cm对角的两份混合,再如上分为四份,取对角的两份混合,再用同样方法分四份取对角的两份,直到获得平均样品。

2.无包装的散堆样品,先划分若干等体积层,然后在每层的四角和中心点用双套回转取样器各取少量样品,得到检样,再按上法处理得平均样品。

3.黏稠的半固体物料(如动物油脂、果酱等)打开包装,用采样器从各桶(罐)中分层(一般分上、中、下三层)分别取出检样,然后混合分取缩减到所需数量的平均样品。

4.液体物料(如酒类、鲜乳等)混匀样品后,用虹吸法分层(大池的还应分四角及中心五点)取样,每层500mL左右,充分混合后,分取缩减到所需数量得到平均样品。

5.组成不均匀的固体食品(如肉、鱼、果品、蔬菜等)这类样品其各部位组成极不均匀,采样更应注意代表性,可根据不同的分析目的和要求而定。一般从被检物有代表性的部位分别采样,混匀后,缩减至所需数量。体积较小的样品可以随机抽取多个样品,混匀后再缩减至所需数量。

6.小包装食品(如罐头、袋装奶粉等)按班次或批号连同包装一起采样,如小包装外还有大包装,先从不同堆放部位得到一定量大包装,再从每件中抽取小包装,最后缩减到所需数量。

四、采样数量

采样数量能反映该食品的营养成分和卫生质量,并满足检验项目对样品量的需要。送检品应为可食部分食品,通常为一套三份,每份不少于$0.5\sim 1kg$,分别供检验、复验和仲裁使用。同一批号的完整小包装食品,250g以上的包装不得少于6个,250g以下的包装不得少于10个。

任务2 样品制备

食品样品的制备是指为了确保分析的准确性,将得到的大量质地、组成不均匀的样品进粉碎、混匀、缩分的过程,具体方法因产品类型而不同。

一、液体、浆体或悬浮液体

一般将样品摇匀,充分搅拌。常用的简便搅拌工具是玻璃搅拌棒,还有带变速器的电动搅拌器,可以任意调节搅拌速度。

二、互不相溶的液体(如油与水的混合物)

应首先使不相溶的成分分离,再分别进行采样。

三、固体样品

应用切细、粉碎、捣碎、研磨等方法将样品制成均匀可检状态。水分含量少、硬度较大的固体样品(如谷类)可用粉碎法;水分含量较高,质地软的样品(如果、蔬)可用匀浆法;韧性较强的样品(如肉类)可用研磨法。常用的工具有粉碎机、组织捣碎机、研钵等。

四、罐头

水果罐头在捣碎前须清除果核；肉禽罐头应预先清除骨头；鱼类罐头要将调味品（葱、辣椒及其他）分出后再捣碎。常用捣碎工具有高速组织捣碎机等。在样品制备过程中，应注意防止易挥发性成分的逸散和避免样品组成和理化性质发生变化。

任务3 样品的保存

采集的食品样品应在短时间内进行分析，以防水分及其他易挥发成分的逸散，同时预防待测成分的变化。制备好的样品应放在密封洁净的容器内，置于阴暗处保存。易腐败变质的样品应保存在0℃~5℃的冰箱里，但保存时间也不宜过长。此外，样品保存环境要清洁干燥，存放的样品要按日期、批号、编号摆放，以便查找。检查后样品一般保留1个月以备复检。

项目二 样品预处理

食品的成分复杂，既含有大分子的有机化合物，如蛋白质、糖、脂肪、维生素及因污染引入的有机农药等，也含有各种无机元素，如钾、钠、钙、铁等，还有一些因为其他原因进入食品中的非营养素类物质，甚至是有害成分，如农药残留、兽药残留等，在对食品进行分析时各组分之间彼此干扰，影响最后的测定结果。此外，有些被测组分在食品中含量极低，要准确地测出它们的含量，必须在测定前对样品进行浓缩。为保证检测的准确性，食品分析检测前需要对样品进行预处理，样品常用的样品预处理方法有以下6种，应用时应根据食品的种类、分析对象、被测组分的理化性质及所选用的分析方法决定选用哪种预处理方法。

任务1 有机物破坏法

有机物破坏法主要用于食品中无机元素的测定。食品中的无机元素，常与蛋白质等有机物质结合，成为难溶、难解离的化合物，从而失去其原来的特性。测定这些无机成分的含量，需要在测定前破坏有机结合体，释放出被测组分。通常采用高温，或高温强氧化条件，使有机物质分解，至气态逸散，被测的组分残留下来。根据具体操作条件的不同，又可分为干法和湿法两大类。

一、干法灰化

这是一种用高温灼烧的方式破坏样品中有机物的方法，因而又称为灼烧法。除汞外大多数金属元素和部分非金属元素的测定都可用此法处理样品。

将一定量的样品置于坩埚中加热，使其中的有机物脱水、炭化、分解、氧化，再置高温电炉中(一般为500℃~550℃)灼烧灰化,直至残灰为白色或浅灰色为止。此法基本不加或加入很少的试剂,故空白值低;但此法所需时间长,因温度高易造成某些易挥发元素的损失,坩埚对被测组分有吸留作用,致使测定结果和回收率降低。

二、湿法消化

向样品中加入强氧化剂,并加热消煮,使样品中的有机物质完全分解、氧化,呈气态逸出,待测成分转化为无机物状态存在于消化液中,供分析使用。

此法有机物分解速度快,所需时间短;但在消化过程中,常产生大量有害气体,因此操作过程需在通风橱内进行;此外,试剂用量较大,空白值偏高。

常用的强氧化剂有浓硝酸、浓硫酸、高氯酸、高锰酸钾、过氧化氢等。

根据所用氧化剂不同分为如下几类:

1. 硫酸——硝酸法 将粉碎好的样品放入250~500mL凯氏烧瓶中(样品量可称10~20g),如图2-1所示,加入浓硝酸20mL,小心混匀后,先用小火使样品熔化,再加浓硫酸10mL,渐渐加强火力,保持微沸状态并不断滴加浓硝酸,至溶液透明不再转黑为止。每当溶液变深时,应立即添加硝酸,否则会消化不完全。

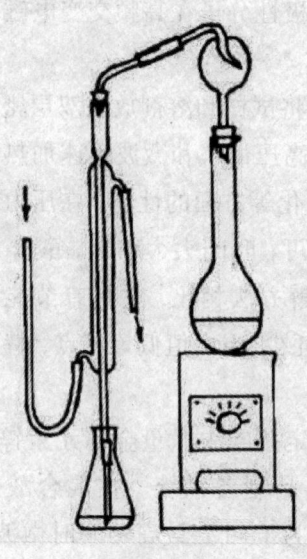

图2-1

待溶液不再转黑后,继续加热数分钟至冒出浓白烟,此时消化液应澄清透明。消化液放冷后,小心用水稀释,转入容量瓶,同时用水洗涤凯氏烧瓶,洗液并入容量瓶,调至刻度后混匀供待测用。

2. 高氯酸——硝酸——硫酸法 称取粉碎好的样品5~10g,放250~500mL凯氏烧瓶中,加少许水湿润,加数粒玻璃珠,加3:1的硝酸——高氯酸混合液10~15mL,放置片刻,小火缓缓加热,反应稳定后放冷,沿瓶壁加入5~10mL浓硫酸,继续加热至瓶中液体开始变成棕色时,不断滴加硝酸——高氯酸混合液(3:1)至有机物分解完全。加大火力至产生白烟,溶液应澄清、无色或微黄色。操作中注意防爆。放冷后容量瓶中定容。

3. 高氯酸(过氧化氢)——硫酸法　取适量样品于凯氏烧瓶中,加适量浓硫酸,加热消化至淡棕色,放冷,加数毫升高氯酸(或过氧化氢),再加热消化,重复操作至破坏完全,放冷后以适量水稀释,小心转入容量瓶中定容。

4. 硝酸——高氯酸法　取适量样品于凯氏烧瓶中,加数毫升浓硝酸,小心加热至剧烈反应停止后,再加热煮沸至近干,加入 20mL 硝酸——高氯酸(1∶1)混合液。缓缓加热,反复添加硝酸 - 高氯酸混合液至破坏完全,小心蒸发至近干,加入适量稀盐酸溶解残渣,若有不溶物应过滤,滤液于容量瓶中定容。

消化过程中注意维持一定量的硝酸或其他氧化剂,破坏样品时应作空白,以校正消化试剂引入的误差。

三、微波消解法

微波样品处理设备兴起于 20 世纪最后几十年,对解决长期困扰 AAS、AES、ICP – AES、ICP – MS、GC、HPLC 等仪器分析的样品制备方法起了革命性的作用。微波对食品样品的消解主要包括有传统的敞口式、半封闭式、高压密封罐式,以及近几年发展起来的聚焦式。微波是一种电磁波,它能使样品中极性分子在高频交变电磁场中发生振动、相互碰撞、摩擦、极化而产生高热。

压力自控密闭微波消解法是将试样和溶剂放在双层密封罐里进行微波加热消解,自动控制密闭容器的压力,它结合了高压消解和微波迅速加热,以及能使极性分子在高频交变电磁场中剧烈振动碰撞、摩擦、极化等方面的性能,在压力或温度控制下,在微波炉里自动加热,难消解的样品几十分钟即可,时间大大缩短,酸雾量也减少,同时也减少了对人和环境的危害。与传统的干、湿消解方法相比,它具有节能、快速、易挥发元素损失少、污染小、操作简便、消解完全、溶剂消耗少、空白值低等特点,特别适应于测定易挥发元素的样品分解。

例如:微波消解 – AAS 法测定茶叶中微量金属元素锌、锰、镉、铅就是应用具有压力控制附件的 MSP – 100D 型微波样品制备系统。在混合酸体系 HNO_3 – HCl 中,当混合酸 HNO_3 – HCl 配比为 8∶3、固液比为 1∶12、最高功率时微波消解时间为 6min 的条件下,消解结果最佳。在微波消解最佳条件下,进行了精密度实验和回收率实验,所得结果的相对标准偏差均在 0.3% ~6.2%,回收率为 95.0% ~110.0%。结果表明,微波消解法处理茶叶片,具有快速、简便、节省试剂、消解完全等特点,测定结果的精密度和准确度令人满意。

任务 2　溶剂提取法

在同一溶剂中,不同的物质具有不同的溶解度。利用样品各组分在某一溶剂中溶解度的差异将各组分完全或部分地分离的方法,称为溶剂提取法。此法常用于维生素、重金属、农药及黄曲霉毒素的测定。溶剂提取法又分为浸提法、溶剂萃取法。

一、浸提法

用适当的溶剂将固体样品中的某种待测成分浸提出来的方法称为浸提法，又称液——固萃取法。该法应用广泛，如测定固体食品中脂肪含量时，用乙醚反复浸取样品中的脂肪，而杂质不溶于乙醚，再使乙醚挥发掉，称出脂肪的质量即可。

1. 提取剂的选择

应根据被提取物烷极性强弱选择提取剂。对极性较弱的成分（如有机氯农药）可用极性小的溶剂（如正己烷、石油醚）提取；对极性强的成分（如黄曲霉毒素）可用极性大的溶剂（如甲醇与水的混合溶液）提取。溶剂沸点宜在 45℃～80℃，沸点太低易挥发，沸点太高则不易浓缩，且对热稳定性差的被提取成分也不利。此外，溶剂要稳定，不与样品发生作用。

2. 提取方法

（1）振荡浸渍法。将切碎的样品放入选择好的溶剂系统中，浸渍、振荡一定时间使被测组分被溶剂提取。该法操作简单，但回收率低。

（2）捣碎法。将切碎的样品放入捣碎机中，加入溶剂，捣碎一定时间，使被测成分被溶剂提取。该法回收率高，但选择性差，干扰杂质溶出较多。

（3）索氏提取法。将一定量样品放入索氏提取器中。加入溶剂，加热回流一定时间，被测组分被溶剂提取。该法溶剂用量少，提取完全，回收率高，但操作麻烦，需专用索氏提取器。

二、溶剂萃取法

利用适当的溶剂（常为有机溶剂）将液体样品中的被测组分（或杂质）提取出来称为萃取。其原理是被提取的组分在两互不相溶的溶剂中分配系数不同，从一相转移到另一相而与其他组分分离。此法操作迅速，分离效果好，应用广泛。但萃取试剂通常易燃、易挥发，且有毒性。

1. 萃取溶剂的选择

萃取用溶剂应与原溶剂不互溶，对被测组分有最大溶解度，而对杂质有最小溶解度。即被测组分在萃取溶剂中有最大的分配系数，而杂质只有最小的分配系数。此外，还应考虑两种溶剂分层的难易以及是否会产生泡沫等问题。

2. 萃取方法

萃取通常在分液漏斗中进行，一般需经 4～5 次萃取，才能达到完全分离的目的。当用较水轻的溶剂，从水溶液中提取分配系数小，或振荡后易乳化的物质时，采用连续液体萃取器较分液漏斗效果更好。

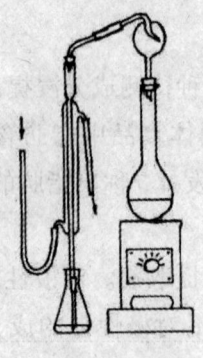

图 2-2

仪器如图 2-2 所示。锥形瓶内的溶剂经加热产生蒸汽后沿导管上升,经冷凝器冷凝后,在中央管的下端聚为小滴,并进入欲萃取相的底部,上升过程中发生萃取作用,随着萃取相液面不断上升,上层的萃取液流回锥形瓶中,再次受热汽化后的纯溶剂进入冷凝器又被冷凝返回欲萃取相底部,重复萃取……如此反复,使被测组分全部萃取至锥形瓶内的溶剂中。

任务3 蒸馏法

蒸馏法是利用液体混合物中各组分挥发度不同所进行分离的方法。可用于除去干扰组分,也可用于将待测组分蒸馏逸出,收集馏出液进行分析。此法具有分离和净化双重效果。其缺点是仪器装置和操作较为复杂。

根据样品中待测定成分性质的不同,可采取常压蒸馏、减压蒸馏、水蒸用汽蒸馏等蒸馏方式。

一、常压蒸馏

当被蒸馏的物质受热后不发生分解或沸点不太高时,可在常压下进行蒸馏。

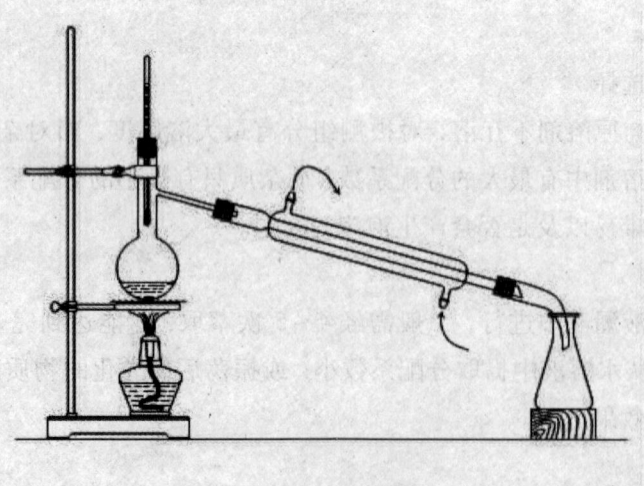

图 2-3 实验室蒸馏装置

常压蒸馏装置如图2-3所示。加热方式可根据被蒸馏物质的沸点和特性选择水浴、油浴或直接加热。

二、减压蒸馏

当常压蒸馏容易使蒸馏物质分解,或其沸点太高时,可采取减压蒸馏。

三、水蒸气蒸馏

水蒸气蒸馏是用水蒸气来加热混合液体,使具有一定挥发度的被测组分与水蒸气分压成比例地自溶液中一起蒸馏出来。如图2-4所示。

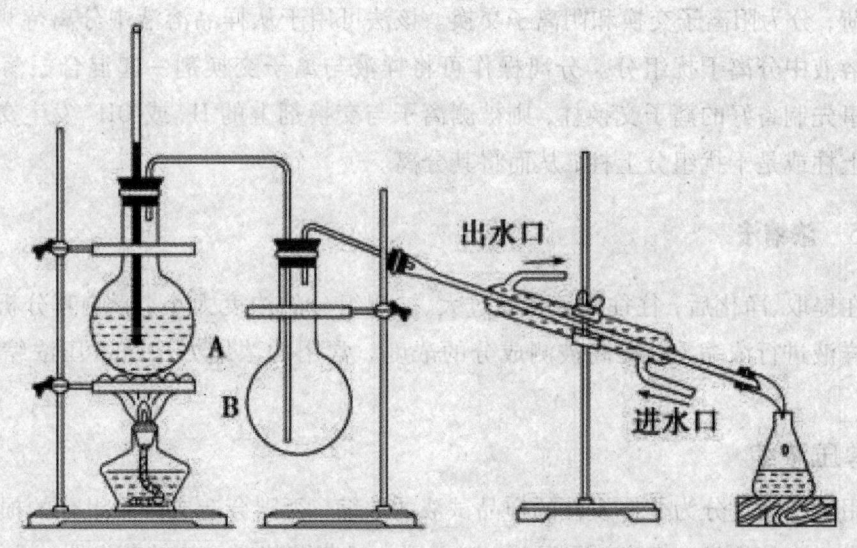

图2-4

任务4 色谱分离法

色谱分离法是一种在载体上进行物质分离的系列方法的总称。根据分离原理的不同,可分为吸附色谱分离、分配色谱分离和离子交换色谱分离等。这类分离方法分离效果好,在食品分析检验中广为应用。

一、吸附色谱分离

该法利用聚酰胺、硅胶、硅藻土、氧化铝等吸附剂经活化处理后具有适当的吸附能力,对被测成分进行选择性吸附而进行的分离称吸附色谱分离。

例如,在测定食品中色素含量时,将样品溶液中的色素经吸附剂吸附(其他杂质不被吸附),经过滤、洗涤,再用适当的溶剂解吸,得到比较纯净的色素溶液。吸附剂可以直接加入样品中吸附色素,也可将吸附剂装入玻璃管中制成吸附柱或涂布成薄层板使用。

二、分配色谱分离

此法是根据样品中的组分在固定相和流动相中的分配系数的不同而进行分离。当溶剂渗透在固定相中并向上渗展时，分配组分就在两相中进行反复分配，进而分离。

例如，多糖类样品的纸上层析，样品经酸水解处理，中和后制成试液，点样于滤纸上，用苯酚——1%氨水饱和溶液展开，苯胺邻苯二酸显色剂显色，于105℃加热数分钟，即可见到被分离开的戊醛糖(红棕色)、己醛糖(棕褐色)、己酮糖(淡棕色)、双糖类(黄棕色)的色斑。

三、离子交换色谱分离

这是一种利用离子交换剂与溶液中的离子发生交换反应实现分离的方法。根据被交换离子的电荷，分为阳离子交换和阴离子交换。该法可用于从样品溶液中分离待测离子，也可从样品溶液中分离干扰组分。分离操作可将样液与离子交换剂一起混合振荡或将样液缓缓通过事先制备好的离子交换柱，则被测离子与交换剂上的 H^+ 或 OH^- 发生交换，或是被测离子上柱或是干扰组分上柱，从而将其分离。

任务5 浓缩法

样品在提取、净化后，往往样液体积过大、被测组分的浓度太小，影响其分析检测，此时则需对样液进行浓缩，以提高被测成分的浓度。常用的浓缩方法有常压浓缩和减压浓缩。

一、常压浓缩

只能用于待测组分为非挥发性的样品试液的浓缩，否则会造成待测组分的损失。操作可采用蒸发皿直接挥发，若溶剂需回收，则可用一般蒸馏装置或旋转蒸发器，操作简便、快速。

二、减压浓缩

若待测组分为热不稳定或易挥发的物质，其样品净化液的浓缩需采用 K-D 浓缩器。采取水浴加热并抽气减压，以便浓缩在较低的温度下进行，减少被测组分的损失。速度快，食品中有机磷农药的测定(如甲胺膦、乙酰甲胺膦含量的测定)多采用此法浓缩样品净化液。

任务6 化学分离法

一、磺化法和皂化法

1. 硫酸磺化法

磺化法是以硫酸处理样品提取液，硫酸使其中的脂肪磺化，并与脂肪和色素中的不饱和键起加成作用，使生成溶于硫酸和水的强极性化合物，从而从有机溶剂中分离。该法只适用在强酸介质中稳定的农药的分析，如有机氯农药中的六六六、DDT 的分析，回收率在 80% 以上。

2. 皂化法

皂化法是以热碱 KOH-乙醇溶液与脂肪及其杂质发生皂化反应,从而将其除去。本法只适用于对碱稳定的农药提取液的净化。

二、沉淀分离法

本法是向样液中加入沉淀剂,利用沉淀反应使被测组分或干扰组分沉淀下来,再经过滤或离心实现与母液分离。该法是常用的样品净化方法,如饮料中糖精钠的测定,可加碱性硫酸铜将蛋白质等杂质沉淀下来,过滤除去。

三、掩蔽法

该法是向样液中加入掩蔽剂,使干扰组分改变其存在状态(被掩蔽状态),以消除其对被测组分的干扰。掩蔽的方法有一个最大的好处就是可以免去分离操作,使分析步骤大大简化,因此,在食品分析检验中广泛用于样品的净化。特别是测定食品中的金属元素时,常加入配位掩蔽剂来消除共存的干扰离子的影响。

项目三　食品分析的数据处理

任务1　分析数据的处理

一、分析结果的表示方法

分析结果的表示方法应与食品卫生标准的表示方法一致,一般有以下几种表示形式:

1. 毫克百分含量:每百克(或每百毫升)样品中所含被测物质的毫克数。
2. 百分含量(%):每百克(或每百毫升)样品中所含被测物质的克数。
3. 千分含量(‰):每公斤(或每升)样品中所含被测物质的克数。
4. 百万分含量(ppm):每公斤(或每升)样品中所含被测物质的毫克数。
5. 十亿分含量(ppb):每公斤(或每升)样品中所含被测物质或每克(或每毫升)样品中所含被测物质的毫微克数。

二、分析结果的数据处理

通过测定工作获得一系列有关分析数据以后,需按以下原则记录、运算和处理。

1. 记录与运算规则

食品分析中数据记录与计算均按有效数字计算法则进行,除有特殊规定外,一般可疑数为最后一位,有 ±1 个单位的误差。复杂运算时,其中间过程可多保留一位,最后结果须取应有的位数。加减法计算的结果,其小数点以后保留的位数,应与参加运算各数中小数点后位数最小的相同。乘除法计算的结果,其有效数字保留的位数,应与参加运算各数中有效数字位数最少者相同。

2. 有效数字的处理规则

（1）直接测量值应保留一位可疑值，记录原始数据时也只有最后一位是可疑的。如用分析天平称量要称到 0.0001g，普通滴定管读数要读到 0.01mL，其最末一位有 ±1 的偏差。

（2）几个数字相加、减时，应以各数字中小数点后位数最少的数字为依据，决定结果的有效位数。

（3）几个数字相乘、除时，应以各数字中有效数字位数最少（相对误差最大）的数字为依据，决定结果的有效位数。若某个数字的第一位有效数字 >8，则有效数字的位数应多算一位（相对误差接近）。

（4）计算中遇到常数、倍数、系数等，可视为无限多位有效数字。

弃去多余的或不正确的数字，应按"四舍六入五取双"原则，即当尾数 >6 时，进入；尾数 <4 时，舍去；当尾数恰好为 5 而后面数为 0 或者没有数时，若 5 的后一位是奇数则入，是偶数（包括 0）则舍；若 5 后面还有不是 0 的任何数皆入。

注意，数字修约时只能对原始数据进行一次修约到需要的位数，不能逐级修约。

【例 2-1】将下列数据修约到两位有效数字：

3.148→3.1

0.736→0.74

75.50→76

8.050→8.0

46.51→47

7.5489→7.5

（5）分析结果的数据应与技术要求量值的有效位数一致。

对于高含量组分（>10%）一般要求以四位有效数字报出结果；

对中等含量的组分（1%~10%）一般要求以三位有效数字报出；

对于微量组分（<1%）一般要求只以两位有效数字报出结果。

测定杂质含量时，若实际测得值低于技术指标一个或者几个数量级，可用"小于"该技术指标来报结果。

任务 2 提高分析数据准确度的方法

一、选择合适的方法

由于某些难以控制的偶然因素造成的误差和气压的波动、仪器性能微小变化等都会产生随机误差。从误差产生的原因来看，只有消除或减小系统误差和随机误差，才能提高分析结果的准确度。因此，我们需要选择合适的分析方法。样品中待测成分的分析方法往往很多，怎样选择最恰当的分析方法，一般来说，应该综合考虑下列各因素：

1. 分析要求的准确度和精密度

不同分析方法的灵敏度、选择性、准确度和精密度各不相同,要根据生产和科研工作对分析结果要求的准确度和精密度来选择适当的分析方法。

2. 分析方法的繁简和速度

不同分析方法操作步骤的繁简程度和所需时间及劳力各不相同,每样次分析的费用也不同,要根据待测样品的数目和要求取得分析结果的时间等来选择适当的分析方法。同一样品需要测定几种成分时,应尽可能选择能用同一份样品处理液同时测定该几种成分的方法,以达到简便、快速的目的。

3. 样品的特性

各类样品中待测成分的形态和含量不同,可能存在的干扰物质及其含量不同,样品溶解和待测成分提取的难易程度也不相同,要根据样品的这些特征来选择制备待测液、定量某成分和消除干扰的适宜方法。

4. 现有条件

分析工作一般在实验室中进行,各级实验室的设备条件和技术条件也不同,应根据具体条件来选择适当的分析方法。

在具体情况下究竟选用哪种方法,必须综合考虑上述各项因素,但首先必须了解各类方法的特点,如方法的精密度、准确度、灵敏度等,以便加以比较。

二、正确选取样品量

样品量的多少与分析结果的准确度关系很大。在常量分析中,滴定量或重量过多或过少都直接影响准确度;在比色分析中,含量与吸光度之间往往只在一定范围内呈线性关系,这就要求测定时读数在此范围内,并尽可能在仪器读数较灵敏的范围内,以提高准确度。通过增减取样量或改变稀释倍数可以达到上述目的。

三、增加平行测定次数,减少偶然误差

测定次数越多,则平均值越接近真实值,偶然误差也可抵消,所以分析结果就越可靠。一般要求每个样品的测定次数不应少于两次,如要更精确的测定,分析次数应更多些。

四、对照试验

对照试验是检查系统误差的有效方法。在进行对照试验时,常常用已知结果的试样与被测试样一起按完全相同的步骤操作,或由不同单位、不同人员进行测定,最后将结果进行比较。这样可以抵消许多不明因素引起的误差。

五、空白试验

在进行样品测定过程的同时,采用完全相同的操作方法和试剂,唯独不加被测定的物质,进行空白试验。在测定值中扣除空白值,就可以抵消由于试剂中的杂质造成的系统误差。

六、校正仪器和标定溶液

各种计量测试仪器,如天平、旋光仪、分光光度计,以及移液管、滴定管、容量瓶等,在精确的分析中必须进行校准,并在计算时采用校正值。各种标准溶液(尤其是容易变化的试剂)应按规定定期标定,以保证标准溶液的浓度和质量。

七、严格遵守操作规程

分析方法所规定的技术条件应严格遵守。经国家或主管部门规定的分析方法,在未经有关部门同意前,不应随意改动。

思考题

1. 食品采样的原则是什么?
2. 食品采样的步骤有哪些?检样、原始样品和平均样品有什么不同?
3. 为什么要对样品进行保存?保存条件是什么?
4. 为什么要对被检样品进行预处理?常用的方法有哪些?

模块三　食品的感官检验法

◆ **基础理论和知识**

1. 视觉检验。
2. 嗅觉检验。
3. 味觉检验。
4. 触觉检验。

◆ **基本技能及要求**

1. 掌握感官检验的方法、基本原理。
2. 掌握感官检验数据的统计分析。

◆ **学习重点**

感官检验的方法。

◆ **学习难点**

感官分析常用方法。

◆ **导入案例**

我国酒行业形成了自身特色的食品感官分析体系，形成了一套系统的感官分析技术和方法，这对推动我国的酿酒行业的技术进步和优质产品的发展产生了巨大的作用。为了使产品满足消费者需求的属性，市场销售对消费者需求进行调研，确认具有开发价值的消费产品。在概念转换为产品时，必须首先对其感官特性及进行详细化，从而得到该产品的感官特征。产品研发系统得到产品感官特性，进而利用技术手段达到满足消费者的感官特征。研发在新品开发的过程中，需要运用感官评定测定消费者的接受程度。在产品的生产过程中需要感官评定对产品的质量进行初步控制，最终将产品放到消费者手中。可见，所有的步骤均与感官测试有密切的联系。感官评价作为与市场营运、产品研发、质量控制和生产相互关联，进而参与到整个企业的运作中。

◆讨论
1. 感官检验员需要具备哪些条件？
2. 感官检验的方法有哪些？

项目一　概述

任务1　感官检验的意义

食品的感官检验是通过人的感觉器官即是凭借眼、耳、鼻、口和手，对食品的色泽、风味、气味、组织状态、硬度等外部特征进行评价的方法。其目的是评价食品的可接受性和鉴别食品的质量。感官检验是与仪器分析并行的重要检测手段。

食品质量的优劣最直接地表现在它的感官性状上，通过感官指标来鉴别食品的优劣和真伪，不仅简便易行，而且灵敏度高，直观而实用，与使用各种理化、微生物的仪器进行分析相比，有很多优点，因而它也是食品的生产、销售、管理人员所必须掌握的一门技能。广大消费者从维护自身权益角度讲，掌握这种方法也是十分必要的。因此，应用感官手段来鉴别食品的质量有着非常重要的意义。

食品质量感官鉴别能否真实、准确地反映客观事物的本质，除了与人体感觉器官的健全程度和灵敏程度有关外，还与人们对客观事物的认识能力有直接的关系。只有当人体的感觉器官正常，又熟悉有关食品质量的基本常识时，才能比较准确地鉴别出食品质量的优劣。因此，通晓各类食品质量感官鉴别方法，为人们在日常生活中选购食品或食品原料、依法保护自己的正当权益不受侵犯提供了必要的客观依据。

总之，感官检验对食品工业原辅材料、半成品和成品质量检测和控制、食品储藏保鲜、新产品开发、市场调查以及家庭饮食等方面都具有重要的指导意义。因此，通过感官检验可判断食品的质量及其变化情况。

任务2　感官检验的种类

按检验时所利用的感觉器官，感官检验可分为视觉检验、嗅觉检验、味觉检验和触觉检验。

一、视觉检验

通过被检验物作用于视觉器官所引起的反映对食品进行评价的方法称为视觉检验。

在感官检验中，视觉检验占有重要位置，几乎所有产品的检验都离不开视觉检验。视觉检验即用肉眼观察食品的形态特征。如观察色泽可判断水果、蔬菜的成熟状况和新鲜程度，通过透光感可以判断饮料的清澈与混浊，把瓶装液体倒过来，可检验有无沉淀物和夹杂物，据此判断食品是否受到污染或变质。

视觉检验不宜在灯光下进行，因为灯光会给食品造成假象，给视觉检验带来错觉。检验时应从外往里检验，先检验整体外形，如罐装食品有无鼓罐或凹罐现象；软包装食品是否有胀袋现象等，再检验内容物，然后再给予评价。

二、嗅觉检验

通过被检物作用于嗅觉器官而引起的反映评价食品的方法称为嗅觉检验。

嗅觉是辨别各种气味的感觉。人的嗅觉非常灵敏，有时用一般方法和仪器不能检测出来的轻微变化，用嗅觉检验可以发现。如鱼、肉蛋白质的最初分解和油脂的开始酸败，其理化指标变化不大，但敏感的嗅觉可以觉察到有氨味和哈喇味。

气味是食品中散发出来的挥发性物质，它受温度的影响较大，温度低时挥发慢，气味轻，反之则气味浓。因此，在进行嗅觉检验时，可把样品稍加热，或取少许样品于洁净的手掌上摩擦，再嗅验。

嗅觉器官长时间受气味浓的物质刺激会疲劳，灵敏度降低，因此，检验时应由轻气味到浓气味的顺序进行，检验一段时间后，应休息一会。

三、味觉检验

通过被检物作用于味觉器官所引起的反映评价食品的方法称为味觉检验。

味觉是由舌面和口腔内味觉细胞（味蕾）产生的，基本味觉有酸、甜、苦、辣四种，其余味觉都是由基本味觉组成的混合味觉。味觉还与嗅觉、触觉等其他感觉有联系。味蕾的灵敏度与食品的温度有密切关系，味觉检验的最佳温度为20℃～40℃，温度过高会使味蕾麻木，温度过低也会降低味蕾的灵敏度。

味觉检验前不要吸烟或吃刺激性较强的食物，以免降低感觉器官的灵敏度。检验时取少量被检食品放入口中，细心品尝，然后吐出（不要咽下），用温水漱口。若连续检验几种样品，应先检验味淡的，后检验味浓的食品，且每品尝一种样品后，都要用温水漱口，以减少相互影响。对已有腐败迹象的食品，不要进行味觉检验。

四、触觉检验

通过被检物作用于触觉感受器官所引起的反映评价食品的方法称为触觉检验。

触觉检验主要是借助手、皮肤等器官的触觉神经来检验某些食品的弹性、韧性、紧密程度、稠度等，以鉴别其质量。如对谷物可以抓起一把，凭手感评价其水分；对肉类，根据它的弹性可判断其品质和新鲜程度；对饴糖和蜂蜜，根据用掌心或指头揉搓时的润滑感可鉴定其稠度。此外，在品尝食品时，除了味觉外，还有脆性、黏性、弹性、硬度、冷热、油腻性和接触压力等触感。进行感官检验时，通常先进行视觉检验，再进行嗅觉检验，然后进行味觉检验及触觉检验。

任务3　感官检验的基本要求

食品的感官检验是以人的感觉为基础，通过感官评价食品的各种属性后，再经概率统计分析而获得客观的检测结果的一种检验方法。因此，评价过程不但受客观条件的影响，也受主观条件的影响。客观条件包括外部环境条件和样品的制备，主观条件则涉及参与感官检验人员的基本条件和素质。因此，外部环境条件、参与检验的评价员和样品制备是感官评价得以顺利进行并获得理想结果的必备要素。

一、感官检验实验室要求

感官检验实验室应远离其他实验室，要求安静、隔音和整洁，不受外界干扰，无异味，具有令人心情愉快的自然色调，给检验人员以舒适感，使其注意力集中。

感官实验室应布置成三个独立的区域：办公室、样品准备室和检验室。

办公室：用于工作人员管理事务。

样品准备室：用于准备和提供样品。样品准备室应与检验室完全隔开，目的是不让检验员见到样品的准备过程。准备室的大小与设备取决于感官检验的项目内容，室内应设有排风系统。

检验室：用于进行感官检验，检验室大小可按现有条件和检验样品次数而定，一般为 $20 \sim 25 m^2$。室内墙壁宜用白色涂料，颜色太深会影响人的情绪。为了避免检验人员互相之间的干扰（如交谈、面部表情等），室内应分隔成几个隔档。每一隔档内设有检验台和传递样品的小窗口，以及简易的通讯装置，便于检验人员与工作人员互相联系。检验台上装有漱洗盘和水龙头，用来冲洗品尝后吐出的样品。

在检验室内还应设集体工作区，它用于检验员之间的讨论。集体工作区应设一张大的桌子及 $5 \sim 10$ 把椅子，桌子上应配有可拆卸的隔板。集体工作区也可设在一个单独房间内。

二、检验人员的选择

参加感官检验的检验人员必须具有一定的分析检验的基础知识及生理条件。根据感官检验内容不同，检验员选择条件也有差异。偏爱型检验人员的任务是对食品进行可接受性评价，这类检验员可由任意的未经训练的人组成，人数以不少于 100 人为宜，这些人必须在统计学上能代表消费者总体，以便保证试验结果的代表性和可靠性。分析型检验人员的任务是鉴定食品的质量，这类检验人员必须具备一定的条件并经过挑选测试。必备条件和测试方法如下：

1. 分析型感官检验人员必需条件

(1) 年龄在 $20 \sim 50$ 岁，男女不限。

(2) 不嗜烟酒。

(3) 健康状况良好。

(4) 感觉器官健全。

(5) 对食品感官鉴定工作有兴趣，愿意合作。

（6）无食品偏爱习惯，具有良好的分辨能力。

（7）有责任心，工作专心。

（8）对感觉内容有确切的表达能力。

2. 检验人员的测试

挑选检验人员要经过味觉、嗅觉的测试，测试合格的才能定为检验员。

（1）味觉鉴别能力的测试：用2%砂糖溶液，0.07%柠檬酸溶液，0.7%咖啡因溶液，0.2%食盐溶液测试检验人员对甜、酸、苦、咸四种基本味觉的鉴别能力，见表3-1。

对这四味辨认完全正确者即认为味觉测试合格，再进行嗅觉测试。

表3-1 鉴别不同味觉试验溶液浓度

口味	特征物质	试验储备液(ml)	试验液(ml)
甜	蔗糖	20	4;8
咸	氯化钠	10	0.8;1.5
酸	一水柠檬酸	1	0.2;0.3
苦	咖啡因	0.5	0.2;0.3

（2）嗅觉鉴别能力的测试：要求能准确辨认出丁酸、醋酸、香草香精、草莓香精、柠檬香精的气味。评分标准见表3-2。

表3-2 气味辨别评分标准

评分/标准品	丁酸	醋酸	香草香精	草莓香精	柠檬香精
5分	丁酸,奶酪臭	醋酸,醋	香草	草莓	柠檬
4分	刺激臭,酸臭	酸	-	-	明显的柑橘类
3分	臭的	酸的	-	刨冰	-
2分	-	-	水果糖	葡萄	-
1分	氨	-	甜的	甜的	-

（3）五种标准品辨认总得分在18分以上者为嗅觉测试合格。

辨别能力的测试：以上两项测试均合格者，再按二点辨别法测试其在味觉和嗅觉上辨别不同浓度样品的微细差别的能力。测试用的标准品如下：

味觉测试：

甜味：(A)2%白砂糖溶液

(B)3%白砂糖溶液

酸味：(A)0.04%柠檬酸溶液

(B)0.05%柠檬酸溶液

嗅觉测试：(A)牛奶

(B)牛奶+酸奶酪香精(0.04ml/L)

(4)测试结果整理:由被测试的每个检验员填写辨认结果,利用附表1以危险率不超过5%为录取标准。例如:甲、乙两位检验员都重复辨认10项,正确次数分别为8次和9次,查附表2(排序试验统计表),当辨认次数 n=10,危险率为5%时,正确次数 X 应够9次,故甲不合格,乙合格。

三、样品的准备

1. 样品数量

每种样品应该有足够的数量,保证有三次以上的品尝次数,以提高所得结果的可靠性。

2. 样品温度

样品的温度以最容易感受样品鉴评特性为基础,通常由该食品的饮食习惯而定。见表3-3。

表3-3 几种食品作为感官鉴评样品时的最佳呈送温度

品种	最佳温度(℃)	品种	最佳温度(℃)
啤酒	11~15	乳制品	15
白葡萄酒	13~16	冷冻浓橙汁	10~13
红葡萄酒、餐末葡萄酒	18~20	食用油	55

3. 样品容器

盛样品的器皿应洁净无异味,器皿的颜色、大小应该一致。如果条件允许,尽可能使用一次性纸制或塑料制器皿,否则应洗净用过的器皿,避免污染。

4. 样品的编号和提供顺序

感官检验是靠主观感觉判断的,从测定到形成概念之间的许多因素(如嗜好与偏爱、经验、广告、价格等)会影响检验结果,为减少这些因素的影响,通常采用双自法进行检验,即由工作人员对样品进行密码编号,而检验人员和综合检验结果的人员不知道哪个编号是哪个样品,样品的编号不能太小,否则使人容易记忆,也容易引起猜测。因此,应该以多位数(3~5位)随机编号。检验样品的顺序也应随机化。

5. 其他

在样品准备过程中,还应为检验人员准备一杯漱口水。一般可用25℃水漱口,以除去口中样品的余味,然后再接着品尝下一个样品。如果食品的余味很浓、很辛辣、很油腻,则可用茶水漱口。

四、实验时间的选择

感官检验宜在饭后2~3h内进行,避免过饱或者饥饿状态。要求在检验前半小时不得吸烟,不得吃刺激性强的食物。

项目二　感官检验常用的方法

食品感官检验的方法很多。常用的感官检验方法可以分为三类：差别检验法、类别检验法和描述性检验法。在选择适宜的检验方法之前，首先要明确检验的目的、要求等，根据检验的目的、要求及统计方法来选择适宜的检验手段。

任务1　差别检验法

差别检验法是常用的比较简单、方便的感官检验法，它是对样品进行选择性比较，判断是否存在差别。差别检验法有以下三种形式。

一、两点检验法

把 A、B 两个样品进行比较，判断两者之间是否存在差别。样品提出形式为 AB、BA、AA 或 BB。每次试验中，每个样品猜测性（有差别或无差别）的概率为 1/2。如果增加试验次数至 n 次，那么这种猜测性的概率将降低至 n/2。因此，应该尽可能增加试验次数。

二、对比检验法

以某个样品（已知）作为标准品，再把样品和标准品进行配对比较，从而判断出它们之间有无差别以及差别的程度。在这种试验中，每次试验猜测性的概率也为 1/2。

三、三点检验法

将 A、B 两种样品组合成 AAB、ABA、BAA、ABB、BAB 或 BBA 等形式，让检验员判断每种形式中哪一个为奇数样品（如 AAB 中的 B）。在每次试验中，每个样品猜测性的概率为 1/3。为降低其猜测性，也做数次重复试验。

任务2　描述性检验法

描述性检验是检验人员用合理的清楚的文字对食品的某些指标作准确的描述以评价食品质量的方法。描述检验有颜色、外观描述、风味（味觉、气味）描述、组织（硬度、黏度、脆度、弹性、颗粒性等）描述和定量描述。进行描述性检验时，先根据不同的感官检验项目（风味、色泽、组织等）和不同特性的质量描述制定出分数范围，再根据具体样品的质量情况给出合适的分数。

任务3　评分检验法

评分检验法是以样品的某种性状特点对其进行评分，这种性状特点必须是对样品评级的依据。在排列检验中，两个样品之间必须存在先后顺序，而在评分检验中，两个样品的评分可以相同，也可以不同，且它们之间的评分差别可大可小。

在实际应用中，常用直线尺度法评分。即在直线上划分若干等份，一侧标以分数，另一侧标以评价短语。检验人员根据样品的某种特性（如甜、酸、苦、咸、风味、口感等）在直线尺度上给每个样品打分。

项目三　感官检验数据的统计分析

感官检验是靠检验者的主观感觉来判断的，容易受主观感觉上的个体差异的影响，因此同一样品不同的检验人员常会得出不同的结果。即使同一检验员，对同一样品在重复检验中也可能得出不同的结果。为了使评判结论尽量接近样品的真实情况，除了要严格控制检验条件外，还需对所得的感官检验数据进行统计分析。

任务1　差别检验的数据处理

差别检验的数据处理可通过查表法得出概率值 p，再与显著性水平（一般取值 0.05）比较，从而得出结论。

【例3-1】由5位检验员用配对检验法和对比检验法对两个样品重复检验4次，结果如表3-4所示。

表3-4　两点检验法和对比检验法的结果

试验人员	两点检验法		对比检验法	
	不相同	相同	样品1与样品不同	样品2与样品不同
1	2	2	4	4
2	3	1	3	2
3	3	1	3	2
4	3	1	3	1
5	4	0	3	2
总数	15	5	16	11

（1）两点检验法

总次数 $n = 15 + 5 = 20$，不相同次数 $x = 15$，查统计概率表（见附表2）：

当 $n = 20$，$x = 15$ 时，$p = 0.02 < 0.05$，所以两个样品之间存在显著差别。

（2）对比检验法

查统计概率表（见附表2）：

当 $n = 20$，$x = 11$ 时，$p = 0.412 > 0.05$

当 $n = 20$，$x = 16$ 时，$p = 0.006 < 0.05$

所以样品1与标样之间存在显著差别，而样品2与标样之间无显著差别。

【例3-2】在28次三角形检验中,15次选中某两个干鱼品试样是一致风味。

查统计概率表(见附表3):

当 n = 28, x = 15 时, p = 0.022 < 0.05, 所以这两个干鱼品之间无显著差别。

任务2 排列检验的数据处理

排列检验得到的数据,可采用查表法和应用 x 分布表进行统计分析。这里只介绍查表法。

用排序检验法,由5位评价员对5种葡萄酒的风味进行喜欢程度的评价。每个评价员通过对5种葡萄酒的品尝进行嗅觉及味觉的评价,根据个人的感受填写排序检验评价表,见表3-5,并将各排序检验评价表的结果进行统计,填写排序检验统计表,见表3-6。

表3-5 排序检验评价表

评价内容	评价结果				
品尝并评价5个葡萄酒样品,将您对各个葡萄酒样品的风味的喜欢程度排出顺序,在相应的位置填入样品号	1 很喜欢	2 比较喜欢	3 喜欢	4 不太喜欢	5 不喜欢

表3-6 5种葡萄酒喜欢程度的排序检验统计表

排序/样品/评价员	503	145	267	384	465
1	2	1	4	2	5
2	1	2	4	3	5
3	2	4	5	1	3
4	1	2	4	3	5
5	1	3	5	2	4
总排序和 T	7	12	22	11	22

将每个样品的排序和 T 与上段的最大值及最小值比较(见表3-6),若所有的排序都在上段范围内,说明在该显著性水平样品间无显著差异。若排序 T < 最小值或 T > 最大值,则说明在该显著性水平,样品间有显著差异。

由表3-6可见,最小 T < 8 (5%),最大 T = 22 (5%),说明在5%显著性水平,五个葡萄酒样品间有显著差别。

表3-7 J=5, P=5时的临界值表

显著性水平	5%	1%	显著性水平	5%	1%
上段	8~12	7~23	下段	10~20	8~22

根据下段，可以确定样品间的差异程度。若排序和在下段范围内的，可列为一组，这组内的样品间无显著差别。排序和在下段范围的下限及上限之外的样品可分别为一组。这样5个葡萄酒样品可分为3组：(503)，(145、384)，(267、465)。

由此可得出结论，在5%的显著性水平上，样品503最受欢迎；145、384次之，且145与384之间无显著差别；267与465不受欢迎，且267与465之间无显著差别。

思考题

1. 食品感官检验的类型有哪些？它们的区别是什么？
2. 何谓感觉阈？感觉阈分为哪几类，各有何特点？
3. 食品感官检验的种类有哪些？分别说明它们在食品质量检验中的应用。
4. 简述食品感官检验每种方法的特点。
5. 进行食品感官检验有哪些基本要求？
6. 感官检验数据的统计分析方法有哪些？通过例子说明如何进行差别检验。
7. 食品感官检验中问题设定的标准是什么？

模块四　物理检验

◆**基础理论和知识**
1. 掌握密度、相对密度，折光率、黏度、色度、旋光度的概念。
2. 了解密度计、折光计、旋光计等仪器的原理、结构和使用方法。

◆**基本技能及要求**
能熟练操作各种相对密度计、折光计、黏度计、旋光计等仪器。

◆**学习重点**
掌握相对密度计、折光计、黏度计、旋光计等仪器的结构及工作原理。

◆**学习难点**
能使用相对密度计、折光计、黏度计、旋光计等仪器。

◆**导入案例**
正常的液态食品，其相对密度都在一定的范围内，当液体组成成分或浓度发生改变时（掺杂、变质），其相对密度往往也随之改变。因此，测定液态食品的相对密度可以检验食品的纯度或浓度，从而判断食品的质量。另外，还可通过测定相对密度来测定其固形物含量，如：在原料乳的验收中，相对密度是初步衡量与判断牛乳内在质量的重要指标，牛乳的相对密度与其脂肪含量、总乳固体含量有关，脱脂乳相对密度升高，掺水乳相对密度下降，故在食品工业生产过程中相对密度是产品质量的控制指标之一。

◆**讨论**
1. 食品的一些物理常数与食品的组成成分及其含量有关，你知道都有哪些物理常数吗？
2. 食品的相对密度、折射率、旋光度是食品的重要物理常数，应用它可以评价食品的质量。
3. 测定液体相对密度可以知道食品是否掺假，如何完成？

根据食品的相对密度、折射率、旋光度等物理常数与食品的组分含量之间的关系进行检测称为食品的物理检验法。

食品的物理检验法有两种类型：第一种类型是某些食品的一些物理常数，如密度、相对密度、折射率、旋光度等，与食品的组成成分及含量之间存在着一定的数学关系，因此，可以通过物理常数的测定来间接地检测食品的组成成分及其含量。第二种类型是某些食品的一些物理量是该食品的质量指标的重要组成部分，如罐头的真空度，固体饮料的颗粒度、比体积，面包的比体积，冰激凌的膨胀率，液体的透明度、浊度、黏度等，这一类的物理量可直接测定。

物理检验法是食品分析及食品工业生产中常用的检测方法之一。通过测定食品的物理特性，可以指导生产过程、保证产品质量以及鉴别食品组成、确定食品浓度、判断食品的纯净程度及品质，是生产管理和市场管理不可缺少的方便而快捷的监测手段。

项目一 相对密度法

任务一 准备工作

一、概念

密度是指在一定温度下，单位体积物质的质量。密度的单位是 g/cm^3 或 g/ml。

相对密度是指在某一温度下物质的质量与同体积的水在某一温度下的质量之比，以符号 d 表示，是密度之比，无量纲。

而液体的相对密度指液体在 20℃ 的质量与同体积的水在 4℃ 时的质量之比，以符号 d_4^{20} 表示。

实际工作中，测定溶液的相对密度时，通常在同温度下测定较为方便，测定温度通常为 20℃，即测定 d_2^{20}，它们之间的关系为：

$$d_4^{20} = d_{20}^{20} \times \rho_{20}$$

式中：ρ_{20} 为 20℃ 时纯水的密度，0.998230g/ml。

二、测定相对密度的意义

相对密度是食品的一种物理常数指标，组成一定的液态食品具有一定的相对密度，当其组分或纯度发生变化，其相对密度也随之改变。因此，测定相对密度，可以反映出测定食品的纯度和掺杂情况。食品中固形物含量与其相对密度有一定的对应关系。如蔗糖、酒精等加工中，按溶液的相对密度可以近似地测定溶液中可溶性固形物含量。乳品厂原料验收时通过测定牛乳的相对密度，可检验出牛乳是否掺水。

任务二 液态食品相对密度的测定方法

参照《食品相对密度的测定》（GB/T 5009.2－2016），液态食品相对密度的测定方法有密度瓶法、密度计法和密度天平法。

一、密度瓶法

1. 原理

在20℃时分别测定充满同一密度瓶的水及试样的质量,由水的质量可确定密度瓶的容积即试样的体积,根据试样的质量及体积可计算试样的密度,试样密度与水密度比值为试样相对密度。

2. 仪器和设备

(1) 密度瓶:精密密度瓶,如图4-1所示。

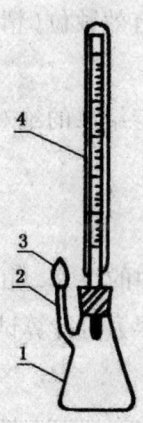

说明:1-密度瓶;2-支管标线;3-支管上小帽;4-附温度计的瓶盖

图4-1 密度瓶

(2) 恒温水浴锅。

(3) 分析天平。

3. 分析步骤

取洁净、干燥、恒重、准确称量的密度瓶,装满试样后,置20℃水浴中浸0.5h,使内容物的温度达到20℃,盖上瓶盖,并用细滤纸条吸去支管标线上的试样,盖好小帽后取出,用滤纸将密度瓶外擦干,置天平室内0.5h,称量。

再将试样倾出,洗净密度瓶,装满水,以下按上述"置20℃水浴中浸0.5h,使内容物的温度达到20℃,盖上瓶盖,并用细滤纸条吸去支管标线上的试样,盖好小帽后取出,用滤纸将密度瓶外擦干,置天平室内0.5h,称量。密度瓶内不应有气泡,天平室内温度保持20℃恒温条件,否则不应使用此方法。

4. 分析结果的表述

试样在20℃时的相对密度按下式进行计算:

$$d_{20}^{20} = \frac{m_2 - m_0}{m_1 - m_0}$$

$$d_4^{20} = d_{20}^{20} \times \rho_{20}$$

式中：d—试样在20℃时的相对密度；

m_0—密度瓶的质量，g；

m_1—密度瓶加水的质量，g；

m_2—密度瓶加液体试样的质量，g；

计算结果表示到称量天平的精度的有效数位（精确到0.001）。

5. 精密度

在重复性条件下获得的两次独立测定结果的绝对差值不得超过算术平均值的5%。

二、天平法

1. 原理

20℃时，分别测定玻锤在水及试样中的浮力，由于玻锤所排开的水的体积与排开的试样的体积相同，玻锤在水中与试样中的浮力可计算试样的密度，试样密度与水密度比值为试样的相对密度。

2. 仪器和设备

（1）韦氏相对密度天平，如图4-2所示。

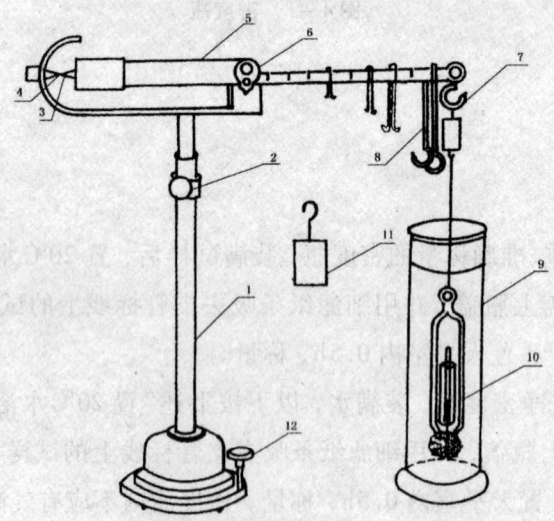

1-支架；2-升降调节旋钮；3、4-指针；5-横梁；6-刀口；
7-挂钩；8-游码；9-玻璃圆筒；10-玻锤；11-砝码；12-调零旋钮

图4-2 韦氏相对密度天平

（2）分析天平，感量0.001。

（3）恒温水浴锅。

3. 分析步骤

测定时将支架置于平面桌上，横梁架于刀口处，挂钩处挂上砝码，调节升降旋钮至适宜高度，旋转调零旋钮，使两指针吻合。然后取下砝码，挂上玻锤，将玻璃圆筒内加水至4/5处，使玻锤沉于玻璃圆筒内，调节水温至20℃（即玻锤内温度计指示温度），试放四种游码，至主横梁上两指针吻合，读数为P_1。

将玻锤取出擦干，加欲测试样于干净圆筒中，使玻锤浸入至以前相同的深度，保持试样温度在20℃，试放四种游码，至横梁上两指针吻合，记录读数为P_2。玻锤放入圆筒内时，勿使碰及圆筒四周及底部。

4. 分析结果的表述

试样的相对密度按下式计算：

$$d = \frac{P_2}{P_1}$$

式中：d – 试样的相对密度；

P_1 – 浮锤浸入水中时游码的读数，g；

P_2 – 浮锤浸入试样中时游码的读数，g。

计算结果表示到韦氏相对密度天平精度的有效数位（精确到0.001）。

5. 精密度

在重复性条件下获得的两次独立测定结果的绝对差值不得超过算术平均值的5%。

三、比重计法

1. 原理

比重计利用了阿基米德原理，将待测液体倒入一个较高的容器，再将比重计放入液体中。比重计下沉到一定高度后呈漂浮状态，此时液面的位置在玻璃管上所对应的刻度就是该液体的密度，测得试样和水的密度的比值即为相对密度。

2. 仪器和设备

比重计：上部细管中有刻度标签，表示密度读数。

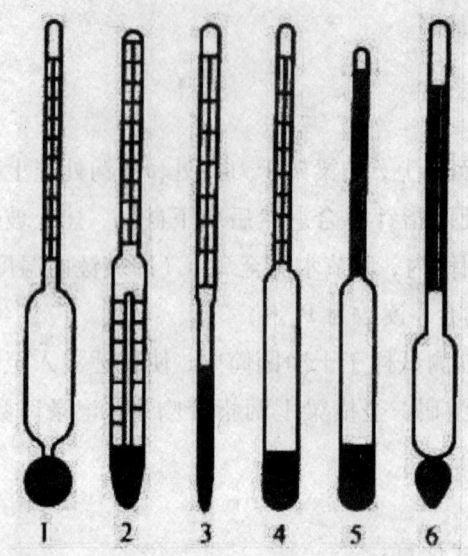

1 —糖锤度计；2 —附有温度计的糖锤度计；3，4 —波美计；5 —酒精计；6 —乳稠计

图4-3　各种类型的相对密度计

3. 分析步骤

将比重计洗净擦干，缓缓放入盛有待测液体试样的适当量筒中，勿使其碰及容器四周及底部，保持试样温度在20℃，待其静置后，再轻轻按下少许，然后待其自然上升，静置至无气泡冒出后，从水平位置观察与液面相交处的刻度，即为试样的密度。分别测试试样和水的密度，两者比值即为试样相对密度。

4. 精密度

在重复性条件下获得的两次独立测定结果的绝对差值不得超过算术平均值的5%。

项目二　折光法

任务一　知识准备

折射率是食品的一个物理指标，它反映食品的均一程度和纯度。折射率的大小因物质种类、性质、浓度大小而异，即不同物质有不同的折射率。对同一物质而言，折射率的大小取决于该物质溶液浓度的大小，溶液浓度增大，折射率也相应增大。

折射率广泛用于测定物质溶液的浓度，如油类、醇类、糖类的浓度。它也可用于测定物质的纯度，如在乳品工业中，可以通过测定牛乳中乳清的折射率来判断牛乳是否加水。正常牛乳乳清的折射率在1.34199～1.34275，如折射率在1.34128以下，则有掺水嫌疑。

折射率还可用于油脂和脂肪酸的定性鉴定，因为每一脂肪酸均有其特征折射率。饱和脂肪酸分子量增大，折射率也随之增大；相对密度增大，折射率增大；油脂中不饱和脂肪酸的折射率要比碳原子数相同的饱和脂肪酸的折射率大得多；油脂中双键越多，折射率越大；酸度越高，折射率反而越低，如食品中的固形物是由可溶性固形物与悬浮物组成的，不能用折光法来测定，因为悬浮的固体粒子不透光而使光散射，测定结果误差极大。

任务二　测定方法

一、手提式折光仪

手提式折光计，其结构见图4-4。

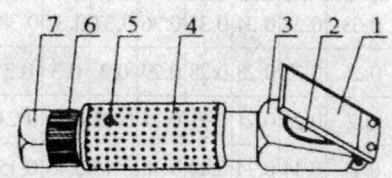

1—盖板；2—检测棱镜；3—棱镜座；4—望远镜筒和外套；5—调节螺丝；6—视度调节圈；7—目镜

图4-4　手提式折光计

1. 开启盖板，用清水将遮光棱镜4、盖板5以及进光孔冲洗干净，再用蒸馏水冲洗数遍，用擦镜纸轻轻吸干。取1~2滴蒸馏水置于棱镜4的镜面中心，合上盖板5，使蒸馏水均匀布于棱镜表面。将进光孔对准光源，旋转量程转换螺旋3选择量程0~50，调节目镜焦距调节旋钮，使视野内明暗分界线清晰可读。检查折光计读数是否为0，若为0，则折光计正常，可继续下面的操作；若不为0，则不能使用。

2. 取1~2滴待测糖液置于棱镜4的镜面中心，合上盖板5，使溶液均匀布于棱镜表面。

3. 将进光孔对准光源，旋转量程转换螺旋3选择量程，调节目镜焦距调节旋钮2，使视野内明暗分界线清晰可读，读出分界线对应的数值即为待测浓度的含糖量。

4. 使用完毕，用清水将棱镜和盖板冲洗干净，用滤纸吸干。

5. 温度校正。

手提式折光计的刻度标准温度为20℃，若测量时温度不是20℃，则需进行校正。实际测定温度高于20℃，则加上校正值，低于20℃则减去校正值。

表4-1 手提式折光计读数温度校正表(标准温度20℃)

水温(℃)	浓度(%)														备注
	0	5	10	15	20	25	30	35	40	45	50	55	60	65	70	
10	0.5	0.54	0.58	0.61	0.64	0.66	0.68	0.7	0.72	0.73	0.74	0.75	0.76	0.78	0.79	
11	0.46	0.46	0.53	0.55	0.58	0.6	0.62	0.64	0.65	0.66	0.67	0.68	0.69	0.7	0.71	
12	0.42	0.45	0.48	0.5	0.52	0.54	0.56	0.57	0.58	0.59	0.6	0.61	0.61	0.63	0.63	
13	0.37	0.4	0.42	0.44	0.46	0.48	0.49	0.5	0.51	0.52	0.53	0.54	0.54	0.55	0.55	
14	0.33	0.35	0.37	0.39	0.4	0.41	0.42	0.43	0.44	0.45	0.45	0.46	0.46	0.47	0.48	减在读数上
15	0.27	0.29	0.31	0.33	0.34	0.34	0.35	0.36	0.37	0.37	0.38	0.39	0.39	0.4	0.4	
16	0.22	0.24	0.25	0.26	0.27	0.28	0.28	0.3	0.3	0.3	0.31	0.31	0.32	0.32	0.32	
17	0.17	0.18	0.19	0.2	0.21	0.21	0.21	0.22	0.22	0.23	0.23	0.23	0.23	0.24	0.24	
18	0.12	0.13	0.13	0.14	0.14	0.14	0.14	0.15	0.15	0.15	0.15	0.16	0.16	0.16	0.16	
19	0.06	0.06	0.06	0.07	0.07	0.07	0.07	0.08	0.08	0.08	0.08	0.08	0.08	0.08	0.08	
20	0	0	0	0	0	0	0	0	0	0	0	0	0	0	0	
21	0.06	0.07	0.07	0.07	0.07	0.08	0.08	0.08	0.08	0.08	0.08	0.08	0.08	0.08	0.08	
22	0.13	0.13	0.14	0.14	0.15	0.15	0.15	0.15	0.15	0.16	0.16	0.16	0.16	0.16	0.16	
23	0.19	0.2	0.21	0.22	0.22	0.23	0.23	0.23	0.23	0.24	0.24	0.24	0.24	0.24	0.24	
24	0.26	0.27	0.28	0.29	0.3	0.3	0.31	0.31	0.31	0.31	0.31	0.32	0.32	0.32	0.32	
25	0.33	0.35	0.36	0.37	0.38	0.38	0.39	0.4	0.4	0.4	0.4	0.4	0.4	0.4	0.4	加在读数上
26	0.4	0.42	0.43	0.44	0.45	0.46	0.47	0.48	0.48	0.48	0.48	0.48	0.48	0.48	0.48	
27	0.48	0.5	0.52	0.53	0.54	0.55	0.55	0.56	0.56	0.56	0.56	0.56	0.56	0.56	0.56	
28	0.56	0.57	0.6	0.61	0.62	0.63	0.63	0.64	0.64	0.64	0.64	0.64	0.64	0.64	0.64	
29	0.64	0.66	0.68	0.69	0.71	0.72	0.72	0.73	0.73	0.73	0.73	0.73	0.73	0.73	0.73	
30	0.72	0.74	0.77	0.78	0.79	0.8	0.8	0.81	0.81	0.81	0.81	0.81	0.81	0.81	0.81	

例如:在测量温度为30℃,测得固形物含量为15%。查表得30℃时的修正值为0.78,则糖成分的准确读数为:15%+0.78%=15.78%。若测量时温度为15℃,测得的固形物含量依然为15%。由表4-1查得15℃时校正值为0.33,则糖分的准确读数为15%-0.33%=14.67%。手提式折光计使用的范围最好在10℃~30℃,超出此范围测得值的误差很大。

手提式折光计体积小,携带方便,适合于现场检验,但其测量结果不够精确。每次操作完毕,用水洗净镜面并擦干,如果是油质样品,则先用乙醚或二甲苯擦洗,再用水洗净擦干。强酸、强碱和腐蚀性物质不能用本仪器测量。

二、阿贝折光计

(一)阿贝折光计的结构

阿贝折光计是常用的折光计,其结构如下图所示。

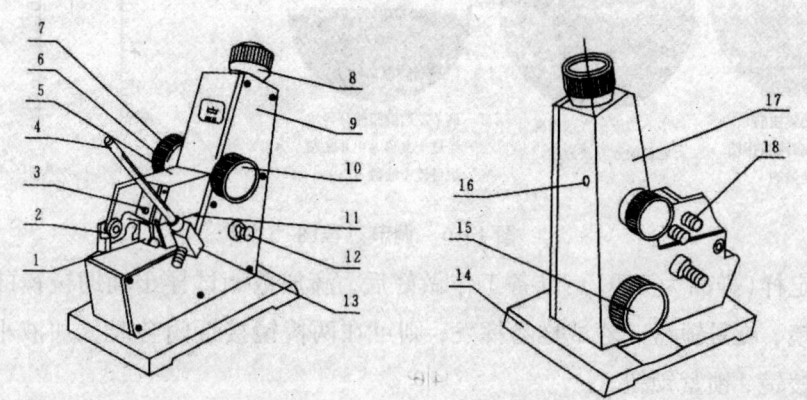

1-反射镜;2-转轴;3-遮光板;4-温度计;5-进光棱镜座;6-色散调节手轮;
7-色散值刻度圈;8-目镜;9-盖板;10-手轮;11-折射棱镜座;12-照明刻度盘镜;
13-温度计座;14-底座;15-刻度调节手轮;16-小孔;17-壳体;18-恒温器接头

图4-5 阿贝折光仪构造图

(二)测定方法

1. 仪器安装:将阿贝折射仪安放在光亮处,但应避免阳光的直接照射,以免液体试样受热迅速蒸发。用超级恒温槽将恒温水通入棱镜夹套内,检查棱镜上温度计的读数是否符合要求[一般选用(20.0±0.1)℃或(25.0±0.1)℃]。

2. 擦拭镜面:打开棱镜,滴1~2滴丙酮在玻璃面上,合上两棱镜,待镜面全部被丙酮湿润后再打开,用擦镜纸轻擦干净。

3. 校正:打开棱镜,滴1滴蒸馏水于下面镜面上,在保持下面镜面水平情况下关闭棱镜,转动刻度,调节刻度旋钮使刻度盘上的读数等于蒸馏水的折光率,旋转色散调节手轮,消除色散,得到清晰的明暗界线,然后用仪器附带的螺丝刀旋转校正螺丝,使明暗分界线对准十字交叉点,校正完毕。

表4-2 蒸馏水折光率

温度(℃)	折光指数	温度(℃)	折光指数
14	1.3335	25	1.3325
16	1.3333	26	1.3324
18	1.3332	28	1.3322
20	1.3330	30	1.3319
22	1.3328	38	1.3308
24	1.3326	40	1.3305

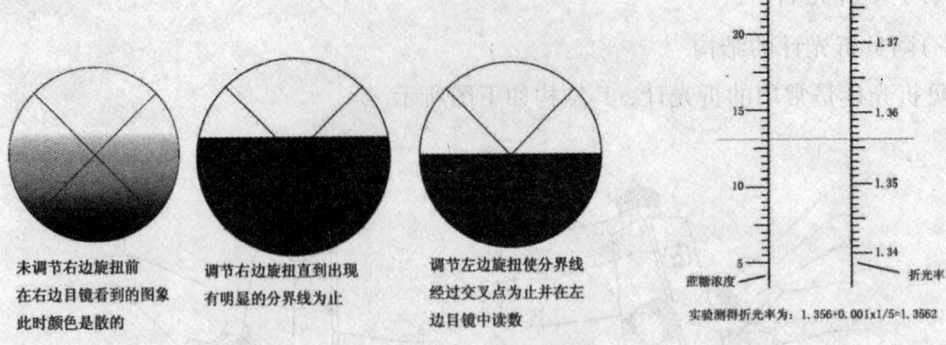

图 4-6 调节过程图

4. 加测定样(样品为 20℃):准备工作做好后,滴加数滴试样于辅助棱镜的毛镜面上,闭合辅助棱镜,旋紧锁钮。若试样易挥发,则可在两棱镜接近闭合时从加液小槽中加入,然后闭合两棱镜,锁紧锁钮。

5. 调光:转动镜筒使之垂直,调节反射镜使入射光进入棱镜,同时调节目镜的焦距,使目镜中十字线清晰明亮。调节消色散补偿器使目镜中彩色光带消失。再调节读数螺旋,使明暗的界面恰好同十字线交叉处重合。

6. 读数:从目镜中读出刻度盘上的折射率数值。

项目三 旋光度的检测

任务一 知识准备

应用旋光仪测量旋光性物质的旋光度以测定其含量的分析方法叫旋光法。

1. 旋光度与比旋光度

糖(包括淀粉)、大多数氨基酸、羟基酸等,因其分子结构中存在不对称碳原子,能使偏振光组成的偏振面产生旋转现象,这种现象称为旋光现象。这些能产生旋光现象的物质称为光活性物质。

光活性物质使偏振光旋转的方向发生变化是该物质的特性,顺时针方向为右旋,记为"+",逆时针方向为左旋,记为"-"。偏振光经过光活性物质时,振动方向改变的角度称为光活性物质的旋光度,用 α 表示。物质旋光性的大小可用比旋光度表示。光活性纯物质的旋光度的大小与入射光波长、物质的种类和测量时的温度有关。

对于光活性物质的溶液来说,旋光度还与溶剂的性质、溶液的浓度和偏振光穿过溶液的厚度有关。若规定光活性溶液的质量浓度(或光活性纯物质的密度)为 1g/mL,液层长度为 1dm,所用偏振光为钠光谱 D 线波长,测定温度为 20℃,则偏振面所旋转的角度叫做该物质的比旋光度α]用$[\alpha]_D^{20}$表示光活性物质的溶液比旋光度按下式计算：

$$[\alpha]_D^{20} = \frac{100a}{Lc}$$

式中：[α] — 20℃时，用钠光谱 D 线波长测定时的比旋光度

α — 旋光度；

L — 液层厚度或旋光管长度，dm；

C — 溶液浓度，g/mL。

比旋光度像物质的熔点、沸点或折射率等物理常数一样，也是化合物的一种物理常数。

任务二 测定方法

1. 打开旋光计电源，钠光灯亮后预热 5~10 min 至发光稳定。
2. 打开测量开关，仪器处于待测状态。
3. 旋光管内盛蒸馏水，如有气泡须赶入凸颈内。用软布擦干通光面两端的雾状水滴。旋光管课帽不宜过紧，以免产生应力影响读数。旋光管安放位置与方向每次都应一致。盖上箱盖。
4. 待示数稳定后，按清零按钮，使旋光示值为零。关闭示数开关，取出旋光管，换上待测样品，将其按相同位置与方向放入样品室，盖好。
5. 取出旋光管，将待测样品注入管内，按相同位置和方向放入样品室内，盖好箱盖，读出读数窗内的旋光度，红字为左旋，黑字为右旋。
6. 逐次按下复测按钮，重复 3 次，取其平均值作为样品的测定结果。
7. 做空白对照实验。

项目四 黏度检验

任务一 知识准备

黏度，指液体的黏度程度，它是液体在外力作用下发生流动时，液体分子间所产生的内摩擦力。黏度的大小是判断液体食品品质的一项重要的物理指数，如啤酒黏度的测定、淀粉黏度的测定等。黏度，有绝对黏度、运动黏度。

绝对黏度也叫动力黏度，它是指液体以 1cm/s 的流速流动时，在 $1cm^2$ 液面上所需切向力的大小，以"帕（斯卡）秒（Pa·s）"为单位。运动黏度，也叫动态黏度，它是在相同温度下液体的绝对黏度与其密度的比值，以平方米 1 秒（m^2/s）为单位。

指针式旋转黏度计的工作原理为：由同步电动机连接刻度盘以稳定的速度旋转，通过

游丝和转轴带动转子旋转。若转子未受到黏滞阻力，则游丝与圆盘同速旋转，指针刻度盘上的读数为0；若转子受到黏滞阻力，则游丝产生力矩与黏滞阻力抗衡，最后达到平衡，此时，与游丝相连的指针在刻度盘上指示一定读数（即游丝的扭转角），根据这一数值，结合转子号数及转速即可算出被测液体的绝对黏度。

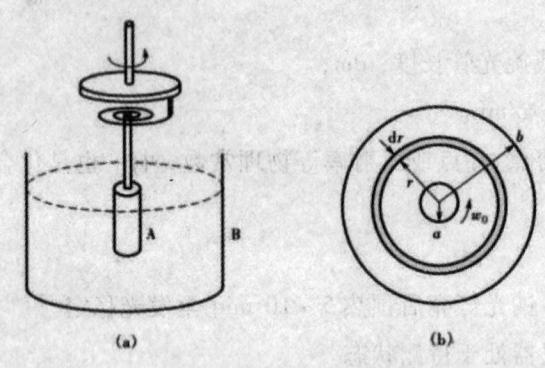

图4-7 旋转黏度计工作原理图

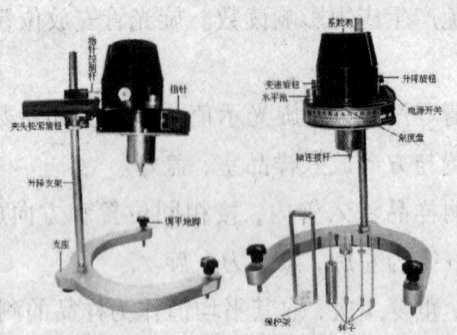

图4-8 旋转黏度计

任务二 测定方法

1. 调节仪器水平。调整仪器的水平调节螺丝，使仪器处于水平状态。根据检测容器的高低，转动仪器升降夹头旋钮使仪器升降至合适的高度，然后用六角螺纹扳头紧固升降夹头。

2. 安装转子。估算被测样的黏度范围，结合量程表选择合适的转子，并小心安装上仪器的连接螺杆。

3. 测定样品时把样品倾入直径不小于70mm的烧杯或试筒（仪器自备），使转子尽量置于容器中心部位并浸入样液直至液面达到转子的标志刻度为止。选择合适的转速，接通电源开始检测。

4. 读取黏度数据。待转子在样液中转动一定时间，指针趋于稳定时，压下操作杆，同时中断电源，使指针停留在刻度盘，读取刻度盘中指针所指示的数值。当读数过高或过低时,可通过调整测定转速或转子型号,使刻度读数值落在30~90刻度量程为好。

5. 结果计算

$$\eta = K \times S$$

式中:η——样品的绝对黏度,Pa·s;

K——转换系数;

S——圆盘中指针所指读数。

表4-3 黏度转化系数

转速(r/min) 转子代号	60	30	12	6
0	0.1	0.2	0.5	1
1	1	2	5	10
2	5	10	25	50
3	20	40	100	200
4	100	200	500	1000

项目五 气体压力测定法

任务一 知识准备

在某些瓶装或罐装食品中,容器内气体的分压常常是产品的重要质量指标。这是罐头食品必须具备的一个质量指标。如罐头生产中,要求罐头具有一定的真空度,即罐内气体分压与罐外气压差应小于零,为负压。这是罐头产品必须具备的一个质量指标,而且对于不同罐型、不同的内容物、不同的工艺条件,要求达到的真空度不同。

瓶装含气饮料,如碳酸饮料、啤酒等,其CO_2含量是产品的一个重要理化指标,啤酒的泡沫是啤酒中CO_2含量的一个表现,但它更是啤酒内在质量的客观反映,啤酒的泡沫特性是啤酒的重要质量指标。

任务二 测定方法

一、罐头真空度的测定

测定罐头真空度通常用罐头真空表。它是一种下端带有针尖的圆盘状表,表面上刻有真空度数字,静止时指针指向零,表示没有真空存在,表的基部是一带有尖锐针头的空心管,空心管与表身连接部分有金属保护套,下面一段由厚橡皮座包裹。判定时将表基座的橡皮座平面紧贴于罐盖表面,用力向下加压,使橡皮座内针尖刺入盖内,罐内分压与大气压差使表内隔膜移动,从而连带表面针头转动,即可读出真空度。表基部的橡皮座起到密封作用,防止外界空气侵入,见图4-9。

图4-9 罐头真空度的测定

二、碳酸饮料中 CO_2 的测定

将碳酸饮料样品瓶(罐)用测压器上的针头刺入盖内,旋开排气阀,待指针回复零位后,关闭排气阀,将样品瓶(罐)往复剧烈振摇40s,待压力稳定后记下压力表读数。旋开排气阀,随即打开瓶盖(罐盖)用温度计测量容器内饮料的温度,见图4-10,根据测得的压力和温度,查碳酸气吸收系数表,即可得到 CO_2 含气量的体积倍数。

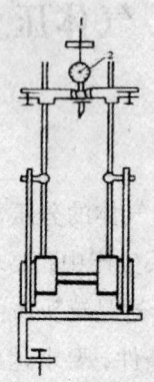

1-温度计;2-压力表

图4-10 二氧化碳测定仪

思考题

1. 名词解释:密度、相对密度、旋光度、折射率。
2. 食品物理检验分为几种类型?有哪些具体方法?
3. 测定相对密度的方法有几种?各方法的原理是什么?

模块五　水分的测定

◆ **基础理论和知识**
1. 食品中水分含量。
2. 食品中水分测定方法。

◆ **基本技能及要求**
1. 掌握常压干燥法测定水分的操作技能。
2. 掌握样品进行恒量操作的步骤。
3. 了解卡尔·费休法测定水分的原理。
4. 了解各类食品中水分的测定方法。

◆ **学习重点**
1. 常压干燥法。
2. 恒量测定方法。

◆ **学习难点**
痕量水分含量的测定。

◆ **导入案例**
面粉和老百姓的生活息息相关，但个别面粉厂为一己私利，将不合格面粉冒充合格面粉销售。不合格面粉的重要原因是面粉中水分含量超标，按照国家规定，小麦粉中水分含量应为<14%，但有些厂家小麦粉水分含量却达到15.6%。小麦粉中水分含量高，对储存不利，易发热、发霉、变质、生虫。这要求我们严格执行国家标准，认真做好食品中水分含量的测定，保证食品品质。

◆ **讨论**
1. 如何规定面粉水分含量？
2. 水分含量的高低影响面粉的储藏期吗？

项目一 概述

任务1 食品中水分含量

食品中水分的存在形式,可分为结合水分和非结合水分两大类。食品中自由水的含量与其品质有密切关系,通常所研究的主要是非结合水分(自由水),在一般水分测定中,也主要是自由水的含量,但不同食品其水分的含量差别很大。见表5-1。

表5-1 各种食品中水分含量的范围

种类	鲜果	鲜菜	鱼类	鲜蛋	乳类	猪肉	面粉	饼干	面包
水分含量	70~93	80~97	67~81	67~74	87~89	43~59	12~14	2.4~4	28~30

水是维持动、植物和人类生存必不可少的物质之一。水是食品的重要组成成分之一。不同种类的食品,水分含量差别很大。控制食品的水分含量,对于保持食品具有良好的感官性状,维持食品中其他组分的平衡关系,保证食品具有一定的保存期等均起着重要的作用。

例如:新鲜面包的水分含量若低于28%~30%,其外观形态干瘪,失去光泽;水果硬糖的水分含量一般控制在3.0%以下,过少则会出现返砂甚至返潮现象;乳粉水分含量控制在2.5%~3.0%以内,可抑制微生物生长繁殖,延长保存期。此外,各种生产原料中水分含量高低,对于它们的品质和保存、进行成本核算,提高工厂的经济效益等均具有重大意义。因此食品中水分含量的测定常是食品分析的重要项目之一。

任务2 食品中水分含量测定方法

食品中水分测定的方法有许多种,通常可分为两大类:直接测定法和间接测定法。

直接测定法一般是采用烘干、化学干燥、蒸馏、提取或其他物理化学方法去掉样品中的水分,再通过称量或其他手段获得分析结果。间接测定法一般不从样品中去除水分,而是根据在一定的条件下样品的某些物理性质与其水分含量存在简单的函数关系来确定水分含量。

直接测定法准确度高于间接法,在实际工作中测定水分的方法则常根据食品的性质和检验目的来选定。

项目二 重量法

任务1 直接干燥法

一、适用范围

本标准中直接干燥法适用于在95℃~105℃范围内不含或含其他挥发性成分且对热稳定的各种食品。不适用于水分含量小于0.5g/100g的样品。

二、原理

利用食品中水分的物理性质,在101.3kPa,温度101℃~105℃下,食品中的水分受热蒸发出来,测定样品中干燥减失的重量,通过干燥前后的称量数值计算出水分含量。

三、仪器和试剂

1. 扁形铝制或玻璃制称量瓶。
2. 电热恒温干燥箱。
3. 干燥器:内附有效干燥剂。
4. 天平:感量为0.1mg。
5. 盐酸:优级纯。
6. 氢氧化钠(NaOH):优级纯。
7. 盐酸溶液(6mol/L):量取50mL盐酸,加水稀释至100mL。
8. 氢氧化钠溶液(6mol/L):称取24g氢氧化钠,加水溶解并稀释至100mL。
9. 海砂:取用水洗去泥土的海砂或河砂,先用盐酸煮沸0.5h,用水洗至中性,再用氢氧化钠溶液煮沸0.5h,用水洗至中性,经105℃干燥备用。

四、操作步骤

1. 固态样品:固态样品必须磨碎,全部经过20~40目筛,混匀。在磨碎过程中,要防止样品中水分含量变化。制备好的样品存于干燥洁净的磨口瓶中备用。测定时,精确称取上述样品2~10g(视样品性质和水分含量而定),置于已干燥、冷却并称至恒重的有盖称量瓶中,移入95℃~105℃常压烘箱中,开盖烘2~4h后取出,加盖置干燥器内冷却0.5h后称重。再烘1h左右,又冷却到0.5h时后称重。重复此操作,直至前后两次质量差不超过2mg即算恒重。测定结果按下式计算:

$$水分(\%) = \frac{m_1 - m_2}{m_1 - m_3} \times 100$$

式中:m_1 - 干燥前样品与称量瓶质量,g;
　　　m_2 - 干燥后样品与称量瓶质量,g;

m_3 — 称量瓶质量(g)。

2. 半固体或液体样品:取洁净的称量瓶,内加 10g 海砂和一根小玻璃棒,置于 101℃ ~ 105℃ 干燥箱中,干燥 1.0h 后取出,放入干燥器内冷却 0.5h 后称量,并重复干燥至恒重。

然后称取 5 ~ 10g 试样(精确至 0.0001g),置于蒸发皿中,用小玻璃棒搅匀放在沸水水浴上蒸干,并随时搅拌,擦去皿底的水滴,置 101℃ ~ 105℃ 干燥箱中干燥 4h 后盖好取出,放入干燥器内冷却 0.5h 后称量。以下按 1 固体试样中自"然后再放入 101℃ ~ 105℃ 干燥箱中干燥 1h 左右……"起依照操作。

$$水分(\%) = \frac{(m_1 + m_2) - m_3}{m_1 - m_4} \times 100$$

式中:m_1 — 干燥前样品与称量瓶质量,g;

m_2 — 海砂(或无水硫酸钠)质量,g;

m_3 — 干燥后样品、海砂及称量瓶的总质量,g;

m_4 — 称量瓶质量,g。

由于液态样品主要由水分和可溶性固形物所组成,因此也可采用比重法、折光法等测出样品中固形物含量,然后按下式间接求出水分含量:

$$水分(\%) = 100\% - 可溶性固形物\%$$

五、操作条件选择

操作条件选择主要包括:称样量、称量皿规格、干燥设备及干燥条件等的选择。

1. 称样数量:测定时称样量一般控制在其干燥后的残留物质量在 1.5 ~ 3g 为宜。对于水分含量较低的固态、浓稠态食品,将称样量控制在 3 ~ 5g,而对于果汁、牛乳等液态食品,通常每份样量控制在 15 ~ 20g 为宜。

2. 称量器皿规格:称量器皿分为玻璃称量瓶和铝质称量盒两种。前者能耐酸碱,不受样品性质的限制,故常用于干燥法。铝质称量盒质量轻,导热性强,但对酸性食品不适宜,常用于减压干燥法。称量皿规格的选择,以样品置于其中平铺开后厚度不超过器皿高的 1/3 为宜。

3. 干燥设备:最好采用风量可调的烘箱。温度计通常处于离上隔板 3cm 的中心处,为保证测定温度较恒定,并减少取出过程中因吸湿而产生的误差,一批测定的称量皿最好为 8 ~ 12 个,并排列在隔板的较中心部位。

4. 干燥条件:温度一般控制在 95 ~ 105℃,对热稳定的谷物等,可提高到 120 ~ 130℃ 范围内进行干燥,对含还原糖较多的食品应先用低温(50℃ ~ 60℃)干燥 0.5h,然后再用 100 ~ 105℃ 干燥,干燥时间的确定有两种方法:一种是干燥到恒重,另一种是规定一定的干燥时间。

六、说明及注意事项

1. 水果、蔬菜样品,应先洗去泥沙后,再用蒸馏水冲洗一次,然后用洁净纱布吸干表面的水分。

2. 测定过程中，称量皿从烘箱中取出后，应迅速放入干燥器中进行冷却，否则不易达到恒重。

3. 干燥器内一般用硅胶作干燥剂，硅胶吸湿后效能会减低，故当硅胶蓝色减褪或变红时，需及时换出，置135℃左右烘2~3h使其再生后再用，硅胶若吸附油脂等后，去湿能力也会大大减低。

4. 糖含量较高的样品，如水果制品、蜂蜜等，在高温下（>70℃）长时间加热，其果糖会发生氧化分解作用而导致明显误差，故宜采用减压干燥法测定水分含量。

5. 含有较多氨基酸、蛋白质及羰基化合物的样品，长时间加热则会发生羰氨反应析出水分而导致误差，对此类样品宜用其他方法测定水分含量。

6. 在水分测定中，恒重的标准一般定为1~3mg，根据食品种类和测定要求而定。

7. 对于含挥发性组分较多的样品，如香料油、低醇饮料等宜采用蒸馏法测定水分含量。

8. 测定水分后的样品，可供测脂肪、灰分含量用。

任务2　减压干燥法

一、适用范围

该法适用于在较高温度下易热分解、变质或不易除去结合水的食品，如糖浆、果糖、味精、麦乳精、高脂肪食品、果蔬及其制品等的水分含量测定。

二、原理

利用食品中水分的物理性质，在达到40~53kpa压力后加热至60℃左右采用减压烘干方法去除试样中的水分，根据烘干前后的称量数值计算出水分的含量。

三、仪器及装置

1. 真空烘箱（带真空泵）
2. 扁形铝制或玻璃制称量瓶
3. 干燥器：内附有效干燥剂
4. 天平：精确到0.1mg

在用减压干燥法测定水分含量时，为了除去烘干过程中样品挥发出来的水分，以及避免干燥后期烘箱恢复常压时空气中的水分进入烘箱，影响测定的准确度。整套仪器设备除必须有一个真空烘箱（带真空泵）外，还需设置一套安全、缓冲的设施，连接几个干燥瓶和一个安全瓶。

四、操作步骤

准确称取2~5g样品于已烘至恒重的称量皿中，放入真空烘箱内，连接好全套装置后，打开真空泵抽出烘箱内空气至所需压力40~53.3kPa（300~400mmHg），并同时加热至所需温度(50~60℃)。关闭真空泵上的活盖塞,停止抽气,使烘箱内保持一定的温度和压力,经一定时间后打开活塞使空气经干燥瓶缓缓进入烘箱内,再打开烘箱取出称量皿,放入干燥器中冷却0.5h后称量,并重复以上操作至恒重。

五、结果计算

同直接干燥法。

六、说明及注意事项

1. 真空烘箱内各部位温度要求均匀一致,干燥时间短时,更应严格控制。

2. 第一次使用的铝质称量盒要反复烘干两次,每次置于调节到规定温度的烘箱内烘1~2h,然后移至干燥器内冷却45min,称重(精确到0.1mg),求出恒重。第二次以后使用时,通常采用前一次的恒重值,试样为谷粒时,如小心使用可重复20~30次而恒重值不变。

3. 由于直读天平与被称量物之间的温度差会引起明显的误差,故在操作中应力求被称量物与天平的温度相同后再称重,一般冷却时间在0.5~1h内。

4. 减压干燥时,自烘箱内部压力降至规定真空度时起计算烘干时间。一般每次烘干时间为2h,但有的样品需5h。恒重一般以减量不超过0.5mg时为标准,但对受热后易分解的样品则可以不超1~3mg的减量值为恒重标准。

项目三　容量法

任务1　水分测定仪法

一、适用范围

此法由于采用了一种高效的换热方式,水分可被迅速移去,此外,因测定过程在密闭容器中进行,加热温度比直接干燥法低,故对易氧化、分解、热敏性以及含有大量挥发性组分的样品的测定准确度明显优于干燥法。该法设备简单,操作方便,现已广泛用于谷类、果蔬、油类、香料等多种样品的水分测定,特别对于香料,此法是唯一公认的水分含量的标准分析法。

二、原理

利用食品中水分的物理化学性质,使用水分测定器将食品中的水分与甲苯或者二甲苯共同蒸出,根据接受的水的体积计算出试样中水分的含量。

三、仪器及试剂

(1)水分测定器,如图5-1所示。

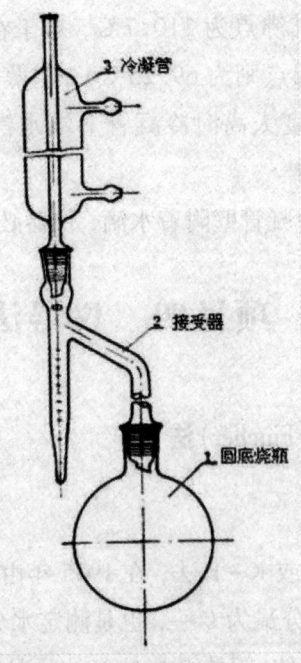

图 5-1　水分测定器

(2) 甲苯或二甲苯：取甲苯或二甲苯，先以水饱和后，分去水层，进行蒸馏，收集馏出液备用。

四、操作步骤

准确称取适量样品（估计含水量 2~5mL），放入水分测定仪的烧瓶中，加入新蒸馏的甲苯（或二甲苯）50~75mL，使样品浸没，连接冷凝管及接收管，从冷凝管顶端注入甲苯（或二甲苯），使之充满水分接收刻度管。

加热慢慢蒸馏，使每秒钟约蒸出 2 滴馏出液，待大部分水分蒸出后，加速蒸馏使每秒钟蒸出 4 滴馏出液，当水分全部蒸出后（接收管内水的体积不再增加时），从冷凝管顶端注入少许甲苯（或二甲苯）冲洗。如发现冷凝管壁或接收管上部附有水滴，可用附有小橡皮头的铜丝擦下，再蒸馏片刻直至接收管上部及冷凝管壁无水滴附着为止。读取接收管水层的容积。

五、结果计算

$$水分(\%) = \frac{V}{W} \times 100$$

式中：V - 接收管内水的体积，mL；
　　　W - 样品的质量，g。

六、说明及注意事项

1. 样品用量一般谷类、豆类约 20g，鱼、肉、蛋、乳制品为 5~10g，蔬菜、水果约 5g。

2. 有机溶剂一般用甲苯，其沸点为110.7℃，对于在高温易分解样品则用苯作蒸馏溶剂(纯苯沸点80.2℃，水苯共沸点则为69.25℃)，但蒸馏的时间需延长。

3. 加热温度不宜太高，温度太高时冷凝管上端水汽难以全部回收，蒸馏时间一般为2~3h，样品不同蒸馏时间各异。

4. 为了尽量避免接收管和冷凝管壁附着水滴，仪器必须洗涤干净。

项目四 仪器法

任务1 卡尔·费休(Karl·Fiucher)法

一、适用范围

卡尔·费休法，简称费休法或K-F法，在1935年由卡尔·费休提出的测定水分的容量方法，属于碘量法，对于测定水分最为专一，也是测定水分最为准确的化学方法。

费休法广泛地应用于各种液体、固体及一些气体样品中水分含量的测定，均能得到满意的结果，在很多场合，此法也常被作为水分特别是痕量水分(低至ppm级)的标准分析方法，用于校正其他测定方法。

在食品分析中，采用适当的预防措施后此法能用于含水量从1ppm到接近100%的样品的测定，已应用于面粉、砂糖、人造奶油、可可粉、糖蜜、茶叶、乳粉、炼乳及香料等食品中的水分测定，结果的准确度优于直接干燥法，也是测定脂肪和油品中痕量水分的理想方法。

二、原理

费休法的基本原理是利用I_2氧化SO_2时，需要有定量的水参加反应：

$$SO_2 + I_2 + 2H_2O \rightarrow H_2SO_4 + 2HI$$

但此反应具有可逆性，当硫酸浓度达0.05%以上时，即能发生逆反应，要使反应顺利地向右进行，需要加入适当的碱性物质以中和反应过程中生成的酸，经实验证明，采用吡啶(C_5H_5N)作溶剂可满足此要求，生成的硫酸吡啶很不稳定，能与水发生副反应，消耗一部分水而干扰测定，于是促使测定水的滴定反应得以定量完成。由此可见，滴定操作所用的标准溶液是含有I_2、SO_2、C_5H_5N及CH_3OH的混合溶液，此溶液称为费休试剂。费休法的滴定总反应式可写为：

$$(I_2 + SO_2 + 3C_5H_5N + CH_3OH) + H_2O \rightarrow 2C_5H_5N \cdot HI + C_5H_5N \cdot HSO_4CH_3$$

从上式可以看到，1mol水需要与1mol碘、1mol二氧化硫和3mol吡啶及1mol甲醇反应而产生2mol氢碘酸吡啶和1mol甲基硫酸氢吡啶(实际操作中各试剂用量摩尔比为$I_2 : SO_2 : C_5H_5N = 1 : 3 : 10$)

滴定操作中可用两种方法确定终点：一种是当用费休试剂滴定样品达到化学计量点

时,再过量1滴费休试剂中的游离碘即会使体系呈现浅黄基至棕黄色,据此即作为终点而停止滴定,此法适用于含有1%以上水分的样品,由其产生的终点误差不大。

另一种方法为双指示电极安培滴定法,也叫永停滴定法,其原理是将两根相似的铂电极插在被滴样品溶液中,给两电极间施加10~25mV电压,在开始滴定直至化学计量点前,因体系中只存留碘化物而无游离碘,电极间的极化作用使外电路中无电流通过(即微安表指针始终不动),而当过量1滴费休试剂滴入体系后,由于游离碘的出现使体系变为去极化,则溶液开始导电,外路有电流通过,微安表指针偏转至一定刻度并稳定不变,即为终点,此法更适宜于测定深色样品及微量、痕量水分时采用。

三、主要仪器

KF-1型水分测定仪(上海化工研究院制)或SDY-84型水分滴定仪(上海医械专机厂制)。

四、试剂

1. 无水甲醇:要求其含水量在0.05%以下。量取甲醇约200mL置干燥圆底烧瓶中,加光洁镁条15g与碘0.5g,接上冷凝装置,冷凝管的顶端和接收器支管上要装上无水氯化钙干燥管,当加热回流至金属镁开始转变为白色絮状的甲醇镁时,再加入甲醇800mL,继续回流至镁条溶解。分馏,用干燥的抽滤瓶做接收器收集64℃~65℃馏分备用。

2. 无水吡啶:要求其含水量在0.1%以下,吸取吡啶200mL置干燥的蒸馏瓶中,加40mL苯、加热蒸馏,收集110℃~116℃馏分备用。

3. 碘:将固体碘置硫酸干燥器内干燥48h以上。

4. 无水硫酸钠、硫酸

5. 二氧化硫:采用钢瓶装的二氧化硫或用硫酸分解亚硫酸钠而制得。

6. 5A分子筛

7. 水-甲醇标准溶液:每毫升含1mg水,准确吸取1mL水注入预先干燥的1000mL容量瓶中,用无水甲醇稀释至刻度,摇匀备用。

8. 卡尔·费休试剂:称取85g碘于干燥的1L具塞的棕色玻璃试剂瓶中,加入670mL无水甲醇,盖上瓶塞,摇动至碘全部溶解后,加入270mL吡啶混匀,然后置于冰水浴中冷却,通入干燥的二氧化硫气体60~70g,通气完毕后塞上瓶塞,放置暗处至少24h后使用。

标定:预先加入50mL无水甲醇于水分测定仪的反应器中,接通仪器电源,启动电磁搅拌器,先用卡尔·费休试剂滴入甲醇中使其尚残留的痕量水分与试剂作用达到计量点,即为微安表的一定刻度值(45μA或48μA),并保持1min内不变,不记录卡尔·费休试剂的消耗量,然后用10μL的微量注射器从反应器的加料口(橡皮塞住)缓缓注入10μL蒸馏水(相当于0.01g水,可先用天平称量校正,也可用减量法滴瓶称取0.01g水于反应器中),此时微安表指针偏向左边接近零点,用卡尔·费休试剂滴定至原定终点,记录卡尔·费休试剂消耗量。

卡尔·费体试剂对水的滴定度 T(mg/mL) 按下式计算：

$$T = \frac{G \times 1000}{V}$$

式中：G – 水的质量，g；

V – 滴定消耗卡尔·费休试剂的体积，mL。

五、操作步骤

1. 样品处理：固体样品，如糖果必须事先粉碎均匀，视各种样品含水量不同，一般每份被测样品中含水 20~40mg 为宜，准确称取 0.3~0.5g 样品置于称样瓶中。

2. 测定：在水分测定仪的反应器中加入 50mL 无水甲醇，使其完全淹没电极并用卡尔·费休试剂滴定 50mL 甲醇中的痕量水分，滴定至微安表指针的偏转程度与标定卡尔·费休试剂操作中的偏转情况相当并保持 1min 不变时（不记录试剂用量），打开加料口迅速将称好的试样加入反应器中，立即塞上橡皮塞，开动电磁搅拌器使试样中的水分完全被甲醇所萃取，用卡尔·费休试剂滴定至原设定的终点并保持 1min 不变，记录试剂的用量（mL）。

六、结果计算

$$水分(\%) = \frac{T \times V}{W} \times 100$$

式中：T – 卡尔·费休试剂对水的滴定度，mg/mL；

V – 滴定所消耗的卡尔·费休试剂体积，mL；

W – 样品质量，g。

七、说明及注意事项

1. 卡尔·费休法只要有现成仪器及配好费休试剂，它是快速而准确地测定水分的方法，除用于食品分析外，还广泛用于测定化肥、医药以及其他工业产品中的水分含量。

2. 固体样品细度以 40 目为宜。最好用破碎机处理而不用研磨机，以防水分损失，另外粉碎样品时保证其含水量均匀也是获得准确分析结果的关键。

3. 5A 分子筛供装入干燥塔或干燥管中干燥氮气或空气使用。

4. 无水甲醇及无水吡啶适合加入无水硫酸钠保存之。

5. 试验证明，对于含有诸如维生素 C 等强还原性组分的样品不宜用此法测定。

6. 试验表明，卡尔·费休法测定糖果样品的水分等于烘箱干燥法测定的水分加上干燥法烘过的样品再用卡尔·费休法测定的残留水分，由此说明卡尔·费休法不仅可测得样品中的自由水，而且可测出其结合水，即此法所得结果能更客观地反映出样品总水分含量。

任务2 红外线干燥法

一、适用范围

红外线干燥法是一种水分快速测定方法，但比较起来，其精密度较差，可作为简易法用于测定2~3份样品的大致水分，或快速检验在一定允许偏差范围内的样品水分含量，一般测定一份试样需10~30min（依样品种类不同而异），所以，当试样份数较多时，效率反而降低。

二、原理

以红外线灯管作为热源，利用红外线的辐射热与直射热加热试样，高效快速地使水分蒸发，根据干燥前后失重即可求出样品水分含量。

三、仪器及装置

红外线水分测定仪。

四、操作步骤

准确称取适量（一般为3~0.5g）试样在样品皿上摊平，在砝码盘上添加与被测试样质量完全相等的砝码使其达到平衡状态。调节红外灯管的高度及其电压（能使试样在10~15min内干燥为宜）开启电源，进行照射使样品水分蒸发，此时样品质量逐步减轻，相应地刻度板的平衡指针不断向上移动，随着照射时间的延长，指针的偏移越来越大，为使平衡指针回到刻度板零点位置，可移动装有重锤的水分指针，直至平衡指针恰好又回到刻度板零位，此时水分指针的读数即为所测样品的水分含量。

五、说明及注意事项

1. 市售红外线水分测定有多种形式，除上述仪器外，还有的像烘箱一样装有外圆筒与门，有的具有调节电压、定时、测定数值显示等多种功能。但基本上都是先规定测得结果与标准法（如烘箱干燥法），测得结果相同的测定条件后再使用。即使备有数台同一型号的仪器，也需通过测定已知水分含量的标准样进行校正。更换灯管后，最好也同样进行校正。

2. 试样可直接放入试样皿中，也可将其先放在铝箔上称重，再连同铝箔一起放在试样皿上。黏性、糊状的样品放在铝箔上摊平即可。

3. 调节灯管高度时，开始要低，中途再升高；调节灯管电压则开始要高，随后再降低。这样既可防止试样分解，又能缩短干燥时间。

4. 根据测定仪的精密度与方法本身的准确程度，分析结果精确到0.1%即可。

思考题

1. 说明直接干燥法、减压干燥法和蒸馏法的基本原理和适用范围。
2. 干燥器内用什么作为干燥剂？干燥剂受潮后如何处理？
3. 卡尔·费休法的基本原理是什么？
4. 怎样标定卡尔·费休试剂？

模块六 灰分及几种矿物元素的测定

◆ **基础理论和知识**

1. 食品的灰分、水溶性灰分、酸溶性灰分。
2. 食品中常量元素的测定。
3. 食品中重金属的测定。

◆ **基本技能及要求**

1. 掌握重量法测定总灰分的原理及操作步骤。
2. 掌握食品中酸不溶性灰分的测定。
3. 掌握矿物物质元素钙、铁、碘的测定方法。

◆ **学习重点**

食品中总灰分的测定。

◆ **学习难点**

食品的灰化。

◆ **导入案例**

灰分是衡量小麦粉加工精度的一项指标，通过灰分的高低可以直接评价一种小麦粉质量的好次。在生产方便面专用粉时，灰分则是小麦粉分级定等的一个硬性指标，如果灰分超出标准，所供的小麦粉就会被按比例进行降级、降等，甚至被拒收。所以应该控制好小麦粉中的灰分含量，在保证灰分含量合格的前提下最大限度地提高出粉率。

◆ **讨论**

1. 市场中常见面粉有几级？
2. 各种级别的面粉适合加工什么产品？

项目一 概述

任务 概述

食品的组成十分复杂,除含有大量的有机物质外,还含有较丰富的无机成分,当这些组分经高温灼烧时,将发生一系列的物理变化和化学变化,最后有机成分挥发逸散,而无机成分(主要是无机盐和氧化物)则残留下来,这些残留物称为灰分,灰分是标示食品中无机成分总量的一项指标。

食品的灰分与食品中原来存在的无机成分在数量和组成上并不完全相同,因为食品在灰化时,某些易挥发元素,如氯、碘、铅等,会挥发散失,磷、硫等也能以含氧酸的形式挥发散失,使这些无机成分减少。另外,某些金属氧化物会吸收有机物分解产生的二氧化碳而形成碳酸盐,从而使无机成分增多,因此,灰分并不能准确地表示食品中原来的无机成分的总量。从这种观点出发通常把食品经高温灼烧 H 后的残留物质称为粗灰分。

食品的灰分除总灰分(即粗灰分)外,按其溶解性还可以分为水溶性灰分、水不溶性灰分和酸不溶性灰分。其中水溶性灰分反映的是可溶性的钾、钠、钙、镁等的氧化物和盐类的含量。水不溶性灰分反映的是污染的泥沙和铁、铝等氧化物及碱土金属的碱式磷酸的含量。酸不溶性灰分反映的是污染的泥沙和食品中原来存在的微量氧化硅的含量。

测定的灰分具有十分重要的意义。不同的食品,因所用原料、加工方法及测定条件的不同,各种灰分的组成和含量也不相同,当这些条件确定后,某种食品的灰分常在一定范围内,如果灰分含量超过了正常范围,说明食品生产中使用了不合乎卫生标准要求的原料或食品添加剂,或食品在加工、贮运过程中受到了污染,因此,测定灰分可以判断食品受污染的程度。

此外,灰分还可以评价食品的加工精度和食品的品质,例如,在面粉加工中,常以总灰分含量评定面粉等级,富强粉为 0.3%~0.5%;标准值为 0.6%~0.9%;总灰分含量可说明果胶、明胶等胶品的胶冻性能,水溶性灰分含量可反映果酱、果冻等制品中果汁的含量。总之,灰分是某些食品重要的质量控制指标,是食品成分全分析的项目之一。

项目二 灰分的测定

任务1 总灰分的测定

一、原理

把一定量的样品经炭化后放入高温炉内灼烧,使有机物质被氧化分解,以二氧化碳、氮的氯化物及水等形式逸出，另有少量的有机物经灼烧后生成的无机物以及食品中原有的无机物均残留下来，这些残留物即为灰分。对残留物称量即可计算出样品中总灰分的含量。

二、仪器

1. 高温炉　　　　　2. 坩埚
3. 坩埚钳　　　　　4. 干燥器
5. 分析天平

三、试剂

1. 1∶4 盐酸溶液
2. 0.5% 三氯化铁溶液和等量蓝墨水的混合液
3. 6mol/L 硝酸
4. 36% 过氧化氢
5. 辛醇或纯植物油

四、操作条件的选择

1. 灰化容器

测定灰分通常以坩埚作为灰化容器，个别情况下也可以使用蒸发皿。坩埚分为素瓷坩埚、铂坩埚、石英坩埚等多种，其中最常用的是素烧瓷坩埚。它具有耐高温、耐酸、价格低廉等优点，但耐碱性差，当灰化碱性食品（如水果、蔬菜、豆类等）时，瓷坩埚内壁的釉层会部分溶解，反复多次使用后，往往难以得到恒重，在这种情况下宜使用新的瓷坩埚，或使用铂坩埚。铂坩埚具有耐高温、耐碱、导热性好、吸湿性小等优点，但价格昂贵，约为黄金的9倍，故使用时应特别注意其性能和使用规则。

灰化容器的大小要根据试样的性状来选用，需要前处理的液态样品、加热易膨胀的样品及灰分含量低、取样量较大的样品，需选用稍大些的坩埚，或选用蒸发皿。但灰化容器过大会使称量误差增大。

2. 取样量

测定灰分时，取样量的多少应根据试样的种类和性状来决定，食品的灰分与其他成分相比，含量较少，例如：谷物及豆类为 1%~4%，蔬菜为 0.5%~2%，水果为 0.5%~1%，鲜鱼、贝为 1%~5%，而精糖只有 0.01%。所以取样时应考虑称量误差，以灼烧后得到的灰分量为 10~100mg 来决定取样量。

通常奶粉、麦乳、大豆粉、调味料、鱼类及海产品等取 1~2g；谷物及其制品、肉及其制品、糕点、牛乳等取 3~5g；蔬菜及其制品、砂糖及其制品、淀粉及其制品、蜂蜜、奶油等取 5~10g；水果及其制品取 20g；油脂取 50g。

3. 灰化温度

灰化温度一般在500℃~550℃范围内。由于各种食品中无机成分的组成、性质及含量各不相同，灰分温度也应有所不同，例如：鱼类及海产品、谷类及其制品、乳制品≤550℃；果蔬及其制品、砂糖及其肉制品≤525℃；个别样品（如谷类饲料）可以达到600℃。

4. 灰化时间

一般以灼烧至灰分呈白色或浅灰色，无碳粒存在并达到恒重为止。灰化至达到恒重的时间因试样不同而异，一般需2~5h。铁含量高的食品，残灰呈褐色；锰、铜含量高的食品，残灰呈蓝绿色。有时即使灰的表面呈白色，内部仍残留有碳块。所以应根据样品的组成、性状注意观察残灰的颜色，正确判断灰化程度。

5. 加速灰化的方法

有些样品，例如含磷较多的谷物及其制品，在比较低的温度下会熔融而包住碳粒，难以完全灰化，即使灰化相当长时间也达不到恒重。对这类难灰化的样品，可采用下述方法来加速灰化。

(1) 样品经初步灼烧后，取出冷却，从灰化容器边缘慢慢加入（不可直接洒在残灰上，以防残灰飞扬）少量无离子水，使水溶性盐类溶解，被包住的碳粒暴露出来，在水浴上蒸发至干涸，置于120℃~130℃烘箱中充分干燥（充分去除水分，以防再灰化时，因加热使残灰飞散），再灼烧到恒重。

(2) 经初步灼烧后，放冷，加入几滴硝酸或双氧水，蒸干后再灼烧至恒重，利用它们的氧化作用来加速碳粒的灰化。也可以加入10%碳酸铵等疏松剂，在灼烧时分解为气体逸出，使灰分呈松散状态，促进未灰化的碳粒灰化。这些物质经灼烧后完全消失，不增加残灰的质量。

(3) 加入醋酸镁、硝酸镁等助灰化剂，这类镁盐随着灰化的进行而分解，与过剩的磷酸结合，残灰不熔融而呈松散状态，避免碳粒被包裹，可大大缩短灰化时间。此法应做空白试验。

五、操作步骤

1. 瓷坩埚的准备

瓷坩埚用盐酸(1:4)煮1~2h，洗净晾干后，用三氯化铁与蓝墨水的混合液在坩埚外壁及盖上写上编号，置于规定温度(500℃~550℃)的高温炉中灼烧1h，移至炉口冷却到200℃左右后，再移入干燥器中，冷却至室温后，准确称重，再放入高温炉内灼烧30min，取出冷却称重，直至恒重（两次称量之差不超过0.5mg）。

2. 样品预处理

(1) 果汁、牛乳等液体试样：准确称取适量试样于已知重量的瓷坩埚（或蒸发皿）中，置于水浴上蒸发至近干，再进行炭化。这类样品若直接炭化，液体沸腾，易造成溅失。

(2) 果蔬、动物组织等含水分较多的试样：先制备成均匀的试样，再准确称取适量试样于已知重量坩埚中，置烘箱中干燥，再进行炭化。也可取测定水分后的干燥试样直接进行炭化。

（3）谷物、豆类等水分含量较少的固体试样：先粉碎成均匀的试样，取适量试样于已知重量的坩埚中再进行炭化。

（4）富含脂肪的样品：把试样制备均匀，准确称取一定量试样，先提取脂肪再将残留物移入已知重量的坩埚中，进行炭化。

3. 炭化

试样经上述预处理后，在放入高温炉灼烧前要先进行炭化处理，防止在灼烧时，因温度高试样中的水分急剧蒸发使试样飞扬；防止糖、蛋白质、淀粉等易发泡膨胀的物质在高温下发泡膨胀而溢出坩埚；不经炭化而直接灰化，碳粒易被包住，灰化不完全。

炭化操作一般在电炉或煤气灯上进行，把坩埚置于电炉或煤气灯上，半盖坩埚盖，小心加热使试样在通气情况下逐渐炭化，直至无黑烟产生，对特别容易膨胀的试样（如含糖多的食品），可先于试样上加数滴辛醇或纯植物油，再进行炭化。

4. 灰化

炭化后，把坩埚移入已达规定温度（500℃~550℃）的高温炉炉口处，稍停留片刻，再慢慢移入炉膛内，坩埚盖斜倚在坩埚口，关闭炉门，灼烧一定时间（视样品种类、性状而异）至灰中无碳粒存在。打开炉门，将坩埚移至炉口处冷却至200℃左右，移入干燥器中冷却至室温，准确称重，再灼烧、冷却、称重，直至达到恒重。

六、结果计算

$$x = \frac{m_1 - m_2}{m_3 - m_2}$$

式中：m_1 – 空坩埚质量，g；

　　　m_2 – 样品加空坩埚质量，g；

　　　m_3 – 残灰加空坩埚质量，g。

七、注意事项

1. 样品炭化时要注意热源强度，防止产生大量泡沫溢出坩埚。

2. 把坩埚放入高温炉或从炉中取出时，要放在炉口停留片刻，使坩埚预热或冷却，防止因温度剧变而使坩埚破裂。

3. 灼烧后的坩埚应冷却到200℃以下再移入干燥器中，否则因热的对流作用易造成残灰飞散，且冷却速度慢，冷却后干燥器内形成较大真空，盖子不易打开。

4. 从干燥器内取出坩埚时，因内部成真空，开盖恢复常压时，应注意使空气缓缓流入，以防残灰飞散。

5. 灰化后所得残渣可留作 Ca、P、Fe 等成分的分析。

6. 用过的坩埚经初步洗刷后，可用粗盐酸或废盐酸浸泡 10~20min，再用水冲刷洁净。

任务2 水溶性灰分和水不溶性灰分的测定

往测定总灰分所得残留物中加入25mL无离子水,加热至沸,用无灰滤纸过滤,用25mL热的无离子水分多次洗涤坩埚、滤纸及残渣,将残渣连同滤纸移回原坩埚中,在水浴上蒸发至干涸,放入干燥箱中干燥,再进行灼烧、冷却、称重,直至恒重。按下式计算水溶性灰分和水不溶性灰分含量。

$$水不溶性灰分(\%) = \frac{m_4 - m_1}{(m_2 - m_1)(100 - x)} \times 100\%$$

式中:m_4 – 不溶性灰分和坩埚的质量,g。

其他符号意义同总灰分的计算。

水溶性灰分(%) = 总灰分(%) − 水不溶性灰分(%)

任务3 酸不溶性灰分的测定

向总灰分或水不溶性灰分中加入25mL 0.1mol/L盐酸,以下操作同水溶性灰分的测定,按下式计算酸不溶性灰分含量。

$$酸不溶性灰分(\%) = \frac{m_5 - m_2}{(m_3 - m_2)(100 - x)} \times 100\%$$

式中:m_5 – 酸不溶性灰分和坩埚质量,g。

其他符号意义同总灰分的计算。

项目三 食品中营养元素的测定

任务1 概述

食品中除含有大量有机物外,还含有较丰富的矿物质(即灰分),其中含量较多的矿物元素有Ca、Mg、K、Na、P、S、Cl等7种,含量都在0.01%以上,称为常量元素,约占矿物质总量的80%。

此外,还含有Fe、Co、Ni、Zn、Cr、Mo、Al、Si、Se、Sn、I、F等元素,含量都在0.01%以下,称为微量元素或痕量元素。其中一些元素是人体所必需的,在维持人体正常生理功能,构成人的机体组织等方面,起着十分重要的作用。

由于食物中矿物质含量较丰富,分布也比较广泛,一般情况下都能满足人体需要,不易引起缺乏,但对于一些特殊人群或处于特殊生理状况时,如婴幼儿、孕妇、青春期、哺乳期等常易引起缺乏症。测定食品中某些矿物元素的含量,对于评价食品的营养价值,开发和生产强化食品,具有十分重要的意义。

食品中有些矿物元素是非人体必需的有毒元素,有些虽是人体必需元素但需要量很小,摄入过量将对人体产生危害,因此必须严格限制这类元素在食品中的含量。

任务2 钙的测定

钙是人体中含量最丰富的矿物元素,其作用除了作为机体骨骼和牙齿的组成成分外,还参与多种生理活动,钙的缺乏会引起软骨病,我国推荐每日膳食中钙的供给量为800~1000mg。

许多食品中含有钙,尤以乳及乳制品含钙丰富,且易被吸收。在食品加工中钙常作为营养强化剂及食品品质改良剂应用。钙的测定常用高锰酸钾滴定法和EDTA络合滴定法,两法均简便快速。

一、高锰酸钾法

1. 原理

样品灰化后,用盐酸溶解,加草酸铵溶液生成草酸钙沉淀。沉淀经洗涤后,溶解于稀硫酸中,游离出的草酸用高锰酸钾标准溶液滴定,$C_2O_4^{2-}$ 被氧化为 CO_2,MnO_4^- 还原为 Mn^{2+}。生成的草酸和硫酸钙物质的量相等,从而计算出钙的含量,当溶液中存在 $C_2O_4^{2-}$ 时,加入高锰酸钾,发生氧化还原反应,红色立即消失,$C_2O_4^{2-}$ 完全被氧化后,高锰酸钾的颜色不再消失,呈现微红色,即为滴定终点,可以精确测定钙含量。

反应式如下:

$CaCl_2 + (NH_4)_2C_2O_4 \rightarrow CaC_2O_4 \downarrow + 2NH_4Cl$

$CaC_2O_4 + H_2SO_4 \rightarrow CaSO_4 + H_2C_2O_4$

$5H_2C_2O_4 + 2KMnO_4 + 3H_2SO_4 \rightarrow K_2SO_4 + 2MnSO_4 + 10CO_2 + 8H_2O$

2. 试剂

(1)1:4 盐酸。

(2)0.1% 甲基红指示剂。

(3)1:4 醋酸溶液。

(4)1:4 NH_4OH 溶液。

(5)2% NH_4OH。

(6)2mol/L H_2SO_4 溶液。

(7)4% $(NH_4)_2C_2O_4$ 溶液。

(8)0.02mol/L $KMnO_4$ 标准溶液:称取 3.3g $KMnO_4$ 于 1000mL 烧杯中,加水 1000mL,盖上表面皿,加热煮沸 30min,并随时补足蒸发的水分,冷却,在暗处放 5~7 天,用 G3 或 G4 砂芯漏斗过滤,滤液贮于棕色瓶中,待标定。也可将高锰酸钾煮沸后微沸 1h,冷却、过滤、标定浓度。

标定：准确称取在130℃烘干30min 的 $Na_2C_2O_4$ 基准试剂 15~0.20g 3份（精确至0.0001g），分别置于250mL 三角瓶中，加水40mL 溶解，加入10mL 2mol/L 硫酸溶液，加热至70℃~80℃，用待标定的 $KMnO_4$ 溶液滴定至微红色出现半分钟不褪色为终点，记录耗用 $KMnO_4$ 溶液毫升数。

计算：

$$C = \frac{m \times 100}{V \times 134} \times \frac{2}{5}$$

式中：m - 草酸钠重量，g；

　　　134 - 草酸钠的摩尔质量，g/mol；

　　　$\frac{2}{5}$ - 滴定时草酸钠与高锰酸钾反应的质量比值。

3. 测定方法

（1）样品处理：取适量样品，用干法灰化，加入1:4盐酸5mL，置水浴上蒸干，再加入5mL 1:4盐酸溶解并移入25mL 容量瓶中，用热无离子水多次洗涤灰化容器，洗涤水并入容量瓶中，冷却后用无离子水定容。

（2）测定：准确吸取样液5mL（含钙1~10mg）移入15mL 离心管中，加入甲基红指示剂1滴，4%草酸铵溶液2mL，1:4醋酸溶液0.5mL，振摇均匀，用1:4氢氧化铵溶液调样液至微蓝色，再用醋酸溶液调至微红色，放置1h，使沉淀完全析出，离心15min，小心倾去上清液，倾斜离心管并用滤纸吸干管口溶液，向离心管中加入少量2% $NH_3·H_2O$，用手指弹动离心管，使沉淀松动，再加入约10mL 2% $NH_3·H_2O$，离心20min，用胶帽吸管吸去上清液。往沉淀中加2mL 2mol/L 硫酸，摇匀，置于70℃~80℃水浴中加热，使沉淀全部溶解，用0.02mol/L 高锰酸钾标准溶液滴定至微红色30s 不褪为终点。记录高锰酸钾标准溶液消耗量。

4. 计算

$$钙(mg/100g) = \frac{5c \times V \times V_2 \times 40.08}{2m \times V_1} \times 100$$

式中：c - $KMnO_4$ 溶液浓度，mol/L；

　　　V - $KMnO_4$ 溶液耗用体积，mL；

　　　V_1 - 用于测定的样液体积，mL；

　　　V_2 - 样液定容总体积，mL；

　　　m - 样品重量，g；

　　　40.08 - 钙的摩尔质量，g/mol。

二、EDTA 滴定法

1. 原理

EDTA 是一种氨羧络合剂，在不同的 pH 条件下可与多种金属离子形成稳定的络合物。

Ca^{2+} 与 EDTA 定量地形成金属络合物，其稳定性大于钙与指示剂所形成的络合物。在 pH 为 12~14 时，可用 EDTA 的盐溶液直接滴定溶液中的 Ca^{2+}，终点指示剂为钙指示剂（NN），钙指示剂在 pH > 11 时为纯蓝色，可与钙结合形成酒红色的 NN – Ca。

在滴定过程中，EDTA 首先与游离态的 Ca^{2+} 结合，接近终点时夺取 NN – Ca 中的 Ca^{2+}，使溶液由酒红色变为纯蓝色即为滴定终点。根据氨羧络合剂 EDTA 的用量计算钙的含量。

在本反应中 Zn、Cu、Co、Ni 会发生干扰，可加入 KCN 或 Na_2S 掩蔽，Fe 可用柠檬酸钠掩蔽。

2. 试剂

（1）钙指示剂（NN）：0.1% 的酒精溶液。

（2）1% KCN 溶液。

（3）0.05mol/L 柠檬酸钠溶液。

（4）2mol/L NaOH 溶液。

（5）6mol/L HCl 溶液。

（6）钙标准溶液：准确称取 0.4994g 已在 110℃ 下干燥 2h，并保存在干燥器内的基准碳酸钙于 250mL 烧杯中，用少量水润湿，盖上表面皿，缓慢加入 6mol/L HCl 10mL 使之溶解，转入 10mL 容量瓶中，用水稀释至刻度，摇匀，此溶液含钙为 0.2mg/mL。

（7）0.01mol/L EDTA 标准溶液：精确称取 3.700g EDTA 二钠盐于蒸馏水中，稀释至 1L，贮于聚乙烯瓶中。

标定：准确吸取钙标准溶液 10mL 于 100mL 三角瓶中，加水 10mL，用 2mol/L 的 NaOH 溶液调至中性（约 1mL），加入 1% KCN 1 滴，0.05mol/L 柠檬酸钠 2mL，2mol/L NaOH 2mL，钙指示剂 5 滴，用 EDTA 溶液滴定至溶液由酒红色变为纯蓝色为终点。记录 EDTA 溶液用量 V(mL)，按下式计算每毫升 EDTA 标准溶液相当于钙的毫克数 T。

$$T = \frac{0.2 \times 10}{V}$$

式中：T – 每毫升 EDTA 标准溶液相当于钙的毫克数，mg/mL；

V – 消耗 EDTA 标准溶液的体积，mL。

3. 测定方法

（1）样品处理：同高锰酸钾法。

（2）测定：准确吸取样液 5mL（视 Ca 含量而定），注入 100mL 三角瓶中，加水 15mL，用 2mol/L 的 NaOH 溶液调至中性，加 1% KCN 1 滴，0.05mol/L 柠檬酸钠溶液 2mL，2mol/L NaOH 2mL，钙指示剂 5 滴，用 EDTA 溶液滴定至溶液由酒红色变为纯蓝色为终点。记录 EDTA 标准溶液用量。以蒸馏水代替样品作空白试验。

4. 结果计算

$$钙(mg/100g) = \frac{(V-V_0)T \times V_2}{m \times V_1} \times 100$$

式中：T – 每毫升 EDTA 标准溶液相当于钙的毫克数，mg/mL；

　　　V – 滴定样液消耗 EDTA 标准溶液的体积，mL；

　　　V_0 – 滴定空白消耗 EDTA 标准溶液的体积，mL；

　　　V_1 – 测定时取样液体积，mL；

　　　V_2 – 样液定容总体积，mL；

　　　m – 样品质量，g。

任务3　铁的测定

铁是人体内不可缺少的微量元素，它与蛋白质结合形成血红蛋白，参与了血液中氧的运输作用，缺乏铁会引起缺铁性贫血，铁也是与能量代谢有关的酶的成分，所以人体每日都必须摄入一定量的铁。

1988 年中国营养学会推荐铁的供应量为：成年男子 12mg/日，女子 18mg/日。在肉、蛋、果蔬食品中都含有丰富的铁元素，可以满足大多数人群的日常需要，但婴幼儿、青少年、孕妇等易缺乏。

食品在加工及贮藏过程中铁的含量会发生变化，并影响食品的质量。如三价铁离子具有氧化作用，可破坏维生素，并引起食品褐变；由于加工机械、包装等污染可使食品中铁增加，使食品产生金属味等。因此，测定食品中铁的含量除了有营养学意义外，还可鉴定食品中铁的污染程度，控制食品的质量。

铁的测定常用硫氰酸盐比色法、邻二氮菲比色法、联吡啶比色法和原子吸收分光光度法。

一、硫氰酸钾比色法

1. 原理

在酸性条件下，三价铁离子与硫氰酸钾作用，生成血红色的硫氰酸铁络合物，溶液颜色深浅与铁离子浓度成正比，故可以比色测定，反应式如下：

$$Fe_2(SO_4)_3 + 6KCNS \rightarrow 2Fe(CNS)_3 + 3K_2SO_4$$

2. 试剂

(1) 2% $KMnO_4$ 溶液。

(2) 20% KCNS 溶液。

(3) 2% $K_2S_2O_7$ 溶液。

(4) 浓 H_2SO_4。

(5) 铁标准溶液：准确称取 0.4979g 硫酸亚铁（$FeSO_4 \cdot 7H_2O$）溶于 100mL 水中，加入 5mL 浓硫酸微热，溶解即滴加 2% 高锰酸钾溶液，至最后一滴红色不褪色为止，用水定容至1000mL，摇匀，得标准贮备液，此液每毫升含Fe^{3+} 100μg。取铁标准贮备液10mL于100mL容量瓶中，加水至刻度，混匀，得标准使用液，此液每mL含Fe^{3+} 100μg。

3. 测定方法

（1）样品处理：称取均匀样品10.0g，干法灰化后，加入2mL 1∶1盐酸，在水浴上蒸干再加入5mL蒸馏水，加热煮沸后移入100mL容量瓶中，以水定容，混匀。

（2）标准曲线绘制：准确吸取上述铁标准溶液0.0、1.0、2.0、3.0、4.0、5.0mL，分别置于25mL容量瓶或比色管中，各加5mL水，0.5mL浓硫酸，0.2mL 2%过硫酸钾，2mL 20%硫氰酸钾，混匀后稀释至刻度，用1cm比色皿，在485nm处，以试剂空白作参比液测定吸光度。以铁含量（μg）为横坐标，以吸光度为纵坐标绘制标准曲线。

（3）样品测定：准确吸取样液5～10mL置于25mL容量瓶或比色管中，以下按标准曲线绘制步骤进行，测得吸光度，从标准曲线上查出相对应的铁的含量。

4. 计算

$$铁含量 = \frac{C \times V_2}{m \times V_1} \times 100 (μg/100g)$$

式中：C – 从标准曲线上查得相当于铁的标准量；

V_1 – 测定用样液体积，mL；

V_2 – 样液总体积，mL；

m – 为测定时样品溶液相当于样品的重量，g。

5. 说明

（1）加入的过硫酸钾作为氧化剂，以防止三价铁转变成二价铁。

（2）硫氰酸铁的稳定性差，时间稍长，红色会逐渐消退，故应在规定时间内完成比色。

（3）随着硫氰酸根浓度的增加，Fe^{3+}可与之形成$FeCNS^{2+}$直至$Fe(CNS)_6^{3-}$等一系列化合物，溶液颜色由橙黄色变成血红色，影响测定，因此，应严格控制硫氰酸钾的用量。

二、邻二氮菲比色法

1. 原理

在pH2为～9的溶液中，二价铁离子能与邻二氮菲生成稳定的橙红色络合物，在510nm有最大吸收，其吸光度与铁的含量成正比，故可比色测定。

当pH<2时反应进行较慢，而酸度过低又会引起二价铁离子水解，故反应通常在pH=5左右的微酸条件下进行。同时样品制备液中铁元素常以三价离子形式存在，可用盐酸羟胺先还原成二价离子再作反应，反应式如下：

$$4Fe^{3+} + 2NH_2OH \cdot HCl \rightarrow 4Fe^{2+} + 4H^+ + N_2O + H_2O + 2Cl^-$$

本法选择性高，干扰少，显色稳定，灵敏度和精密度都较高。

2. 试剂

（1）10%盐酸羟胺（$NH_2OH \cdot HCl$）溶液；

(2) 0.12% 邻二氮菲水溶液(新鲜配制);

(3) 10% 醋酸钠溶液;

(4) 1mol/L 盐酸溶液;

(5) 铁标准溶液:同硫氰酸钾比色法。

3. 测定方法

(1) 样品处理:同硫氰酸钾法。

(2) 标准曲线绘制:吸取 10μg/mL 铁标准溶液(标准溶液吸取量可根据样品含铁量高低来确定)0.0、1.0、2.0、3.0、4.0、5.0mL,分别置于 50mL 容量瓶中,加入 1mol/L 盐酸溶液 1mL,10% 盐酸羟胺 1mL,0.12% 邻二氮菲 1mL,然后加入 10% 醋酸钠 5mL,用水稀释至刻度,摇匀,以不加铁的试剂空白溶液作参比溶液,在 510nm 波长处,用 1cm 比色皿测吸光度,绘制标准曲线。

(3) 样品测定:准确吸取样液 5~10mL(视含铁量高低而定)于 50mL 容量瓶中,以下按标准曲线绘制操作,测定吸光度,在标准曲线上查出相对应的铁含量(μg)。

4. 结果计算

$$铁含量 = \frac{C \times V_2}{m \times V_1} \times 100 (\mu g/100g)$$

式中:C — 从标准曲线上查得测定用样液相应的铁含量,μg;

V_1 — 测定用样液体积,mL;

V_2 — 样液总体积,mL;

m — 样品质量,g。

任务 4 碘的测定

碘是人类必需的营养素。它是甲状腺激素的重要组成成分,该激素在促进人体的生长发育,维持机体正常的生理功能等方面起着十分重要的作用。人体中缺乏碘时会引起甲状腺肿,缺碘母亲生的小孩可患呆小病。

碘缺乏症多是地区性的,可以通过富含碘的食物或加碘食盐来治疗。但长期过量摄入碘也会影响甲状腺对碘的吸收利用而造成甲状腺肿。因此,食物中碘的测定在营养学上具有重要意义。食品中碘的测定最常用的是氯仿萃取比色法。

一、原理

样品在碱性条件下灰化,碘被有机物还原成 I^-,I^- 与碱金属离子结合成碘化物,碘化物在酸性条件下与重铬酸钾作用,定量析出碘。当用氯仿萃取时,碘溶于氯仿中呈粉红色,当碘含量低时,颜色深浅与碘含量成正比,故可以比色测定。反应式如下:

$$Cr_2O_7^{2-} + 6I^- + 14H^+ \rightarrow 2Cr^{3+} + 3I_2 + 7H_2O$$

二、试剂

1. 10mol/L KOH 溶液。
2. 0.02mol/L $K_2Cr_2O_7$ 溶液。
3. 氯仿。
4. 浓 H_2SO_4。
5. 碘标准溶液：称取 0.1308g 经 105℃ 烘 1h 的碘化钾于烧杯中，加少量水溶解，移入 100mL 容量瓶中，加水定容。此溶液每毫升含碘 100μg，使用时稀释成 10μg/mL。

三、测定步骤

1. 样品处理：准确称取样品 2~3g 于坩埚中，加入 5mL 10mol/L 氢氧化钾溶液，烘干，电炉上炭化，然后移入高温炉中，在 460℃~500℃ 下灰化至呈白色灰烬。取出冷却后加水 10mL，加热溶解，并过滤到 50mL 容量瓶中，用 30mL 热水分次洗涤坩埚和滤纸，洗液并入容量瓶中，以水定容至刻度。

2. 标准曲线绘制：准确吸取 10μg/mL 碘标准液 0.0、2.0、4.0、6.0、8.0、10.0mL 分别置于 125mL 分液漏斗中，加水至总体积为 40mL，加入浓 H_2SO_4 22mL，0.02ml/L 重铬酸钾溶液 15mL，摇匀后静置 30min，加入氯仿 10mL，振摇 1min，静置分层后通过棉花将氯仿层过滤至 1cm 比色皿中，在 510nm 波长处测定吸光度，绘制标准曲线。

3. 样品测定：根据样品含碘量高低，吸取数毫升样液置于 125mL 分液漏斗中，以下步骤按标准曲线制作进行，测定样液吸光度，在标准曲线上查出相应的碘含量(μg)。

四、结果计算

$$碘(\mu g/100g) = \frac{X}{m \times \frac{V}{V_0}} \times 100$$

式中：X — 在标准曲线中查得测定用样液中碘含量，μg；

V — 测定时吸取样液的体积，mL；

V_0 — 样液总体积，mL；

m — 样品的质量，g。

五、说明

1. 灰化样品时，加入氢氧化钾的作用是使碘形成难挥发的碘化钾，防止碘在高温灰化时挥发损失。

2. 本法操作简便，显色稳定，重现性好。

项目四　食品中有害元素的测定

任务1　铅的测定

一、原子吸收光谱法

1. 原理

样品经消化后,导入原子吸收分光光度计中,经火焰原子化后,吸收波长为283nm的共振线,其吸收量与铅含量成正比,与标准系列比较定量。

2. 试剂

(1)混合酸:硝酸+高氯酸(5+1)。

(2)硝酸:0.5mol/L。

(3)①铅标准储备液:精确称取1.000g金属铅(纯度大于99.99%)或1.598g的硝酸铅(优级纯),加适量硝酸(1+1)使之溶解,移入1000mL容量瓶中,用0.5mol/L盐酸定容至刻度,储存于聚乙烯瓶内,在冰箱内保存。此溶液每毫升相当于1mg铅。

②铅标准使用液:吸取铅标准储备液10.0mL置于100mL的容量瓶中,用硝酸溶液(0.5mol/l)稀释至刻度,该溶液每毫升相当于100μg铅。

3. 仪器

原子吸收分光光度计(带铅空心阴极灯)。

4. 操作步骤。

(1)样品湿法消化。

①固体样品,如前所述。

②液体样品。

吸取均匀样品10~20mL于150mL锥形瓶中,放入几粒玻璃珠、酒类和碳酸类饮品于电热板上小火加热除去酒精和二氧化碳,然后加入20mL的混合酸,于电热板上加热至颜色由深变浅,至无色透明冒白烟时取下,放冷后加入10mL水继续加热酸至冒白烟为止,冷却后用去离子水洗至25mL的刻度试管中,同时做试剂空白。

(2)样品干法灰化。

称取制备好的均匀样品5.0~10.0g置于瓷坩埚中,于电炉上小火炭化至无烟后移入马弗炉中,500℃灰化约8h后取出,放冷后再加入少量混合酸,小火加热至无碳粒,待坩埚稍凉,加10mL 0.5mol/L的硝酸,溶解残渣并移入50mL的容量瓶中,再用0.5mol/L的硝酸反复洗涤坩埚,洗液并入容量瓶中,并稀释至刻度,混匀备用。

(3)标准曲线的制备。

吸取0.0mL、0.50mL、1.0mL、2.5mL、5.0mL铅标准使用液,分别置于50mL容量瓶中,以

硝酸(0.5mol/L)稀释至刻度,混匀,此标准系列每毫升含铅分别为 0.0μg、1.0μg、2.0μg、5.0μg、10.0μg。

(4)仪器条件。

波长 283.3nm,灯电流、狭缝、空气乙炔流量及灯头高度均按仪器说明调至最佳状态。

(5)样品测定。

将铅标准溶液、试剂空白液和处理好的样品溶液分别导入火焰原子化器进行测定。记录其对应的吸光度值,与标准曲线比较定量。

5. 结果计算

$$W = \frac{(P_1 - P_2)V \times 10^{-6}}{m}$$

式中:W—样品中铅的质量分数;

　　P_1—测定用样品液中铅的含量,μg/mL;

　　P_2—试剂空白液中铅的含量,μg/mL;

　　V—样品处理液的总体积,mL;

　　m—样品质量,g。

二、分光光度法(二硫腙比色法)

1. 原理

样品经消化后,在 pH = 8.5~9.0 时,铅离子与二硫腙生成红色络合物,溶于三氯甲烷,加入柠檬酸铵、氰化钾和盐酸羟胺等,防止铜、铁、锌等离子干扰,与标准系列比较定量。

2. 试剂

(1)1:1 氨水、盐酸(1:1)、酚红指示液(1g/L)、氰化钾溶液(100g/L)、三氯甲烷(不应含氧化物)、硝酸(1:99)、硝酸——硫酸混合液(4:1)。

(2)盐酸羟胺溶液(200g/L)。

称取 20g 盐酸羟胺,加水溶解至 50mL,加 2 滴酚红指示液,加氨水(1:1)调 pH 至 8.5~9.0(由黄变红,再多加 2 滴),用二硫腙三氯甲烷溶液提取至三氯甲烷层绿色不变为止,再用三氯甲烷洗两次,弃去三氯甲烷层,水层加盐酸(1+1)呈酸性,加水至 100mL。

(3)柠檬酸铵溶液(200g/L)。

称取 50g 柠檬酸铵,溶于 100mL 水中,加 12 滴酚红指示液,加氨水(1+1)调 pH 至 8.5~9.0,用二硫腙三氯甲烷溶液提取数次,每次 10~20mL 至三氯甲烷层绿色不变为止,弃去三氧甲烷层,再用三氯甲烷洗两次,每次 5mL,弃去三氯甲烷层,加水稀释至 250mL。

(4)淀粉指示液。

称取 0.5g 可溶性淀粉,加 5mL 水摇匀后,慢慢倒入 100℃沸水中搅拌,煮沸,放冷备用。

(5)二硫腙——三氧甲烷溶液(0.5g/L)。称取精制过的二硫腙 0.5g,加 1L 三氧甲烷溶解,保存于冰箱中。

(6)二硫腙使用液。

吸取1.0mL二硫腙溶液,加三氯甲烷至10mL混匀。用1cm比色皿,以三氯甲烷调节零点,于波长510nm处测吸光度(A),用下式算出配制100mL二硫腙使用液(70%透光度)所需二硫腙溶液的体积(V)。

$$V = \frac{10 \times (2 - \lg 70)}{A} = \frac{1.55}{A}$$

(7)铅标准溶液。

精密称取0.1598g硝酸铅,加10mL硝酸(1+99),全部溶解后,移用液入100mL容量瓶中,加水稀释至刻度。此溶液每毫升相当于1.0mg铅。

(8)铅标准使用液。

吸取1.0mL铅标准溶液,置于100mL容量瓶中,加水稀释至刻度。此溶液每毫升相当于10.0μg铅。

3. 仪器:所用仪器为分光光度计。

4. 操作步骤

(1)样品预处理:在采样和制备过程中,应注意不使样品污染。

粮食、豆类去杂物后,磨碎,过20目筛,储于塑料瓶中,保存备用。蔬菜、水果、鱼类、肉类及蛋类等水分含量高的鲜样,用食品加工机或匀浆机打成匀浆,储于塑料瓶中,保存备用。

(2)样品消化(灰化法)。

①粮食及其他含水分少的食品。称取5.00g样品,置于石英或瓷坩埚中,加热至炭化,然后移入马弗炉中,500℃灰化3h,放冷,取出坩埚,加硝酸(1+1),润湿灰分,用小火蒸干,在500℃灼烧1h,放冷,取出坩埚。加1mL硝酸(1+1),加热,使灰分溶解,移入50mL容量瓶中,用水洗涤坩埚,洗液并入容量瓶中,加水至刻度,混匀备用。

②含水分多的食品或液体样品。称取5.0g或吸取5.00mL样品,置于蒸发皿中,先在水浴上蒸干,再按①自"加热至炭化"起依法操作。

(3)测定吸取10.0mL消化后的定容溶液和同量的试剂空白液,分别置于125mL分液漏斗中,各加水至20mL。

吸取0.00mL、0.10mL、0.20mL、0.30mL、0.40mL、0.50mL铅标准使用液(相当0μg、1μg、2μg、3μg、4μg、5μg铅),分别置于125mL分液漏斗中,各加硝酸(1+99)至20mL。

于样品消化液、试剂空白液和铅标准液中各加2mL柠檬酸铵溶液(20g/L)、1mL盐酸羟胺溶液(200g/L)和2滴酚红指示液,用氨水(1:1)调至红色,再各加2mL氰化钾溶液(100g/L),混匀。各加5.0mL二硫腙使用液,剧烈振摇1min,静置分层后,三氯甲烷层经脱脂棉滤入1cm比色皿中,以三氯甲烷调节零点,于波长510nm处测吸光度,各点减去空白液管吸光度值后,绘制标准曲线或计算一元回归方程,样品与标准曲线比较。

5. 结果计算

$$W = \frac{(m_1 - m_2) \times 10^{-6}}{m \times (V_1 - V_2)}$$

式中：W — 样品中铅的质量分数；

m_1 — 测定用样品消化液中铅的质量，mg；

m_2 试剂空白液中铅的质量，mg；

m_2 — 样品质量，g；

V_1 — 样品消化液的总体积，mL；

V_2 — 测定用样品消化液的体积，mL。

任务2　砷的测定——硼氢化物还原比色法

一、原理

样品经消化，其中砷以五价存在。当溶液中氢离子浓度大于1.0mol/L时，加入碘化钾+硫脲并结合加热，能将五价砷还原为三价砷。在酸性条件下，硼氢化钾将三价砷还原为负三价，形成砷化氢气体，导入吸收液中呈黄色，黄色深浅与溶液中砷含量成正比。

二、试剂

1. 碘化钾(500g/L) + 硫脲溶液(50g/L)：1+1

2. 400g 碘和100g/L 氢氧化钠溶液

3. 1+1 硫酸

4. 吸收液

(1) 硝酸银溶液(8g/L)。

称取4.07g 硝酸银于500mL 烧杯中，加入适量水溶解后再加入30mL 硝酸，加水至500mL，储于棕色瓶中。

(2) 聚乙烯醇溶液(4g/L)。

称取0.4g 聚乙烯醇(聚合度为1500～1800)于小烧杯中，加入100mL 水，沸水浴中加热，搅拌至溶解，保温10min，取出放冷备用。

(3) 取(1)液和(2)液各一份，加入两份体积的乙醇(95%)，混匀作为吸收液。使用时现配。

5. 硼氢化钾片

将硼氢化钾与氧化钠按1:4 质量比混合磨细，充分混匀后在压片机上制成直径10mm、厚4mm 的片剂，每片为0.5g。避免在潮湿天气时压片。

6. 乙酸铅(100g/L)

棉花将脱脂棉浸入乙酸铅溶液(100g/L)中，数分钟后挤去多余溶液，摊开棉花，80℃烘干后储于广口玻璃瓶中。

7. 柠檬酸(1.0mol/L)——柠檬酸铵(1.0mol/L)

称取192g柠檬酸、243g柠檬酸铵,加水溶解后稀释至1000mL。

8. 砷标准储备液

精确称取经105℃干燥1h并置于干燥器中冷却至室温的三氧化二砷0.1320g于100mL烧杯中,加入10mL氢氧化钠溶液(2.5mol/L),待溶解后加入5mL高氯酸、5mL硫酸,置电热板上加热至冒白烟,冷却后,转入1000mL容量瓶中,用水稀释定容至刻度,此溶液每毫升含砷(五价)0.100mg。

9. 砷标准应用液

吸取砷标准储备液1.00mL置于100mL的容量瓶中,用水稀释至刻度,该溶液每毫升含砷(五价)1.00μg。

10. 甲基红指示剂2g/L

称取0.1g甲基红溶解于50mL乙醇(95%)溶液中。

三、仪器

可见分光光度计、砷化氢装置。

四、操作步骤

1. 样品处理

(1)粮食类食品。

称取5.00g样品于250mL的锥形瓶中,放入5.0mL高氯酸、20mL硝酸、2.5mL硫酸(1+1),放置数小时后(或过夜),置电热板上加热,若溶液变成棕色,应补加硝酸使有机物分解完全,取下放冷,加15mL水,再加热至冒白烟,取下,以20mL水分数次将消化液定量转入100mL砷化氢发生瓶中,同时做空白消化。

(2)蔬菜、水果类。

称取10.00~20.00g样品于250mL的锥形瓶中,放入3.0mL高氯酸、20mL硝酸、2.5mL硫酸(1+1),以下按(1)操作。

(3)动物性食品(海产品除外)。

称取5.00~10.00g样品于250mL的锥形瓶中,以下按(1)操作。

(4)海产品。

称取0.100~1.00g样品于250mL的锥形瓶中,放入2.0mL高氯酸、10mL硝酸、2.5mL硫酸(1+1),以下按(1)操作。

(5)含乙醇或二氧化碳的饮料。

吸取10mL样品于250mL的锥形瓶中,低温加热除去乙醇或二氧化碳后加入2.0mL高氯酸、10mL硝酸、2.5mL硫酸(1+1),以下按(1)操作。

(6)酱油类食品。

吸取 5.0~10.0mL 代表性样品于 250mL 的锥形瓶中,加入 5mL 高氯酸、20mL 硝酸、2.5mL 硫酸(1+1),以下按(1)操作。

2. 标准系列的制备

于 6 支 100mL 砷化氢发生瓶中,依次加入配置好的砷标准使用液 0.00mL、0.25mL、0.50mL、1.00mL、2.00mL、3.00mL(相当于砷 0.00μg、0.25μg、0.50μg、1.00μg、2.00μg、3.00μg),分别加水至 3mL,再加 2.0mL 硫酸(1+1)。

3. 样品及标准的测定

于样品及标准砷化氢发生瓶中,分别加入 0.1g 抗坏血酸,2.0mL 碘化钾(500g/L)——硫脲溶液(50g/L),置沸水浴中加热 5min(此时瓶内温度不得超过 80℃),取出放冷,加入甲基红指示剂(2g/L)1 滴,加入约 3.5mL 氢氧化钠溶液(400g/L),以氢氧化钠溶液(100g/L)调至溶液刚呈黄色,加入 1.5mL 柠檬酸(1.0mol/L)——柠檬酸铵(1.0mol/L),加水至 40mL,加入一粒硼氢化钾片剂,立即通过塞有乙酸铅棉花的导管与盛有 4.0mL 吸收液的吸收管相连接,不时摇动砷化氢发生瓶,反应 5min 后再加入一粒硼氢化钾片剂,继续反应 5min。取下吸收管,用 1cm 比色皿,在 400nm 波长,以标准管空白液管调吸光度为零,测定各管吸光度。将标准系列各管砷含量对吸光度绘制标准曲线或计算回归方程。

4. 结果计算

$$W = \frac{m_1 \times 10^{-6}}{m}$$

式中:W - 样品中砷的质量分数;

m_1 - 测定用消化液从标准曲线查得的含砷的质量,g;

m - 样品质量,g。

任务 3 镉的测定——分光光度法

一、原理

样品经消化后,在碱性溶液中,镉离子与 6-溴苯并噻唑偶氮萘酚形成红色络合物,溶于三氯甲烷,与标准系列比较定量。

二、试剂

(1)氯甲烷、二甲基甲酰胺、混合酸(硝酸高氯酸,3+1)、酒石酸钾钠溶液(400g/L)、氢氧化钠溶液(200g/L)、柠檬酸钠溶液(250g/L)。

(2)镉试剂。称取 38.4mg 6-溴苯并噻唑偶氮萘酚溶于 50mL 二甲基甲酰胺中,储于棕色瓶中。

(3)镉标准溶液。准确称取 1.0000g 金属镉(99.99%),溶于 20mL 盐酸(5+7)中,加入2滴硝酸后,移入1000mL容量瓶中,以水稀释至刻度,混匀,储于聚乙烯瓶中。此溶液每毫升相当于1.0mg镉。

(4)镉标准使用液。吸取10.0mL镉标准溶液,置于10mL容量瓶中,以盐酸(1+1)稀释至刻度,混匀。如此多次稀释至每毫升相当于1.0μg镉。

三、仪器

分光光度计。

四、操作步骤

1. 样品消化

称取5.00~10.00g样品,置于150mL锥形瓶中,加入15~20mL混合酸(如在室温放置过夜,则次日易于消化),小火加热,待泡沫消失后,可慢慢加大火力,必要时再加少量硝酸,直至溶液澄清无色或微带黄色,冷却至室温。

取与消化样品相同量的混合酸、硝酸按同一操作方法做试剂空白实验。

2. 测定

将消化好的样液及试剂空白液用20mL水分数次洗入125mL分液漏斗中,以氢氧化钠溶液(200g/L)调节至pH=7左右。取0.0mL、0.5mL、1.0mL、3.0mL、5.0mL、7.0mL、10.0mL镉标准使用液(相当于0.0μg、0.5μg、1.0μg、3.0μg、5.0μg、7.0μg、10.0μg镉),分别置于125mL分液漏斗中,再各加水至20mL用氢氧化钠溶液(200g/L)调节至pH=7左右。于样品消化液、试剂空白液及标准液中依次加入3mL柠檬酸钠溶液(250g/L)4mL酒石酸钾钠溶液(400g/L)及1mL氢氧化钠溶液(200g/L),混匀。再各加5.0mL三氧甲烷及0.2mL镉试剂,立即振摇2min,静置分层后,将三氯甲烷层经脱脂棉滤入试管中,以三氯甲烷调节零点,于1cm比色皿在波长585nm处测吸光度。

五、结果计算

$$W = \frac{(m_1 - m_0) \times 10^{-6}}{m}$$

式中:W - 样品中镉的质量分数;

m_1 - 测定用样品液中镉的质量,μg;

m_0 - 试剂空白液中镉的质量,μg;

m - 样品质量。

思考题

1. 食品总灰分测定为什么要进行炭化处理?
2. 总灰分、水不溶性灰分和酸不溶性灰分主要成分有哪些?
3. 含磷高的样品用哪种测定方法比较适宜?
4. 如何判定样品是否灰化彻底?

模块七 酸度的测定

◆ **基础理论和知识**
1. 食品中常见有机酸的种类。
2. 食品中测定有机酸的意义。

◆ **基本技能及要求**
1. 掌握食品中总酸度的测定。
2. 了解食品中有效酸度的测定。
3. 了解食品中有机酸的测定。

◆ **学习重点**
食品中总酸度的测定。

◆ **学习难点**
常量滴定法。

◆ **导入案例**

食品中常见的有机酸有柠檬酸、苹果酸、酒石酸、草酸、琥珀酸、乳酸及醋酸等。食品中的酸性物质赋予食品特殊的感官风味，水果及其制品中的挥发还带给食品特定的香气，酸性物质的含量对稳定食品的特性也有重要作用。

这些有机酸有的是食品所固有的，如果蔬及其制品中的有机酸；有的是在食品加工中人为加入的，如汽水中的有机酸；有的是在生产、加工、贮藏过程中产生的，如酸奶、食醋中的有机酸。有机酸在食品中的分布是极不均匀的，果蔬中所含有机酸种类较多，但不同果蔬中所含的有机酸种类亦不同。酿造食品（如酱油、果酒、食醋）中也含有多种有机酸。

◆ **讨论**
1. 有酸味的肉质产品还新鲜吗？
2. 酸奶中的酸度怎样测定？

项目一　概述

任务1　测定酸度的意义

一、影响食品的色、香、味及其稳定性和质量

果蔬中所含色素的色调，与其酸度密切相关，例如：花青色素在不同酸度下，颜色亦不相同。果实及其制品的口味取决于糖、酸的种类、含量及其比例，酸度降低则甜味增加，各种水果及其制品正是因其适宜的酸味和甜味使之具有各自独特的风味。另外，食品中有机酸含量高，则其pH值低，而pH值的高低，对食品的稳定性有一定的影响。降低pH值，能减弱微生物的抗热性和抑制其生长，所以pH值是果蔬罐头杀菌条件的主要依据。

二、有机酸的种类和含量可判断食品质量

挥发酸的种类是判断某些制品腐败的标准，如某些发酵制品中有甲酸积累，则说明已发生细菌性腐败；挥发酸的含量也是某些制品质量好坏的指标，如水果发酵制品中含有0.1%以上的醋酸，则说明制品腐败；牛乳及乳制品中乳酸过高时，亦说明其已由乳酸菌发酵而产生腐败。如新鲜肉的pH值为5.7~6.2，如果pH>6.7，说明肉已变质。

三、根据有机酸的含量与糖的含量之比，判断果蔬的成熟度

有机酸在果蔬中的含量，因其成熟度及生长条件不同而异，一般随成熟度的提高，有机酸含量下降，而糖含量增加，糖酸比增大。故测定酸度可判断某些果蔬的成熟度，对于确定果蔬收获期及加工工艺条件很有意义。

任务2　酸度的概念

食品中的酸度，应区分如下几种不同概念的酸度。

一、总酸度

总酸度是指食品中所有酸性成分的总量。它包括未离解的酸的浓度和已离解的酸的浓度，其大小可用标准碱滴定来测定，故总酸度又称"可滴定度"。

二、有效酸度

有效酸度是指被测溶液中H^+的浓度，准确地说应是溶液中H^+的活度，所反映的是已离解的那部分酸的浓度，常用pH值表示。其大小可借酸度计（即pH计）来测定。

三、挥发酸

挥发酸是指食品中易挥发的有机酸，如甲酸、醋酸及丁酸等低碳链的直链脂肪酸。其大小可通过蒸馏法分离，再借标准碱滴定来测定。

项目二 食品中总酸度的测定

任务 总酸度的测定（滴定法）

一、适用范围
本法适用于各类色浅的食品中总酸含量的测定。

二、原理
食品中的有机弱酸在用标准碱液滴定时，被中和生成盐类。用酚酞作指示剂，当滴定至终点（pH=8.2，指示剂显红色）时，根据耗用标准碱液的体积，可计算出样品中总酸含量。其反应式如下：

$$RCOOH + NaOH \rightarrow RCOONa + H_2O$$

三、试剂
1. 0.1mol/L NaOH 标准溶液

称取氢氧化钠（AR）120g 于250mL 烧杯中，加入蒸馏水100mL，振摇使其溶解，冷却后置于聚乙烯塑料瓶中，密封，放置数日澄清后，取上清液5.6mL，加新煮沸过并已冷却的蒸馏水至1000mL，摇匀。

标定：精密称取0.6g（准确至0.0001g）在105℃～110℃干燥至恒重的基准邻苯二甲酸氢钾，加50mL 新煮沸过的冷蒸馏水，振摇使其溶解，加二滴酚酞指示剂，用配制的NaOH 标准溶液滴定至溶液呈微红色30s 不褪。同时做空白试验。

$$C = \frac{m \times 1000}{(V_1 - V_2) \times 204.2}$$

式中：C – 氢氧化钠标准溶液的摩尔浓度，mol/L；

　　m – 基准邻苯二甲酸氢钾的质量，g；

　　V_1 – 标定时所耗用氢氧化钠标准溶液的体积，mL；

　　V_2 – 空白试验中所耗用氢氧化钠标准溶液的体积，mL；

　　204.2 – 邻苯二甲酸氢钾的摩尔质量，g/mol。

2. 1% 酚酞指示剂

称取酚酞1g 溶解于100mL 95%乙醇中。

四、操作步骤
1. 样品处理

（1）固体样品、干鲜果蔬、蜜饯及罐头样品：若是果蔬及其制品，需去皮、去柄、去核后，用粉碎机或高速组织捣碎机捣碎并混合均匀。取适量样品（按其总酸含量而定），用

150mL无CO_2蒸馏水(果蔬干品须加8~9倍无CO_2蒸馏水)将其移入250mL容量瓶中,在75℃~80℃水浴上加热0.5h(果脯类沸水浴加热1h),冷却后定容,用干燥滤纸过滤,弃去初始滤液25mL,收集滤液备用。

(2)含CO_2的饮料、酒类:将样品置于40℃水浴上加热30min,以除去CO_2冷却后备用。

(3)调味品及不含CO_2的饮料、酒类:将样品混匀后直接取样,必要时加适量水稀释(若样品混浊,则需过滤)。

(4)咖啡样品:将样品粉碎通过40目筛,取10g粉碎的样品于锥形瓶中,加入75mL 80%乙醇,加塞放置16h,并不时摇动,过滤。

(5)固体饮料:称取5~10g样品,置于盐钵中,加少量无CO_2蒸馏水,研磨成糊状,用无CO_2蒸馏水移入250mL容量瓶中,充分振摇,过滤。

2. 滴定

准确吸取已制备好的滤液50mL于250mL锥形瓶中,加入3~4滴酚酞指示剂,用0.1mol/L NaOH标准溶液滴定至微红色30秒不褪色,记录消耗0.1mol/L NaOH标准溶液的体积。

五、结果计算

$$X = \frac{CVK}{m} \times \frac{V_0}{V_1} \times 100\%$$

式中:C — 标准NaOH溶液的浓度,mol/L;

V — 滴定消耗标准NaOH溶液体积,mL;

m — 样品质量或体积,g或mL;

V_0 — 样品稀释液总体积,mL;

V_1 — 滴定时吸取的样液体积,mL;

K — 换算为主要酸的系数,即1mmol氢氧化钠相当于主要酸的克数。

酒石酸,其K=0.075;柠檬酸,K=0.064或0.070;乙酸,K=0.060。

六、说明

1. 样品浸渍、稀释用的蒸馏水中不能含有CO_2,因为CO_2溶于水中成为酸性的H_2CO_3形式,影响滴定终点时酚酞颜色变化。

2. 样品浸渍、稀释之用水量应根据样品中总酸含量来慎重选择,为使误差不超过允许范围,一般要求滴定时消耗0.1mol/L NaOH溶液不得少于5mL,最好在10~15mL。

3. 由于食品中有机酸均为弱酸,在用强碱(NaOH)滴定时,其滴定终点偏碱,一在pH在8.2左右,故可选用酚酞作终点指示剂。

4. 若样液颜色过深或浑浊,则宜用电位滴定法。

项目三　挥发酸的测定

挥发酸是食品中含低碳链的直链脂肪酸，主要是醋酸和痕量的甲酸、丁酸等，不包括可用水蒸气蒸馏的乳酸、琥珀酸、山梨酸以及 CO_2 和 SO_2 等。

正常生产的食品中，其挥发酸的含量较稳定，若在生产中使用了不合格的原料，或违反正常的工艺操作，则会由于糖的发酵而使挥发酸含量增加，降低了食品的品质，因此，挥发酸的含量是某些食品的一项质量控制指标。

总挥发酸可用直接法或间接法测定。直接法是通过水蒸气蒸馏或溶剂萃取把挥发酸分离出来，然后用标准碱滴定；间接法是将挥发酸蒸发排除后，用标准碱滴定不挥发酸，最后从总酸度中减去不挥发酸即为挥发酸含量。

前者操作方便，较常用，适用于挥发酸含量较高的样品。若蒸馏液有所损失或被污染，或样品中挥发酸含量较少，宜用后者。

任务　水蒸气蒸馏法

一、适用范围

本方法适用于各类饮料、果蔬及其制品(如发酵制品、酒等)中总挥发酸含量的测定。

二、原理

样品经适当处理后，加适量磷酸使结合态挥发酸游离出来，用水蒸气蒸馏分离出总挥发酸，经冷凝、收集后，以酚酞作指示剂，用标准碱液滴定至微红色30s不褪色为终点，根据标准碱消耗量计算出样品中总挥发酸含量。

三、试剂与仪器

1. 0.1mol/L NaOH 标准溶液：同总酸度的测定。
2. 1% 酚酞乙醇溶液：同总酸度的测定。
3. 10% 磷酸溶液，称取 10.0g 磷酸，用少许无 CO_2 蒸馏水溶解，并稀释至 100mL。
4. 水蒸气蒸馏装置见图 7-1。

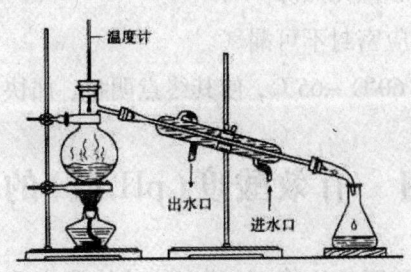

图 7-1　水蒸气蒸馏装置

四、样品预处理方法

1. 一般果汁及饮料可直接取样。

2. 含 CO_2 的饮料、发酵酒类，须排除 CO_2，方法是取 80~100mL 样品于锥形瓶中，在用电磁搅拌器连续搅拌的同时，于低真空下抽气 2~4min 以除去 CO_2。

3. 固体样品（如干鲜果蔬及其制品）及冷冻、黏稠等制品，先取可食部分加入定量水（冷冻制品须先解冻），用高速组织捣碎机捣成浆状，再称取处理样品 10g，加无 CO_2 蒸馏水溶解并稀释至 25mL。

五、操作步骤

1. 蒸馏

取 25mL 经上述处理的样品移入蒸馏瓶中，加入 25mL 无 CO_2 蒸馏水和 1mL 10% H_3PO_4 溶液，如图 7-1 所示连接水蒸气蒸馏装置，加热蒸馏至馏出液约 300mL 为止。于相同条件下作空白试验。

2. 滴定

将馏出液加热至 60℃~65℃（不可超过），加入 3 滴酚酞指示剂，用 0.1mol/L NaOH 标准溶液滴定到溶液呈微红色 30s 不褪色即为终点。

3. 结果计算

食品中总挥发酸通常以醋酸的重量百分数表示，计算公式如下：

$$挥发酸\ w[以醋酸计, g/100g(ml)样品] = \frac{(V_1 - V_2)C \times 0.06}{m} \times 100\%$$

式中：m —— 样品质量或体积，g 或 mL；

V_1 —— 样液滴定消耗标准 NaOH 的体积，mL；

V_2 —— 空白滴定消耗标准 NaOH 的体积，mL；

C —— 标准 NaOH 溶液的浓度，mol/L；

0.06 —— 换算为醋酸的系数，即 1mmol 氢氧化钠相当于醋酸的克数。

六、说明

1. 蒸馏前蒸汽发生瓶中的水应先煮沸 10min。

2. 整套装置的各个连接处应密封不可漏气。

3. 滴定前将馏出液加热至 60℃~65℃，使其终点明显，加快反应速度，缩短滴定时间。

项目四 有效酸度（pH 值）的测定

在食品酸度测定中，有效酸度（pH 值）的测定往往比测定总酸度更具有实际意义，更能说明问题。pH 值是溶液中 H^+ 活度（近似认为浓度）的负对数，其大小说明了食品介质的酸碱性。

pH值的测定方法有多种，如电位法、比色法及化学法等，常用的方法是电位法与比色法，化学法是利用蔗糖转化速度、重氮基醋酸乙酯或乙缩醛的分解速度来求出pH值，操作要求严格，时间较长，现不多用。

任务1 电位法(pH计法)

一、适用范围

本方法适用于各类饮料、果蔬及其制品，以及肉、蛋类等食品中pH值的测定。测定值可准确到0.01pH单位。

二、电位法测定pH的原理（指示电极）

将电极电位随溶液氢离子浓度变化而变化的玻璃电极（指示电极）和电极电位不变的甘汞电极（参比电极）插入被测溶液中组成一个电池，那么电池的电动势及与溶液的pH有关，可用于pH的测定。

三、测定pH的仪器

酸度计或称pH计，它是由电流计和电极两部分组成。电极与被测液组称为工作电池，电池电动势用电位计量。按照测量电动势的方式，酸度计可以分为电位计式和直读式两种类型。直度式酸度计，它通过直流放大线路直接将电池电动势转变为放大的电流，使电流计直接指示pH。目前，各种酸度计的结构越来越简单、紧凑，并趋向数字显示式，如PHS-2C数字式pH计是实验室常用的精密测量的数字显示式酸度计。

四、食品pH的测定

1. 仪器

PHS-2C酸度计、231层玻璃电极、232甘汞电极、电磁搅拌器。

2. 试剂

pH标准缓冲液。目前市面上有各种浓度的标准缓冲液试剂供应，每包试剂按其要求的方法溶解定容即可，也可按以下方法配制：

（1）pH=1.68标准缓冲溶液（20℃）。

称取12.71g优级纯草酸钾（$K_2C_2O_4 \cdot H_2O$）溶于蒸馏水中，并稀释定容至1000mL混匀备用。

（2）pH=4.01标准缓冲溶液（20℃）。

称取在(115+5)℃烘干2~3h，并经冷却的优级纯邻苯二钾酸氢钾（$KHC_8H_4O_4$）10.12g溶于无CO_2的蒸馏水中，并稀释1000mL。

（3）pH=6.88标准缓冲溶液（20℃）。

称取在(115+5)℃烘干2~3h，并经冷却的优级纯磷酸二氢钾（KH_2PO_4）3.39和优级纯无水磷酸氢二钠（Na_2HPO_4）3.53g溶于蒸馏水中并稀释至1000mL。

（4）pH=9.22标准缓冲溶液（20℃）。

称取优级纯硼砂（$Na_2B_4O_7 \cdot 10H_2O$）3.80g溶于无CO_2的蒸馏水中，并稀释至1000mL。

上述四种标准缓冲溶液通常能稳定两个月。

五、操作步骤

1. 样品处理

（1）果蔬样品：将果蔬样品榨汁后，取其压榨汁直接进行测定。对于果蔬干制品，可取适量样品，加数倍的无CO_2蒸馏水，在水浴上加热30min，再捣碎、过滤，取滤液进行测定。

（2）肉类制品：称取10g已除去油脂并绞碎的样品，于250mL锥形瓶中，加入100mL无CO_2蒸馏水，浸泡15min（随时摇动）。过滤，取滤液进行测定。

（3）罐头制品（液固混合样品）：将内容物倒入组织捣碎机中，加适量水（以不改变pH为宜）捣碎，过滤，取滤液进行测定。

（4）对含CO_2的液体样品（如碳酸饮料、啤酒等），要先去除CO_2，其方法同总酸度测定。

2. 仪器的校正

置开关于"pH"位置。温度补偿器旋钮指示溶液的温度。选择适当PH的标准缓冲溶液（其pH与被测样液的PH相接近）。用标准缓冲溶液洗涤2次烧杯和电极，然后将标准缓冲溶液注入烧杯内，两电极浸入溶液中，使玻璃电极上的玻璃珠和参比电极上的毛细管浸入溶液，小心缓慢摇动烧杯。调节零点调节器使指针在pH=7的位置上。将电极接头同仪器相连（甘汞电极接入接线柱，玻璃电极接入插孔内）。按下读数开关，调节电位调节器，使指针指示缓冲溶液的pH。放开读数开关，指针应在pH=7处，如有变动按前面重复调节。校正后切不可再旋动定位调节器，否则必须重新校正。

3. 样液pH的测定

用蒸馏水冲洗电极和烧杯，再用样液洗涤电极和烧杯。然后将电极浸入样液中，轻轻摇动烧杯，使溶液均匀。调节温度补偿器至被测溶液温度。按下读数开关，指针所指之值即为样液的pH。测量完毕后，将电极和烧杯清洗干净，并妥善保管。

六、注意事项

1. 玻璃电极使用前，要在蒸馏水中浸泡一昼夜以上，连续使用的间歇期间也都应浸泡24h以上。

2. 甘汞电极在使用前，应将底部和侧面加液孔上的橡皮塞取下，以保持KCl溶液在重力作用下慢慢渗出，保证电路通路。不用时即把两橡皮塞塞上，以免KCl溶液流失，KCl溶液不足时应及时补充。KCl溶液中不应有气泡，以防止电路断路。溶液内应有少量KCl

晶体,以保持溶液饱和,电位恒定,测量时应使电极内液面高出被测溶液液面,以防止被测溶液向电极内扩散。

3. 玻璃电极内阻极高,对插头处绝缘要求极高,使用时不要用手接触绝缘部位。

4. 仪器定位后,不得更换电极,否则要重新定位。长期连续使用也应经常重新定位,以防仪器或电极参数发生变化。

5. 定位所用标准缓冲溶液的 pH 应与被测溶液的 pH 接近(例如现成的缓冲剂有 pH = 4.01、6.88、9.18 等)。

任务2 比色法

比色法是利用不同的酸碱指示剂来显示 pH 值。由于各种酸碱指示剂在不同的 pH 值范围内显示不同的颜色,故可用不同指示剂的混合物显示各种不同的颜色的指示样液的 pH 值。

根据操作方法的不同,此法又分为试纸法和标准管比色法。

一、试纸法

将滤纸裁成小片,放在适当的指示剂溶液中,浸渍后取出干燥即可。用一个干净的玻璃棒沾上少量样液,滴在经过处理的试纸上(有广泛与精密试纸之分)使其显色,在 2~3s 后,与标准色板比较,以测出样液的 pH 值。

此法简便、经济、快速,但结果不甚准确,仅能粗略地测定各类样液的 pH 值。

二、标准管比色法

用标准缓冲溶液配制成称不同 pH 值的标准系列,再各加适当的酸碱指示剂使其于不同 pH 下呈现不同颜色,即形成标准色管。在样液中加入与标准缓冲溶液中相同的酸碱指示剂,显色后与标准比色管颜色进行比较,与样液颜色相近的标准色管中缓冲溶液的 pH 值即为待测样液的 pH 值。

此法可适用于色度和混浊度甚低的样液的 pH 值测定,因其受样液的颜色、浊度、胶体物和各种氧化剂与还原剂的干扰,故测定结果不甚准确,其测定能准确到 0.1pH 单位。

项目五 乳及乳制品酸度的测定

任务 基本概念

一、外表酸度和真实酸度

外表酸度(又称固有酸度)是指刚挤出来的新鲜牛乳本身所具有的酸度,主要来源于鲜牛乳中的酪蛋白、白蛋白、柠檬酸盐及磷酸盐等酸性成分。在鲜乳中占 0.15%~0.1%

（以乳酸计）。

真实酸度（又称发酵酸度）是指牛乳在放置过程中，由乳酸菌作用于乳糖产生乳酸而升高的部分酸度。若牛乳的含酸量超过0.15%~0.20%，即认为有乳酸存在。习惯上把含量0.20%以下的牛乳列为新鲜牛乳，而0.20%以上的牛乳列为不新鲜牛乳。牛乳的总酸度为外表酸度与真实酸度之和。牛乳酸度有两种表示方法：

1. 用°T表示牛乳的酸度。

°T是指滴定100mL牛乳所消耗0.1mol/L的氢氧化钠的体积(mL)或滴定10mL牛乳所消耗0.1mol/L的氢氧化钠的体积(mL)乘以10，即为牛乳的酸度(°T)。

新鲜牛乳的酸度常为16~18°T。如果牛乳存放时间过长，细菌繁殖可导致使牛乳的酸度明显增高。如果乳牛健康状况不佳，患急、慢性乳房炎等，则可使牛乳的酸度降低。因此，牛乳的酸度是反映牛乳质量的一项重要指标。

2. 用乳酸的质量分数来表示用总酸度的计算方法即表示牛乳的酸度。

二、酸碱滴定法

1. 试剂：5g/L酚酞指示剂；0.1mol/L氢氧化钠标准溶液。
2. 仪器：碱式滴定管、250mL锥形瓶。
3. 操作步骤：准确吸取10mL鲜乳注入250mL锥形瓶中，用20mL中性蒸馏水稀释，再加入5g/L酚酞指示剂0.5mL，小心混匀后用0.1mol/L氢氧化钠标准溶液滴定，时时摇动，直至微红色在1min内不消失为止。把滴定时所消耗的标准溶液的体积乘以10即为牛乳的酸度(°T)。

三、酒精试验

1. 原理：根据牛乳中蛋白质遇到酒精时的凝固特性，来判断牛乳的酸度。
2. 试剂：68%（体积分数）酒精（应调整至中性）。
3. 仪器：试管。
4. 操作步骤：于试管中用等量68%中性酒精与鲜乳混合。一般用1~2mL或3~5mL酒精与等量鲜乳混合摇匀，如不出现絮片，可认为鲜乳是新鲜的，其酸度不会高于20°T。如出现絮片即表示酸度较高。牛乳酸度与被酒精所凝固的蛋白质的特征之间的关系见表7-1。

表7-1　牛乳在不同酸度下被68%酒精凝固的牛乳蛋白质的特征

牛乳酸度/°T	21~22	22~24	24~26	26~28	28~30
牛乳蛋白质凝固的特征	很细的絮片	细的絮片	中型的絮片	大的絮片	很大的絮片

其他体积分数的酒精也可用来代替68%酒精，但要在不同酸度才能开始产生蛋白质的凝固。对于收乳的标准，应该采用68%、70%或72%中性酒精较适宜（见表7-2）。

表7-2　在各种浓度的酒精中牛乳蛋白质凝固的特征

酒精体积分数	44	52	60	68	70	72
牛乳蛋白质凝固特征	细的絮片	细的絮片	细的絮片	细的絮片	细的絮片	细的絮片
牛乳酸度/°T	27.0	25.0	23.0	20.0	19.0	18.0

四、煮沸试验

取约10mL牛乳注入试管中。置于沸水浴中5min后,取出观察管壁有无絮片出现或发生凝固现象。如产生絮片或发生凝固,表示牛乳已不新鲜,酸度大于26°T。

思考题

1. 食品酸度包括哪几类?
2. 对颜色较深的样品如何测定总酸度?
3. 什么是有效酸度?如何测定?
4. 食品中有机酸的测定方法有哪些?

模块八 蛋白质和氨基酸的测定

◆ **基础理论和知识**
1. 食品中的蛋白质。
2. 蛋白质系数。
3. 蛋白质的测定意义。

◆ **基本技能及要求**
1. 掌握食品中粗蛋白的测定。
2. 掌握食品中氨基酸含量的测定。
3. 了解食品中不同氨基酸的含量。

◆ **学习重点**
常量凯氏定氮法。

◆ **学习难点**
氨基酸含量的测定。

◆ **导入案例**
2003年，在我国部分地区，一些营养成分严重不足的伪劣乳粉充斥农村市场，这些被封查的乳粉脂肪、蛋白质和碳水化合物等基本营养物质不及国家标准的1/3，其中蛋白质含量仅为1%。食用这样的乳粉三个月就会给婴儿发育带来重大损失，食用五个月就会给婴儿带来终身影响，食用七八个月后对婴儿的影响是现有医疗水平无法救治的，由于食用这些乳粉，当地出现了营养严重不足的"大头娃娃"。按照GB 5410—1999 全脂乳粉、脱脂乳粉、全脂加糖乳粉和调味乳粉理化标准要求，乳粉中蛋白质含量应该不少于非脂乳固体的3%~4%。

◆ **讨论**
1. 乳粉中蛋白质如何测定？
2. 蛋白质有何生理功能？

项目一 概述

任务1 食品中蛋白质的含量

食品中蛋白质的含量各不相同，一般来说，动物性食品的蛋白质含量高于植物性食品，测定食品中蛋白质的含量，对于评价食品的营养价值，合理开发利用食品资源、提高产品质量、优化食品配方、指导经济核算及生产过程控制均具有极其重要的意义。

蛋白质是复杂的含氮有机化合物，分子量很大，主要化学元素为C、H、O、N，在某些蛋白质中还含有微量的P、Cu、Fe、Zn等元素，但含氮是蛋白质区别于其他有机化合物的主要标志。不同的蛋白质其氨基酸构成比例及方式不同，故各种不同的蛋白质其含氮量也不同。一般蛋白质含氮量为16%，即1份氮相当于6.25份蛋白质，此数值（6.25）称为蛋白质系数，不同种类食品的蛋白质系数有所不同，如玉米、荞麦、青豆、鸡蛋等为6.25、花生为5.46，大米为5.95，大豆及其制品为5.71，小麦粉为5.70，牛乳及其制品为6.38。

任务2 测定蛋白质的方法

测定蛋白质的方法可分为两大类：一类是利用蛋白质的共性，即含氮量、肽键和折射率等测定蛋白质含量；另一类是利用蛋白质中特定氨基酸残基、酸性和碱性基因以及芳香基团等测定蛋白质含量。但因食品种类繁多，食品中蛋白质含量各异，特别是其他成分，如碳水化合物、脂肪和维生素等干扰成分很多，因此蛋白质含量测定最常用的方法是凯氏定氮法，该法是测出样品中的总含氮量再乘以相应的蛋白质系数而求出蛋白质含量的，由于样品中常含有少量非蛋白质含氮化合物，故此法的结果称为粗蛋白质含量。此外还有双缩脲法、染料结合法，故此法的结果称为粗蛋白质含量测定，由于方法简便快速，故多用于生产单位质量控制分析。

近年来，凯氏定氮法经不断的研究改进，使其在应用范围、分析结果的准确度、仪器装置及分析操作的速度等方面取得了新的进步。目前世界上还出现了许多种氨基酸分析仪、红外线分析仪，可以快速准确测出各种氨基酸含量，这里主要介绍凯氏定氮法、分光光度比色法。

项目二 凯氏定氮法

新鲜食品中的含氮化合物大都以蛋白质为主体，所以检验食品中的蛋白质时，往往只限于测定总氮量，然后乘以蛋白质换算系数，即可得到蛋白质含量。凯氏法可用于所有动、植物食品的蛋白质含量测定，但因样品中常含有核酸、生物碱、含氮类脂、卟啉以及含氮色素等非蛋白质的含氮化合物，故结果称为粗蛋白质含量。

凯氏定氮法由 Kjeldahl 于 1833 年首次提出，经长期改进，迄今已演变成常量法、微量法、自动定氮仪法、半微量法及改良凯氏法等多种。

任务1 常量凯氏定氮法

一、原理

样品与浓硫酸和催化剂一同加热消化，使蛋白质分解，其中碳和氢被氧化为二氧化碳和水逸出，而样品中的有机氮转化为氨与硫酸结合成硫酸铵。然后加碱蒸馏，使氨蒸出，用硼酸吸收后再以标准盐酸或硫酸溶液滴定。根据标准酸消耗量可计算出蛋白质的含量。

1. 样品消化

消化反应方程式如下：

$$2NH_2(CH_2)_2COOH + 13H_2SO_4 = (NH_4)_2SO_4 + 6CO_2 + 12SO_2 + 16H_2O$$

浓硫酸有脱水性，使有机物脱水后被炭化为碳、氢、氮。浓硫酸又有氧化性，将有机物炭化后的碳氧化为二氧化碳，硫酸则被还原成二氧化硫。

$$2H_2SO_4 + C = CO_2 + SO_2 + 2H_2O$$

二氧化硫使氮还原为氨，本身则被氧化为三氧化硫，氨随之与硫酸作用生成硫酸铵留在酸性溶液中：

$$H_2SO_4 + 2NH_3 = (NH_4)_2SO_4$$

在消化反应中，为了加速蛋白质的分解，缩短消化时间，常加入下列催化剂：

（1）硫酸钾

加入硫酸钾可以提高溶液的沸点而加快有机物的分解，它与硫酸作用生成硫酸氢铵可提高反应温度。一般纯硫酸的沸点在 340℃ 左右，而添加硫酸钾后，可使温度提高至 400℃ 以上，原因主要在于随着消化过程中硫酸不断地被分解，水分不断逸出而使硫酸钾浓度增大，故沸点升高。其反应式如下：

$$K_2SO_4 + H_2SO_4 = 2KHSO_4$$
$$2KHSO_4 = K_2SO_4 + H_2O + SO_3$$

但硫酸钾加入量不能太大，否则消化体系温度过高，又会引起已生成的铵盐发生热分解放出氨而造成损失：

$$(NH_4)SO_4 = NH_3 + NH_4HSO_4$$
$$2NH_4HSO_4 = 2NH_3 + 2SO_3 + 2H_2O$$
$$2CuSO_4 = Cu_2SO_4 + SO_2 + O_2$$

除硫酸钾外，也可以加入硫酸钠、氯化钾等盐类来提高沸点，但效果不如硫酸钾。

（2）硫酸铜

硫酸铜起催化剂的作用。凯氏定氮法中可用的催化剂种类很多，除硫酸铜外，还有氧化汞、汞、硒粉、二氧化钛等，但考虑到效果、价格及环境污染等多种因素，应用最广泛的是硫酸

铜,使用时常加入少量氧化氢、次氯酸钾等作为氧化剂以加速有机物氧化。硫酸铜的作用机理如下所示:

$$Cu_2SO_4 + 2H_2SO_4 = 2CuSO_4 + 2H_2O + SO_2$$
$$C + 2CuSO_4 = Cu_2SO_4 + SO_2 + CO_2$$

此反应不断进行,待有机物全部被消化完后,不再有硫酸亚铜生成,溶液呈现清澈的蓝绿色。故硫酸铜除起催化剂的作用外,还可指示消化终点的到达,以及下一步蒸馏时作为碱性反应的指示剂。

2. 蒸馏

在消化完的样品溶液中加入浓氢氧化钠使呈碱性,加热蒸馏,即可释放出氨气。反应方程式如下:

$$2NaOH + (NH_4)SO_4 = 2NH_3 + Na_2SO_4 + 2H_2O$$

3. 吸收与滴定

加热蒸馏所放出的氨,可用硼酸溶液进行吸收,待吸收完全后,再用盐酸标准溶液滴定,因硼酸呈微弱酸性(公式),用酸滴定不影响指示剂的变色反应,但它有吸收氨的作用。吸收及滴定反应方程式如下:

$$2NH_3 + 4H_3BO_3 = (NH_4)_2B_4O_7 + 5H_2O$$
$$(NH_4)_2B_4O_7 + 5H_2O + 2HCl = 2NH_4Cl + 4H_3BO_3$$

蒸馏释放出来的氨,也可以采用硫酸或盐酸标准溶液吸收,然后再用氢氧化钠标准溶液返滴定吸收液中过剩的硫酸或盐酸,从而计算出总氮量。

二、适用范围

此方法可应用于各类食品中蛋白质含量测定。

三、主要仪器

1. 凯氏烧瓶(500mL)。
2. 定氮蒸馏装置,如图8-1所示。

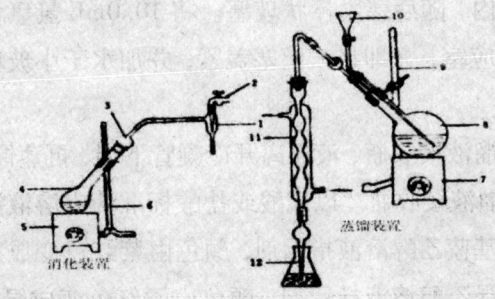

1-水力抽气管;2-水龙头;3-倒置的干燥管;4-凯氏烧瓶;5、7-电炉;
8-蒸馏烧瓶;6、9-铁支架;10-进样漏斗 11-冷凝管;12-接收瓶

图8-1 定氮蒸馏装置

四、试剂

1. 浓硫酸。
2. 硫酸铜。
3. 硫酸钾。
4. 40%氢氧化钠溶液。
5. 4%硼酸吸收液：称取20g硼酸溶解于500mL热水中，摇匀备用。
6. 甲基红——溴甲酚绿混合指示剂：5份0.2%溴甲酚绿95%乙醇溶液与一份0.2%甲基红乙醇溶液混合均匀。
7. 0.1000mol/L盐酸标准溶液。

五、操作步骤

1. 样品处理

准确称取固体样品0.2~2g（半固体样品2~5g，液体样品10~20mL），小心移入干燥洁净的500mL凯氏烧瓶中，然后加入研细的硫酸铜0.5g、硫酸钾10g和浓硫酸20mL，轻轻摇匀后，按图8-1中安装消化装置，于凯氏瓶口放一小漏斗，并将其以45°角斜支于有小孔的石棉网上。

用电炉以小火加热，待内容物全部炭化，泡沫停止产生后，加大火力，保持瓶内液体微沸，至液体变蓝绿色透明后，再继续加热微沸30min。冷却，小心加入20mL蒸馏水，再放冷，加入玻璃珠数粒以防蒸馏时暴沸，移入100mL容量瓶中，并用少量水洗定氮瓶，洗液并入容量瓶中，再加水至刻度，混匀备用。同时做试剂空白实验。

2. 蒸馏

将蒸馏装置方式连好，向水蒸气发生器内装水至2/3处，加入数粒玻璃珠，加甲基红乙醇溶液数滴及数毫升硫酸，以保持溶液呈酸性，加热煮沸水蒸气发生器内的水并保持沸腾。向接收瓶内加入10.0mL硼酸溶液及1~2滴混合指示液，并使冷凝管的下端插入液面根据试样中氮含量，准确吸取0~10.0mL试样处理液由小玻璃杯注入反应室以下，10mL水洗涤小玻璃杯并使之流入反应室内，随后塞紧棒状玻塞。将10.0mL氢氧化钠液倒入小玻璃杯，提起玻璃塞使其缓缓流入反应室，立即将玻璃塞盖紧，并加水于小玻璃杯以防漏气。夹紧螺旋夹，开始蒸馏。

蒸馏10min后移动蒸馏液接收瓶，液面离开冷凝管下端，再蒸馏1min然后用少量水冲洗冷凝管下端外部，取下蒸馏液接收瓶。以硫酸或盐酸标准滴定溶液滴定至终点，其中2份甲基红乙醇溶液与1份亚甲基蓝乙醇溶液指示剂，颜色由紫红色变成灰色，pH=5.4；1份甲基红乙醇溶液与5份溴甲酚绿乙醇溶液指示剂，颜色由酒红色变成绿色，pH=5.1。同时作试剂空白。

六、结果计算

$$X = \frac{(V_1 - V_2) \times 0.140}{m \times \dfrac{V_3}{1000}} \times F \times 100$$

式中：X – 试样中蛋白质的含量，g/100g；

C – H_2SO_4 或 HCl 标准溶液的浓度，mol/L；

V_1 – 滴定样品吸收液时消耗 H_2SO_4 或 HCl 标准溶液体积，mL；

V_2 – 滴定空白吸收液时消耗 H_2SO_4 或 HCl 标准溶液体积，mL；

m – 样品质量，g；

V_3 – 取消化液的体积，mL，一般为 10mL；

F – 氮换算为蛋白质的系数。

一般食物为 6.25；纯乳与纯乳制品为 6.38；面粉为 5.70；玉米、高粱为 6.24；花生为 5.46；大米为 5.95；大豆及其粗加工制品为 5.71；大豆蛋白制品为 6.25；肉与肉制品为 6.25；大麦、小米、燕麦为 5.83；芝麻、向日葵为 5.30；复合配方食品为 6.25。

以重复性条件下获得的两次独立测定结果的算术平均值表示，蛋白质含量 >1g/100g 时，结果保留三位有效数字；蛋白质含量 < 1g/100g 时，结果保留两位有效数字。在重复性条件下获得的两次独立测定结果的绝对差值不得超过算术平均值的 10%。

七、说明及注意事项

1. 所用试剂溶液应用无氨蒸馏水配制。

2. 消化时不要用强火，应保持缓沸腾，注意不断转动凯氏烧瓶，以便利用冷凝酸液将黏附在瓶壁上的固体残渣洗下并促进其消化完全。

3. 样品中若含脂肪或糖较多时，消化过程中易产生大量泡沫，为防止泡沫溢出瓶外，在开始消化时应用小火加热，并不断摇动；或者加入少量辛醇或液体石蜡或硅油消泡剂，并同时注意控制热源强度。

4. 蒸馏装置不能漏气。

5. 当样品消化液不易澄清透明时，可将凯氏烧瓶冷却，加入 30% 过氧化氢 2~3mL 后再继续加热消化。

6. 若取样用量较大，如干试样超过 5g，可按每克试样 5mL 的比例增加硫酸用量。

7. 一般消化至呈透明后，继续消化 30min 即可，但对于含有特别难以氧化的氮化合物的样品如含赖氨酸、组氨酸、色氨酸、酪胺酸或脯氨酸等时，需适当延长消化时间。有机物如分解完全，消化液呈蓝色或浅绿色，但含铁量多时，呈较深绿色。

8. 蒸馏前若加碱量不足，消化液呈蓝色不生成氢氧化铜沉淀，此时需再增加氢氧化钠用量。

9. 硼酸吸收液的温度不应超过 40°，否则对氨的吸收作用减弱而造成损失，此时可置于冷水浴中使用。蒸馏完毕后，应先将冷凝管下端提离液面清洗管口，再蒸1min后关掉热源，否则可能造成吸收液倒吸。混合指示剂在碱性溶液中呈绿色，在中性溶液中呈灰色，在酸性溶液中呈红色。

任务2　微量凯氏定氮法

一、原理及适用范围

同常量卡氏定氮法。

二、主要仪器

1. 凯氏烧瓶（100mL）。
2. 微量凯氏定氮装置，如图8-2所示。

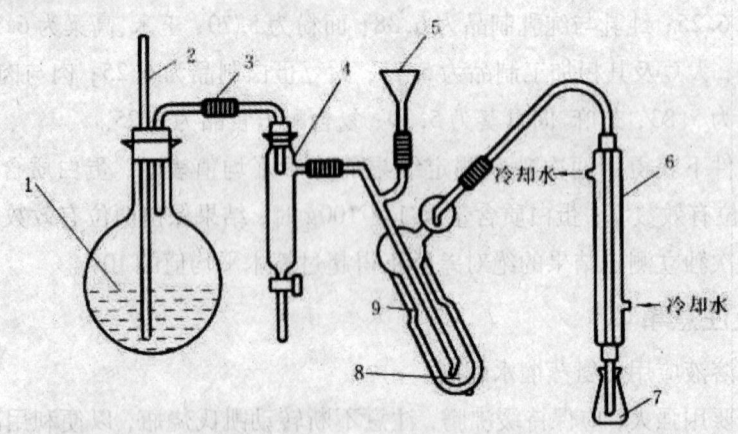

1-蒸气发生瓶；2-安全管；3-导管；4-气水分离管；
5-样品入口；6-冷凝管；7-吸收瓶；8-蒸馏器；9-隔热管

图8-2　微量凯氏定氮装置

三、试剂

0.01000mol/L盐酸标准溶液其他试剂同常量凯氏定氮法。

四、操作步骤

样品消化步骤同常量法。

将消化完全的消化液冷却后，完全转入100mL容量瓶中，加蒸馏水至刻度，摇匀。按图8-2装好微量定氮装置。准确移取消化稀释液10mL于反应管内，经漏斗再加入10mL 40%氢氧化钠溶液使呈强碱性，用少量蒸馏水洗漏斗数次，夹好漏斗夹，进行水蒸气蒸馏，冷凝管下端预先插入盛有10mL 4%（或2%）硼酸吸收液的液面下。蒸馏至吸收液中所加入的混合指示剂变为绿色开始计时，继续蒸馏10min后，将冷凝管尖端提离液面再蒸1min，用蒸馏水冲洗冷凝管尖端后停止蒸馏。

馏出液用 0.01000mol/L 盐酸标准溶液滴定至微红色为终点。同时做一空白试验。

五、结果计算

同常量凯氏定氮法。

六、说明

1. 蒸馏前给水蒸气发生器内装水至 2/3 容积处，加甲基橙指示剂数滴及硫酸数毫升以使其保持酸性，这样可以避免水中的氨被蒸出而影响测定结果。
2. 2% 硼酸吸收液每次用量为 25mL，用前加入甲基红——溴甲酚绿混合指示剂 2 滴。
3. 在蒸馏时，蒸汽发生要均匀充足，蒸馏过程中不得停火断汽，否则将发生倒吸。
4. 加碱要足量，操作要迅速；漏斗应采用水封措施，以免氨由此逸出损失。

任务 3 自动凯氏定氮法

一、原理及试用范围

同常量凯氏定氮法。

二、主要仪器

1. 自动凯氏定氮仪：该装置内具有自动加碱蒸馏装置、自动吸收和滴定装置以及自动数字显示装置。
2. 消化装置：由优质玻璃制成的凯氏消化瓶及红外线加热装置组合而成的消化炉。

三、试剂

除硫酸铜与硫酸钾制成片剂外，其他试剂与常量凯氏定氮法相同。

四、操作方法

1. 称取 0.50~1.00g 样品，置于消化瓶内，加入硫酸铜与硫酸钾制成的片剂两片，加入浓硫酸 10mL，将消化瓶置于红外线消化炉中。消化炉分成两组，每行一组共 4 个消化炉。消化瓶放入消化炉后，用连接管连接密封住消化瓶，开启抽气装置，开启消化炉的电源，30min 后 8 个样品消化完毕，消化液完全澄清并呈绿色。
2. 去除消化瓶，移装于自动凯氏定氮仪中，连接开启加水的电钮、加碱电钮、自动蒸馏滴定电钮，开启电源，大约经 12min 后由数显装置即可给出样品总氮百分含量，并记录样品总氮百分比。根据样品的种类选择相应的蛋白质换算系数 F，即可得出样品中蛋白质含量。
3. 开启排除废液电钮及加水电钮，排出废液并对消化瓶清洗一次。

大约在 2h 左右时间内可完成 8 个样品的蛋白质含量测定工作。该法具有灵敏、准确、快速及样品用量少等优点。

项目三　蛋白质的快速测定法

凯氏定氮法是各种测定蛋白质含量方法的基础，经过人们长期的应用和不断地改进，具有应用范围广、灵敏度较高、回收率较好以及可以不用昂贵仪器等优点。但除自动凯氏定氮法，均操作费时，如遇到高脂肪、高蛋白质的样品消化需要 5h 以上，且在操作中会产生大量有害气体而污染工作环境，影响操作人员健康。

为了满足生产单位对工艺过程的快速控制分析，尽量减少环境污染和操作简便省时，因此又陆续创立了不少快速测定蛋白质的方法，如双缩脲法、紫外分光光度法、染料结合法、水杨酸比色法、折光法、旋光法及近红外光谱法等，现对前两种方法分别介绍如下。

任务1　双缩脲法

一、原理

当脲被小心地加热至150℃~160℃时，可由两个分子间脱去一个氨分子而生成二缩脲（也叫双缩脲），双缩脲与碱及少量硫酸铜溶液作用生成紫红色的配合物，此反应称为双缩脲反应。

由于蛋白质分子中含有肽键($-CO-NH-$)，与双缩脲结构相似，故也能呈现此反应而生成紫红色配合物，在一定条件下使其颜色深浅与蛋白质含量成正比，据此可用吸收光度来测定蛋白质含量，该配合物的最大吸收波长为560nm。

二、方法特点及应用范围

本法灵敏度低，但操作快速，故在生物化学领域中测定蛋白质含量时常用此法。本法亦适用于豆类、油料、米谷等作物种子及肉类等样品测定。

三、主要仪器

1. 分光光度计
2. 离心机(400r/min)

四、试剂

1. 碱性硫酸铜溶液

(1) 以甘油为稳定剂将 10mL 10mol/L 氢氧化钾和 3.0mL 甘油加到 937mL 蒸馏水中，剧烈搅拌，同时慢慢加入 50mL 4% 硫酸铜溶液。

(2) 以酒石酸钾钠作稳定剂将 10mL 10mol/L 氢氧化钾和 20mL 25% 酒石酸钾钠溶液加到 930mL 蒸馏水中，剧烈搅拌，同时慢慢加入 40mL 硫酸铜溶液。配制试剂加入硫酸铜溶液时，必须剧烈搅拌，否则将生成氢氧化铜沉淀。

2. 四氯化碳

五、操作方法

1. 标准曲线的绘制

以采用凯氏定氮法测出蛋白质含量的样品作为标准蛋白质样。按蛋白质含量40、50、60、70、80、90、100、110mg分别称取混合均匀的标准蛋白质样品于8支50mL纳氏比色管中,然后各加入1mL四氧化碳,再用碱性硫酸铜溶液[(1)或(2)]准确稀释至50mL,振摇10min,静置1h,取上层清液离心5min,取离心分离后的透明液于比色皿中,在560nm波长下以蒸馏水作参比液调节仪器零点并测定各溶液的吸光度A,以蛋白质的含量为横坐标,吸光度A为纵坐标绘制标准曲线。

2. 样品的测定

准确称取样品适量(即使得蛋白质含量在40~110mg)于50mL纳氏比色管中,加1mL四氯化碳去除,按上述步骤显色后,在相同条件下测其吸光度A。用测得的A值在标准曲线上即可查得蛋白质毫克数,进而由此求得蛋白质含量。

六、结果计算

$$蛋白质(mg/100g) = \frac{c - c_0}{m \times \frac{V_2}{V_1} \times \frac{V_4}{V_3} \times 1000 \times 1000} \times 100 \times F$$

式中:c – 由标准曲线上查得的蛋白质质量,mg;

m – 样品质量,g。

七、说明及注意事项

1. 蛋白质的种类不同,对发色程度的影响不大。
2. 标准曲线作完整之后,无须每次再作标准曲线。
3. 含脂肪高的样品应预先用醚抽出弃去。
4. 样品中有不溶性成分存在时,会给比色测定带来困难,此时可预先将蛋白质抽出后再进行测定。
5. 当肽链中含有脯氨酸时,若有多量糖类共存,则显色不好,会使测定值偏低。

任务2 紫外分光光度法

一、原理

蛋白质及其降解产物(朊、胨、肽和氨基酸)的芳香环残基。在紫外区内对一定波长的光具有选择吸收作用。在此波长(280mm)下,光吸收程度与蛋白质浓度(3~8mg/mL)先用凯氏定氮法测定蛋白质含量的标准所作的标准曲线,即可求出样品蛋白质含量。

二、适用范围

本法操作简便迅速,常用于生物化学研究工作;但由于许多非蛋白质成分在紫外光区也有吸收作用,加之光散射作用的干扰,故在食品分析领域中的应用并不广泛,最早用于测定牛乳的蛋白质含量,也可用于测定小麦面粉、糕点、豆类、蛋黄及肉制品中的蛋白质含量。

三、主要仪器

1. 紫外分光光度计
2. 离心机(3000~5000r/min)

四、试剂

1. 0.1mol/L 柠檬酸水溶液
2. 8mol/L 尿素的 2mol/L 氢氧化钠溶液
3. 95% 乙醇
4. 无水乙醚

五、操作方法

1. 标准曲线的绘制

准确称取样品2.00g,置于50mL烧杯中,加入0.1mol/L柠檬酸溶液30mL,不断搅拌10min使其充分溶解,用四层纱布过滤于玻璃离心管中,以3000~5000r/min的速度离心5~10min,倾出上清液。分别吸取0.5、1.0、1.5、2.0、3.0mL充分摇振2min,若浑浊,再次离心直至透明为止。将透明液置于比色皿中,于紫外分光光度计280nm波长处以8mol/L脲的氢氧化钠溶液作参比液,测定各溶液的吸光度A。

以事先用凯氏定氮法测得的样品中蛋白质的含量为横坐标,上述吸光度A为纵坐标,绘制标准曲线。

2. 样品的测定:准确称取试样1.00g,如前处理,吸取的每毫升样品溶液中含有3~8mg的蛋白质。按标准曲线绘制的操作条件测定其吸光度,从标准曲线中查出蛋白质的含量。

六、结果计算

$$蛋白质\% = \frac{c}{m} \times 100$$

式中:c – 从标准曲线上查得的蛋白质含量,mg

m – 测定样品溶液所相当于样品的质量,mg

七、说明及注意事项

1. 测定牛乳样品时的操作手续为:准确吸取混合均匀的样品0.2mL,置于25mL纳氏比色管中,用95%~97%的冰醋酸稀释至标线,摇匀,以95%~97%冰醋酸为参比液,用1cm比色皿于280nm处测定吸光度,并用标准曲线法确定样品蛋白质含量(标准曲线以采用凯氏定氮法已测出蛋白质含量的牛乳标准样绘制)。

2. 测定糕点时,应将表皮的颜色去掉。

3. 温度对蛋白质水解有影响,操作温度应控制在20℃~30℃。

项目四 氨基酸总量的测定

氨基酸含量一直是某些发酵产品如调味品的质量指标，也是目前许多保健食品的质量指标之一。其含量可直接测定，不同于蛋白质的氮，故称氨酸肽氮。

任务1 双指示剂甲醛滴定法

一、原理

氨基酸具有酸性的-COOH基和碱性的-NH基。它们相互作用而使氨基酸成为中性的内盐。当加入甲醛溶液时，-NH基与甲醛结合，从而使其碱性消失，这样就可以用强碱标准溶液来滴定-COOH基，并用间接的方法测定氨基酸总量。

二、方法特点

此法简单易行、快速方便，与亚硝酸氮气容量法分析结果相近。在发酵工业中常用此法测定发酵液中氨基氮含量的变化，以了解可被微生物利用的氮源的量及利用情况，并以此作为控制发酵生产的指标之一。脯氨酸与甲醛作用时产生不稳定的化合物，使结果偏低；酪氨酸含有酚羧基，滴定时也会消耗一些碱而致使结果偏高；溶液中若有铵存在也可与甲醛反应，往往使结果偏高。

三、试剂

1. 40%中性甲醛溶液：以百里酚酞作指示剂，用氢氧化钠将40%甲醛中和至淡蓝色。
2. 0.1%百里酚酞乙醇溶液。
3. 0.1%中性红50%乙醇溶液。
4. 0.1mol/L氢氧化钠标准溶液。

四、操作步骤

移取含氨基酸20～30mg的样品溶液2份，分别置于250mL锥形瓶中，各加50mL蒸馏水，其中1份加入3滴中性红指示剂，用0.1mol/L氢氧化钠标准溶液滴定至由红色变为琥珀色为终点；另一份加入3滴百里酚酞指示剂及中性甲醛20mL，摇匀，静置1min，用0.1mol/L氢氧化钠标准溶液滴定至淡蓝色为终点，分别记录两次所消耗的碱液毫升数。

五、结果计算

$$W = \frac{(V_1 - V_2)C \times 0.014}{m} \times 100\%$$

式中：w—氨基酸态的质量百分数；

C—氢氧化钠标准溶液的浓度，mol/L；

V_1 — 用中性红作指示剂滴定时消耗氢氧化钠标准溶液体积，mL；

V_2 — 用百里酚酞作指示剂滴定时消耗氢氧化钠标准溶液体积，mL；

M — 测定用样品溶液相当于样品的质量，g；

0.014 — 氮的毫摩尔质量，g/mmol。

六、说明及注意事项

1. 此法适用于测定食品中的游离氨基酸。

2. 固体样品应先进行粉碎，准确称样后用水萃取，然后测定萃取液液体试样如酱油、饮料等可直接吸取试样进行测定。萃取可在50℃水浴中进行0.5h即可。

3. 若样品颜色较深，可加适量活性炭脱色后再测定，或用电位滴定法进行测定。

4. 与本法类似的还有单指示剂（百里酚酞）甲醛滴定法，此法用标准碱完全中和-COOH基时的pH为8.5~9.5，但分析结果稍偏低，即双指示剂法的结果更准确。

任务2 电位滴定法

一、原理

根据氨基酸的两性作用，加入甲醛以固定氨基的碱性，使羧基显示出酸性，将酸度计的玻璃电极及甘汞电极同时插入被测液中构成电池，用氢氧化钠标准溶液滴定，依据酸度计指示的pH值判断和控制滴定终点。

二、仪器

1. 酸度计
2. 磁力搅拌器
3. 微量滴定管（10mL）

三、试剂

1. 由20%中性甲醛溶液参考甲醛滴定法试剂
2. 0.05mol/L氢氧化钠标准溶液

四、操作方法

吸取含氨基酸约20mg的样品溶液于100mL容量瓶中，加水至标线，混匀后吸取20.0mL置于200mL烧杯中，加水60mL，开动磁力搅拌器，用0.05mol/L氢氧化钠标准溶液滴定至酸度计指示pH8.2，记录消耗氢氧化钠标准溶液毫升数，计算总酸含量。

加入10.0mL甲醛溶液，混匀。再用上述氢氧化钠标准溶液继续滴定至pH 9.2，记录消耗氢氧化钠标准溶液毫升数。

同时取80mL蒸馏水置于另一200mL洁净烧杯中，先用氢氧化钠标准溶液调至pH 8.2（此时不计碱消耗量），再加入10.0mL中性甲醛溶液，用0.05mol/L氢氧化钠标准溶液滴定至 pH 9.2，作为试剂空白试验。

五、结果计算

$$W = \frac{(V_2 - V_1)C \times 0.014}{m} \times 100\%$$

式中：V_1 — 样品稀释液在加入甲醛后滴定至终点（pH9.2）所消耗氢氧化钠标准溶液的体积，mL；

V_2 — 空白试验加入甲醛后滴定至终点所消耗氢氧化钠标准溶液的体积，mL；

C — 氢氧化钠标准溶液的浓度，mol/L；

m — 测定用样品溶液相当于样品的质量，g；

0.014 — 氮的毫摩尔质量，g/mmol。

六、说明

1. 本法准确快速，可用于各类样品游离氨基酸含量测定。
2. 对于混浊和色深样液可不处理而直接测定。

任务 3　茚三酮比色法

一、原理

氨基酸在碱性溶液中能与茚三酮作用，生成蓝紫色化合物（除脯氨酸外均有此反应），可用吸光光度法测定。该蓝紫色化合物的颜色深浅与氨基酸含量成正比，其最大吸收波长为570nm，故据此可以测定样品中氨基酸含量。

二、主要仪器

可见分光光度计。

三、试剂

1. 2% 茚三酮溶液：称取茚三酮 1g 于盛有 35g 热水的烧杯中使其溶解，加入 40mg 氯化亚锡（$SnCl_2 \cdot H_2O$），搅拌过滤（作防腐剂）。滤液置冷暗处过夜，加水至 50mL，摇匀备用。

2. pH8.04 磷酸缓冲溶液：准确称取磷酸二氢钾（KH_2PO_4）4.5350g 于烧杯中，用少量蒸馏水溶解后，定量转入 500mL 容量瓶中，用水稀释至标线，摇匀备用。

准确称取磷酸氢二钠（Na_2HPO_4）11.9380g 于烧杯中，用少量蒸馏水溶解后，定量转入 500mL 容量瓶中，用水稀释至标线，摇匀备用。

取上述配好的磷酸二氢钾溶液 10.0mL，与 190mL 磷酸氢二钠溶液混合均匀即为 pH8.04 的磷酸缓冲溶液。

3. 氨基酸标准溶液　准确称取干燥的氨基酸（如异亮氨酸）0.2000g 于烧杯中，先用少量水溶解后，定量转入 100mL 容量瓶中，用水稀释至标线，摇匀。准确吸取此液 10.0mL 于 100mL 容量瓶中，加水至标线，摇匀。此为 200μg/mL 氨基酸标准溶液。

四、操作方法

1. 标准曲线绘制

准确吸取 200μg/mL 的氨基酸标准溶液 0.0、0.5、1.0、1.5、2.0、2.5、3.0mL 相当于（100、200、300、400、500、600μg 氨基酸）分别置于 25mL 容量瓶或比色管中，各加水补充至容积为 10.0mL，然后加入茚三酮和磷酸缓冲溶液各 1mL，混合均匀，于水浴上加热 15min，取出迅速冷却至室温，加水至标线，摇匀。静置 15min 后，在 570nm 波长下，以试剂空白为参比液测定其余各溶液的吸光度 A 以氨基酸的微克数为横坐标，吸光度 A 为纵坐标，绘制标准曲线。

2. 样品的测定

吸取澄清的样品溶液 1~4mL，按标准曲线制作步骤，在相同条件下测定吸光度 A 值，用测得的 A 值在标准曲线上即可查得对应的氨基酸微克数。

五、结果计算

$$X = \frac{m_1}{m \times 1000} \times 100$$

式中：m_1 – 从标准曲线上查得的氨基酸的微克数；

　　　m – 测定的样品溶液相当于样品的质量，g。

六、说明及注意事项

1. 通常采用的样品处理方法为准确称取粉碎样品 5~10g 或吸取液体样品 5~10mL，置于烧杯中，加入 50mL 蒸馏水和 5g 左右活性炭，加热煮沸，过滤，用 30~40mL 热水洗涤活性炭，收集滤液于 100mL 容量瓶中，加水至标线，摇匀备测。

2. 茚三酮受阳光、空气、温度、湿度等影响而被氧化呈淡红色或深红色，使用前须进行纯化，方法如下：取 10g 茚三酮溶于 40mL 热水中，加入 1g 活性炭，摇动 1min，静置 30min，过滤。将滤液放入冰箱中过夜，即出现蓝色结晶，过滤，用冷水洗涤结晶，置干燥器中干燥，装瓶备用。

项目五　氨基酸的分离定量

任务　氨基酸自动分析仪法

一、原理

氨基酸的组成分析，现代广泛地采用离子交换法，并由自动化的仪器来完成。其原理是利用各种氨基酸的酸碱性、极性和分子量大小不同等性质，使用阳离子交换树脂在色谱柱上进行分离。当样液加入色谱柱顶端后，采用不同的 pH 值和离子浓度的缓冲溶液即可将它们依次洗脱下来，即先是酸性氨基酸极性较大的氨基酸，其次是非极性的和芳香性氨基酸，最后是碱性氨基酸分子量小的比分子量大的先被洗脱下来，洗脱下来的氨基酸可用茚三酮显色,从而定量各种氨基酸。

定量测定的依据是氨基酸和茚三酮反应生成蓝紫色化合物的颜色深浅与各有关氨基酸的含量成正比。但脯氨酸和羟脯氨酸则生成黄棕色化合物,故需在另外波长处定量测定。

阳离子交换树脂是由聚苯乙烯与二乙烯苯经交联再磺化而成,其交联度为8。

氨基酸分析仪有两种,一种是低速型,使用300~400目的离子交换树脂,另一种是高速型,使用直径4~6μm的树脂。不论哪一种,在分析组成蛋白质的各种氨基酸时,都用柠檬酸钠缓冲液完全分离;和定量40~46种游离氨基酸时,则使用柠檬酸钾缓冲液。但分析后者时,由于所用缓冲液种类多,柱温也要变为三个梯度,因此一般不能用低速型。

二、仪器

氨基酸自动分析仪。

三、操作方法

1. 样品处理

测定样品中各种游离氨基酸含量,可以除去脂肪等杂质后,直接上柱进行分析。测定蛋白质的氨基酸组成时样品必须经酸水解,使蛋白质完全变成氨基酸后才能上柱进行分析。

酸水解的方法称取经干燥的蛋白质样品数1mg,加入2mL 5.7mol/L盐酸,置于110℃烘箱内水解24h,然后除去过量的盐酸,加缓冲溶液稀释到一定体积,摇匀。取一定量的水解样品上柱进行分析。

如果样品中含有糖和淀粉、脂肪、核酸、无机盐等杂质,必须将样品预先除去杂质后再进行酸水解处理。去除杂质的方法如下:

(1)去糖和淀粉:把样品用淀粉酶水解,然后用乙醇溶液洗涤,得蛋白质沉淀物。

(2)去脂肪:先把干燥的样品经研碎后用丙酮或乙醚等有机溶剂离心或过滤抽提,得蛋白质沉淀物。

(3)去核酸:将样品在10%氯化钠溶液中,85℃加热6h,然后用热水洗涤,过滤后将固形物用丙酮干燥即可。

(4)去无机盐:样品经水解后含有大量无机盐时还必须用阳离子交换树脂进行去盐处理。其方法是用国产732型树脂,先用1mol/L盐酸洗成酸性,然后用水洗成中性,装在一根小柱内。将去除盐酸的水解样品用水溶解之后上柱,并不断用水洗涤,直至洗出液中无氯离子为止(用硝酸银溶液检查)。此时氨基酸全被交换在树脂上,而无机盐类被洗去。最后用2mol/L的氨水溶液把交换的氨基酸洗脱下来。收集洗脱液进行浓缩,蒸干,然后上柱进行分析。

2. 样品分析

经过处理后的样品上柱进行分析。上柱的样品量视所用自动分析仪的灵敏度而定。一般为每种氨基酸0.1μmol左右(水解样品干重为0.3mg左右)。对于一些未知蛋白质含量的样品,水解后必须预先测定氨基酸的大致含量后才能分析,否则会出现过多或过少的现象。测定必须在pH:5~5.5、100℃下进行,反应时间为10~15min,生成的紫色物质在570nm波长下进行比色测定,而生成的黄色化合物在440nm波长下进行比色测定。

做一个氨基酸全分析一般只需1h左右,同时可将几十个样品一起装入仪器,自动按序分析,最后自动计算给出精确的数据。仪器精确度为1%~3%。用阳离子交换柱分离及测定氨基酸所得图谱如图8-3。

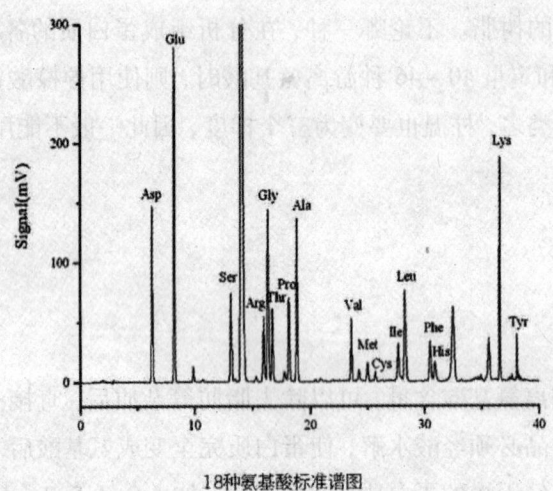

18种氨基酸标准谱图

图8-3 阳离子交换柱分离及测定氨基酸图谱

四、结果计算

带有数据处理机的仪器,各种氨基酸的定量结果能自动打印出来,否则,可用尺子测量峰高或用峰高乘以半峰宽确定峰面积,进而计算出氨基酸的精确含量。另外,根据峰出现的时间可以确定氨基酸的种类。

五、说明

1. 显色反应用的茚三酮试剂,随着时间推移发色率会降低,故在较长时间测样过程中应随时采用已知浓度的氨基酸标液上柱测定以检验其变化情况。

2. 近年出现的采用反相色谱原理制造的氨基酸分析仪,可使蛋白质水解出的17种氨基酸在12min内完成分离,且具有灵敏度高、重现性好以及一机多用等优点。

思考题

1. 为什么凯氏定氮法测定食品中蛋白质含量为粗蛋白含量?
2. 在消化过程中加入的硫酸铜试剂有哪些作用?
3. 样品消化过程中内容物的颜色发生什么变化?
4. 样品经消化进行蒸馏之前为什么要加入氢氧化钠?
5. 蛋白质测定结果为什么要乘上蛋白质系数?

模块九　碳水化合物的测定

◆ **基础理论和知识**

1. 碳水化合物的种类、含量。
2. 果胶、淀粉的测定意义。
3. 食品中的还原糖。

◆ **基本技能及要求**

1. 掌握食品中还原糖含量的测定。
2. 掌握食品中总糖含量的测定。
3. 掌握食品中纤维素含量的测定。
4. 了解食品中果胶物质测定的原理及步骤。

◆ **学习重点**

食品中还原糖含量的测定。

◆ **学习难点**

样品中蔗糖、淀粉含量的测定。

◆ **导入案例**

还原糖含量是果汁及饮品中较重要的参数之一，其含量的多少是水果原汁的表征指标，该指标可以衡量果汁饮品中原果汁含量的多少，以及鉴别果汁饮品的真伪，因此快速准确地测定果汁饮品中的还原糖，对果汁饮品的质量控制、果汁饮料的食品安全及果汁饮品质量体系标准的建立具有重要的意义。

果汁饮品中的还原糖主要来自水果原汁中的果糖、葡萄糖、山梨糖醇等。还原糖是指具有还原性的糖类，包括葡萄糖、果糖、乳糖和麦芽糖分子中含有游离的醛基和游离酮基的糖；其他双糖(如蔗糖)、三糖乃至多糖(如糊精、淀粉等)，其本身虽然不具还原性，但可以通过水解而生成相应的还原性单糖，通过测定水解液的还原糖含量可以求得样品中相应糖类的含量。还原糖的测定是一般糖类定量的基础。

◆讨论

1. 饮料那么甜，里面的糖类物质有多少种呢？
2. 冷饮中葡萄糖、蔗糖的总含量有多少呢？

项目一 概述

任务1 碳水化合物的作用

碳水化合物统称为糖类，是由碳、氢、氧三种元素组成的一大类化合物。它是人体热能的重要来源，人体活动的热能的50%~70%由它供给。一些糖与蛋白质能合成糖蛋白，与脂肪形成糖脂，这些都是具有重要生理功能的物质。

糖在食品工业中具有十分重要的意义，在食品加工工艺中，糖类对改变食品的形态、组织结构、物化性质以及色、香、味等都起到十分重要的作用，糖含量还是食品营养价值的高低的重要表现，也是某些食品的主要质量指标。碳水化合物的测定是食品的主要分析项目之一。

任务2 碳水化合物的测定方法

食品中碳水化合物的测定方法很多，测定单糖和低聚糖常用的方法有物理法、化学法、酶法等。物理法包括相对密度法、折光法和旋光法。这些方法比较简单，对于一些特定的样品或生产过程进行监控，采用物理方法比较简单。

化学法是应用最广泛的常规分析法，它包括还原糖法（斐林氏法、高锰酸钾法、铁氰化钾法等）、碘量法、缩合反应法等，这种方法测得的多是糖的总量，不能确定每种糖的含量。利用色谱法可以对样品中各种糖分进行分离和定量。目前利用气相色谱法和高效液相色谱法分离和定量食品中的各种糖类已得到广泛应用。近年来发展起来的离子交换色谱法具有灵敏度高、选择性好等优点，已成为一种卓有成效的糖的色谱分析法。

用酶法测定糖类也有一定的应用，如β-半乳糖脱氢酶测定半乳糖、乳糖，用葡萄糖氧化酶测定葡萄糖等。

项目二 还原糖的测定

还原糖是指具有还原性的糖类。在糖类中，分子中含有游离醛基或酮基的单糖和含有游离潜醛基的双糖都具有还原性。葡萄糖分子中含有游离醛基，果糖分子中含有游离酮基，乳糖和麦芽糖分子中含有游离的潜醛基，故它们都是还原糖。其他双糖（如蔗糖）、三糖乃至多糖（如糊精、淀粉等），其本身不具还原性，属于非还原性糖，但都可以通过水解而生成相应的还原性单糖,测定水解液的还原糖含量就可以求得样品中相应糖类的含量。因此,还原糖的测定是一般糖类定量的基础。

还原糖的测定方法很多,其中最常用的有直接滴定法、高锰酸钾滴定法、葡萄糖氧化酶比色法。

任务1 直接滴定法

一、适用范围

本法试剂用量少,操作和计算都比较简便、快速,滴定终点明显,适用于各类食品中还原糖的测定。但测定酱油、深色果汁等样品时,本法是国家标准分析方法。

二、原理

一定量的碱性酒石酸铜甲、乙液等体积混合,立即生成天蓝色的氢氧化铜沉淀,这种沉淀很快与酒石酸钾钠反应,生成深蓝色的可溶性酒石酸钾钠铜络合物。在加热条件下,以次甲基蓝为指示剂,用样液滴定,样液中的还原糖与酒石酸钾钠铜反应,生成红色的氧化亚铜沉淀,待二价铜全部被还原后,稍过量的还原糖把次甲基蓝还原,溶液由蓝色变为无色,即为滴定终点。根据样液消耗的体积,即可计算出还原糖的含量。

各步反应式如下:

$$CuSO_4 + 2NaOH \rightarrow Cu(OH)_2\downarrow + Na_2SO_4$$

$$\begin{array}{c}COONa\\|\\CHOH\\|\\CHOH\\|\\COOK\end{array} + Cu(OH)_2 \rightarrow \begin{array}{c}COONa\\|\\CHO\\\\\\CHO\\/\\|\\COOK\end{array}Cu + 2H_2O$$

$$2\begin{array}{c}COONa\\|\\CHO\\\\\\CHO\\/\\|\\COOK\end{array}Cu + (CHOH)_4 + 2H_2O \rightarrow 2\begin{array}{c}COONa\\|\\CHOH\\|\\CHOH\\|\\CH_2OH\\|\\COOK\end{array} + \begin{array}{c}CHO\\|\\(CHOH)_4\\|\\CH_2OH\end{array} + Cu_4O\downarrow$$

亚甲蓝氧化型 + 还原糖 → 亚甲蓝还原型
（蓝色）　　　　　　　　　（无色）

实际上,还原糖在碱性溶液中与硫酸铜的反应并不完全符合以上关系,还原糖在此反应条件下将产生降解,形成多种活性降解产物,其反应过程极为复杂,并非反应方程式中所反映得那么简单。在碱性及加热条件下还原糖将形成某些差向异构体的平衡体系。由上述反应看1mol葡萄糖可以将6mol的Cu^{2+}还原为Cu^+,而实际上,从实验结果表明1mol的葡萄糖只能还原5mol多的Cu^{2+},且随反应条件的变化而变化,因此,不能根据上述反应直接计算出还原糖含量,而是要用已知浓度的葡萄精标准溶液标定的方法,或利用通过实验编制出来的还原糖检索表来计算。

三、试剂

1. 碱性酒石酸铜甲液

称取15g硫酸铜($CuSO_4 \cdot 5H_2O$)及0.05g次甲基蓝,溶于水中并稀释到1000mL

2. 碱性酒石酸制乙液

称取50g酒石酸钾钠及75g氢氧化钠。溶于水中,再加入4g亚铁氰化钾,完全溶解后用水稀释至1000mL贮存在橡皮塞玻璃瓶中。

3. 乙酸锌溶液

称取21.9乙酸锌($Zn(CH_3COO)_2H_2O$),加3mL冰醋酸,加水溶解并稀释到1000mL

4. 10.6%亚铁氰化钾溶液

称取10.6g亚铁氰化钾[$K_4Fe(CN)_6 \cdot 3H_2O$]溶于水中,稀释至100mL。

5. 0.1% 葡萄糖标准溶液

准确称取1.0000g经过98℃~100℃干燥至恒重的无水葡萄糖,加水溶解后移入1000mL容量瓶中,加入5mL盐酸(防止微生物生长),用水稀释到1000mL。

6. 盐酸

四、操作步骤

1. 样品处理

(1)对于乳类、乳制品及含蛋白质的饮料(雪糕、冰激凌、豆乳等)

称取2.5~5g固体样品或吸取25~50mL液体样品,置于250mL容量瓶中,加水50mL,摇匀后慢慢加入5mL醋酸锌及5mL亚铁氰化钾溶液,并加水至刻度,混匀,静置30min;干燥滤纸过滤,弃去初滤液,收集滤液供分析用。

(2)对于淀粉含量较高的样品

称取10~20g样品,置于250mL容量瓶中,加水200mL在45℃水浴中加热1h,时时振摇。取出冷却后加水至刻度,混匀,静置;吸取20mL上清液于另一250mL容量瓶中,以下按(1)项操作。

2. 碱性酒石酸铜溶液的标定

准确吸取碱性酒石酸铜甲液和乙液各5mL,置于250mL锥形瓶中,加水10mL,加玻璃珠3粒。从滴定管滴加约9mL葡萄糖标准溶液，加热使其在2min内沸腾，准确沸腾30s，趁热以每2s1滴的速度继续滴加葡萄糖标准溶液，直至溶液蓝色刚好褪去为终点。

记录消耗葡萄糖标准溶液的总体积。平行操作三次，取其平均值，按下式计算。

$$F = CV$$

式中：F—10mL 碱性酒石酸铜溶液相当于葡萄糖的质量，mg；

C—葡萄糖标准容液的浓度，mg/mL；

V—标定时消耗葡萄糖标准溶液的总体积，mL。

3. 样品溶液预测

准确吸取碱性酒石酸铜甲液及乙液各5mL，置于250mL锥形瓶中，加水10mL加玻璃珠3粒，从滴定管中加入比预测时样品溶液消耗总体积少1mL的样品溶液，加热使其在2min内沸腾，准确沸腾30秒钟，待溶液颜色变浅时以每1d/2s的速度继续滴定，直至蓝色刚好褪去为终点。记录消耗样液的总体积。

4. 样品溶液测定

吸取碱性酒石酸铜甲液及乙液各5mL，置于250mL锥形瓶中，加玻璃珠3粒，从滴定管中加入比预测时样品溶液消耗总体积少1mL的样品溶液，加热使其在2min内沸腾，准确沸腾30s钟，趁热以每2s1滴的速度继续滴加样液，直至蓝色刚好褪去为终点。记录消耗样品溶液的总体积。同法平行操作3份，取平均值。

五、结果计算

$$W = \frac{F}{m \times \dfrac{V \times 1000}{250}} \times 100\%$$

式中：W—还原糖（葡萄糖计）质量分数；

m—样品质量，g；

F—10mL 碱性酒石酸铜浴液相当于葡萄糖的质量，mg；

V—测定时平均消耗样品溶液的体积，mL；

250—样品溶液的总体积，mL。

六、说明与注意事项

1. 碱性酒石酸铜甲液、乙液应分别配制贮存，用时才能混合。

2. 碱性酒石酸铜的氧化能力较强，可将醛糖和酮糖都氧化，所以测得的是总还原糖量。

3. 本法对糖进行定量的基础是碱性酒石酸铜溶液中 Cu^{2+} 的量，所以，样品处理时不能采用硫酸铜——氢氧化钠作为澄清剂，避免样液中误入 Cu^{2+}，得出错误的结果。

4. 在碱性酒石酸铜乙液中加入亚铁氰化钾，是为了使所生成的红色 Cu^+ 沉淀与之形成可溶性的无色络合物，使终点便于观察。

$$Cu_2O + K_4FeCN + H_2O \rightarrow K_2Cu_2Fe(CN)_6 + 2KOH$$

5. 亚甲基蓝也是一种氧化剂,但在测定条件下其氧化能力比 Cu^{2+} 弱,故还原糖先与 Cu^{2+} 反应,待 Cu^{2+} 完全反应后,稍过量的还原糖才会与亚甲基蓝发生反应,溶液蓝色消失,指示到达终点。

6. 整个滴定过程必须在沸腾条件下进行,其目的是为了加快反应速度和防止空气进入避免氧化亚铜和还原型的亚甲基蓝被空气氧化,从而使得耗糖量增加。

7. 测定中还原糖液浓度、滴定速度、热源强度及煮沸时间等都对测定精密度有很大的影响。还原糖液浓度要求在 0.1% 左右,与标准葡萄糖溶液的浓度相近,继续滴定至终点的体积数应控制在 0.5~1mL 以内,以保证在 1min 内完成连续滴定的工作。热源一般采用 800W 电炉,热源强度和煮沸时间应严格按照操作中的规定执行,否则,加热至煮沸时间不同,蒸发量不同,反应液的碱度也不同,从而影响反应的速度、反应进行的程度及最终测定的结果。

8. 预测定与正式测定的检测条件应一致。平行实验中消耗样液量应不超过 0.1mL。

任务2 高锰酸钾滴定法

该法是国家标准分析方法,它适用于各类食品中还原糖的测定,对于深色样液也同样适用。这种方法的主要特点是准确度高,重现性好,这两方面都优于直接滴定法。但操作复杂、费时,需查特制的高锰酸钾法糖类检索表。

一、原理

将还原糖与一定量过量的碱性酒石酸铜溶液反应,还原糖使 Cu^{2+} 还原成 Cu_2O。过滤得到 Cu_2O,加入过量的酸性硫酸铁溶液将其氧化溶解,而 Fe^{3+} 被定量地还原成 Fe^{2+},再用高锰酸钾溶液滴定所生成的 Fe^{2+},根据所消耗的高锰酸钾标准溶液的量计算出 Cu_2O 的量,从检索表(附表9)中查出与氧化亚铜量相当的还原糖的量,即可计算出样品中还原糖的含量。

$$Cu_2O + Fe_2(SO_4)_3 + H_2SO_4 \rightarrow 2CuSO_4 + 2FeSO_4 + H_2O$$

$$10FeSO_4 + 2KMnO_4 + 8H_2SO_4 \rightarrow 5Fe_2(SO_4)_3 + 2MnSO_4 + K_2SO_4 + 8H_2O$$

Cu_2O 生成过程同直接滴定法。

由以上反应可见,5mol Cu_2O 相当于2mol 的 $KMnO_4$,故根据高锰酸钾标准溶液的消耗量可计算出氧化亚铜的量。再由氧化亚铜量查附表9得到相应的还原糖的量。

二、试剂

1. 碱性酒石酸铜甲液

称取 34.639g 硫酸铜($CuSO_4 \cdot 5H_2O$),加适量水溶解,加 0.5mL 浓硫酸,再加水稀释至 500mL,用精制石棉过滤。

2. 碱性酒石酸铜乙液

称取 173g 酒石酸钾钠和 50g 氢氧化钠,加适量水溶液,并稀释至 500mL,用精制石棉过滤,储存于有橡胶塞的玻璃瓶内。

3. 精制石棉

取石棉,先用 3mol/L 盐酸浸泡 2~3h,用水洗净,再用 10g/L 氢氧化钠溶液浸泡 2~3h,倾去溶液,用碱性酒石酸铜乙液浸泡数小时,用水洗净,再以 3mol/L 盐酸浸泡数小时,以水洗至不显酸性。然后加水振摇,使之成为微细的浆状纤维,用水浸泡并储存于玻璃瓶中,即可作填充古氏坩埚用。

4. 0.02mol/L(KMnO$_4$)标准溶液

配制:称取 3.16g 高锰酸钾溶于 1000mL 水中,缓缓煮沸 20~30min,冷却后于暗处密封保存数日,用垂融漏斗过滤,保存于棕色瓶中。

标定:准确称取于 105℃~200℃干燥 1~1.5h 的基准草酸钠约 0.2g,溶于 50mL 水中,加 8mL 硫酸,用配制的高锰酸钾滴定,接近终点时加热到 70℃,继续滴至溶液显粉红色 0.5min 不褪色为止。同时做空白试验。

计算:

$$C = \frac{m \times \frac{2}{5}}{(V - V_0) \times 134} \times 1000$$

式中:C - KMnO$_4$ 标准溶液的浓度,mol/L;

m - 草酸钠质量,g;

V - 标定时消耗高锰酸钾体积,mL;

V_0 - 空白时消耗高锰酸钾体积,mL;

134 - Na$_2$C$_2$O$_4$ 的摩尔质量,g/mol。

5. 1mol/L NaOH 溶液

称取 4g 氢氧化钠,加水溶解并稀释至 100mL。

6. 硫酸铁溶液

称取 50g 硫酸铁,加入 200mL 水溶解却加水稀释至 1000mL。

7. 3mol/L HCl 溶液。30mL 盐酸加水稀释至 120mL 即可。

三、仪器

25mL 古氏坩埚或 G4 垂焙坩埚、真空泵或水力真空管。

四、操作步骤

1. 样品处理

(1)乳类、乳制品及含蛋白质的冷食类。称取 2.5~5g 固体样品(液体样品吸取 25~50mL)于 250mL 容量瓶中,加水 50mL 至刻度,摇匀后加入 10mL 碱性酒石酸铜甲液及

4mL 1mol/L 氢氧化钠溶液至刻度,混匀,静置30min,过滤,弃去初滤液,滤液供分析用。

(2)酒精性饮料。吸取100mL样品,置于蒸发皿中,用1mol/L氢氧化钠溶液中和至中性,蒸发至原体积的1/4后,移入250mL容量瓶中。加50mL水,混匀。以下自"加10mL碱性酒石酸铜甲液"起,按(1)项操作。

(3)淀粉含量较高的食品。精密称取10~20g样品,置于250mL容量瓶中,加入200mL水,于45℃水浴中加热1h,并不断振摇,取出冷却后,加水至刻度,混匀静置。吸取20mL上清液于另一个250mL容量瓶中,以下自"加10mL碱性酒石酸铜甲液"起,按(1)项操作。

(4)汽水等含二氧化碳的饮料。吸取样品100mL于蒸发皿中,在水浴上蒸发除去二氧化碳后,转移入250mL容量瓶中,加水至刻度,混匀备用。

2. 测定

准确吸取经处理后的样液50mL于400mL烧杯中,加入碱性酒石酸铜甲液、乙液各25mL,盖上表面皿,置于电炉上加热,使之在4min内沸腾,再准确煮沸2min,趁热用G4垂熔坩埚或用铺好石棉的古氏坩埚抽滤,并用60℃的热水洗涤烧杯及沉淀,至洗液不显碱性为止。

将垂熔坩埚或古氏坩埚放回400mL烧杯中,加硫酸铁溶液25mL和水25mL,用玻璃棒搅拌,使氧化亚铜全部溶解用,用0.02mol/L高锰酸钾标准溶液滴定至微红色为终点。记录高锰酸钾标准溶液的消耗量。

另取水50mL代替样液,按上述方法做空白试验。记录空白试验消耗高锰酸钾标准溶液的量。

五、结果计算

1. 据滴定时所消耗的高锰酸钾标准溶液的量,计算相当于样品中还原糖的氧化亚铜的量:

$$W_1 = (V - V_0)C \times \frac{2}{5} \times 143.08$$

式中:W_1 - 氧化亚铜的质量,mg;

V - 测定样液所消耗高锰酸钾标准溶液的体积,mL;

V_0 - 试剂空白所消耗高锰酸钾标准溶液的体积,mL;

C - $KMnO_4$ 标准溶液的浓度,mol/L;

143.08 - 氧化亚铜的摩尔质量,g/mol。

2. 根据上式计算所得氧化亚铜的量查附表9得出相当于还原糖的量,再按下式计算样品中还原糖的含量:

$$W_2 = \frac{m_1}{m \times \frac{V_2 \times 1000}{V_1}} \times 100\%$$

式中：W_2 — 还原糖的质量分数，%；

　　　m_1 — 由氧化亚铜的量查附表9得出的还原糖的质量，mg；

　　　m — 样品质量，g；

　　　V_1 — 样品处理液总体积，mL；

　　　V_2 — 测定用样品处理液的体积，mL。

六、说明及注意事项

1. 操作过程必须严格按规定执行，加入碱性酒石酸铜甲液、乙液后，严格控制在4min内加热至沸，沸腾时间2min也要准确，否则会引起较大的误差。

2. 该法所用的碱性酒石酸铜溶液是过量的，即保证把所有的还原糖全部氧化后，还有过剩的Cu^{2+}存在。所以，经煮沸后的反应液应显蓝色。如不显蓝色，说明样液含糖浓度高，应调整样液浓度，或减少样液取用体积，重新操作，而不能增加碱性酒石酸铜甲液、乙液的用量。

3. 样品中的还原糖既有单糖也有麦芽糖或乳糖等双糖时，还原糖的测定结果会偏低，这主要是因为双糖的分子中仅含有一个还原基所致。

4. 在抽滤和洗涤时，要防止氧化亚铜沉淀暴露在空气中，使沉淀始终在液面下，避免其氧化。

任务3　葡萄糖氧化酶——比色法

一、原理

葡萄糖氧化酶（GOD）在有氧条件下，催化 β - D - 葡萄糖（葡萄糖水溶液状态）氧化，生成 D - 葡萄糖酸 δ - 内酯和过氧化氢。受过氧化物酶（POD）催化。过氧化氢与4 - 氨基安替吡啉和苯酚生成红色醌亚胺。在波长505nm处测定醌亚胺的吸光度，可计算出食品中葡萄糖的含量。

二、仪器

1. 恒温水浴锅
2. 可见分光光度计

三、试剂

1. 组合试剂盒

1号瓶：内含0.2mol/L磷酸盐缓冲溶液（pH=7）100mL，其中4 - 氨基安替吡啉为0.00154mol/L。

2号瓶：内含0.022mol/L苯酚溶液100mL。

3号瓶：内含葡萄糖氧化酶400U（活力单位）、过氧化物酶1000U（活力单位）。

1~3号瓶需在4℃左右保存。

2. 酶试剂溶液

将1号瓶和2号瓶的物质充分混合均匀，再将3号瓶的物质溶解其中，轻轻摇动（勿剧烈摇动），使葡萄糖氧化酶和过氧化物酶完全溶解。此溶液须在4℃左右保存，有效期1个月。

3. 0.085mol/L 亚铁氰化钾溶液

称取3.7g亚铁氰化钾[$K_4Fe(CN)_6 \cdot 3H_2O$]，溶于100mL重蒸馏水中，摇匀。

4. 0.25mol/L 硫酸锌溶液

称取7.7g硫酸锌($ZnSO_4 \cdot 7H_2O$)，溶于100mL重蒸馏水中，摇匀。

5. 0.1mol/L 氢氧化钠溶液

称取4g氢氧化钠，溶于1000mL重蒸馏水中，摇匀。

6. 葡萄糖标准溶液

称取经(100 ± 2)℃烘烤2h的葡萄糖1.0000g，溶于重蒸馏水中，定容100mL，摇匀。

四、操作步骤

1. 试液的制备

（1）不含蛋白质的试样

用100mL烧杯称取试样1~10g（精确至0.001g），加少量重蒸馏水，转移到250mL容量瓶中，稀释至刻度。摇匀后用快速滤纸过滤。弃去最初滤液30mL，即为试液（试液中葡萄糖含量大于300μg/mL时，应适当增加定容体积）。

（2）含蛋白质的试样

用100mL烧杯称取试样1~10g（精确至0.001g），加少量重蒸馏水，转移到250mL容量瓶中，加入0.085mol/L亚铁氰化钾溶液5mL、0.25mol/L硫酸锌溶液5mL和0.1mol/L氢氧化钠溶液10mL，用重蒸馏水定容至刻度，摇匀后用快速滤纸过滤。弃去最初滤液30mL，即为试液（试液中葡萄糖含量大于300μg/mL时，应适当增加定容体积）。

（3）标准曲线的绘制

用微量移液管取0.00mL、0.20mL、0.40mL、0.60mL、0.80mL、1.00mL葡萄糖标准溶液，分别置于10mL比色管中，各加入3mL酶试剂溶液，摇匀，在(36 ± 1)℃的水浴锅中恒温40min冷却至室温，用重蒸馏水定容至10mL，摇匀。用1cm比色皿，以葡萄糖标准溶液含量为0.00的试剂溶液调整分光光度计的零点，在波长505nm处，测定各比色管中溶液的吸光度。

以葡萄糖含量为纵坐标，吸光度为横坐标，绘制标准曲线。

2. 试液吸光度的测定

用微量移液管吸取0.50~5.00mL试液（依试液中葡萄糖的含量而定），置于10mL比色管中。加入3mL酶试剂溶液，摇匀，在(36 ± 1)℃的水浴锅中恒温40min。冷却至室温，用重蒸馏水定容至10mL，摇匀；用1cm比色皿，以等量试液调整分光光度计的零点，在波长505nm处,测定比色管中溶液的吸光度。

测出试液吸光度后,在标准曲线上查出对应的葡萄糖含量。

五、结果计算

$$葡萄糖 = \frac{C}{m \times \frac{V_2}{V_1}} \times \frac{1}{1000 \times 1000} \times 100\%$$

式中:C - 标准曲线上查出的试液中葡萄糖含量,μg;

　　　m - 试样的质量,g;

　　　V_2 - 试液的定容体积,mL;

　　　V_1 - 测定时吸取试液的体积,mL。

计算结果精确至小数点后第二位。

六、说明及注意事项

1. 本方法为仲裁法,由于本方法中使用的葡萄糖氧化酶具有专一性,只能催化葡萄糖水溶液中的β-D-葡萄糖起反应(被氧化),因此测定结果是真实值。

2. 本方法对所使用的各种酶类的活力有严格的技术要求。

(1) 葡萄糖氧化酶酶活力(U/mg)≥20

(2) 过氧化物酶酶活力(U/mg)≥50

(3) 要求葡萄糖氧化酶和过氧化物酶中不得含有纤维素酶、淀粉葡萄糖苷酶、β-果糖苷酶、半乳糖苷酶和过氧化氢酶。

酶活力的实验方法如下:用移液管吸取0.50mL葡萄糖标准溶液,置于10mL比色管中,加入100μg可溶性淀粉、100μg纤维二糖(生化试剂)、100μg乳糖和100μg蔗糖,再加入3mL酶试剂溶液。摇匀,在(36±1)℃的水浴锅中恒温40min。冷却至室温,用重蒸馏水定容至40mL,摇匀。用1cm比色皿,以葡萄糖标准溶液含量为0.00的试剂溶液调整分光光度计的零点,在波长505nm处测定比色管中溶液的吸光度。

测定吸光度后,在标准曲线上查得对应的葡萄糖含量,按下式计算葡萄糖的回收率。

$$F = \frac{C}{0.50 \times 200} \times 100\%$$

式中:F - 葡萄糖的回收率,%;

　　　C - 葡萄糖含量的实测值,μg。

若测得葡萄糖的回收率在95%~105%(由于方法误差的影响,回收率测得值有可能超过100%),则判定葡萄糖氧化酶和过氧化物酶符合要求。

项目三　蔗糖的测定

在食品生产中,为判断原料的成熟度,鉴别白糖、蜂蜜等食品原料的品质,以及控制糖果、果脯、加糖乳制品等产品的质量指标,常常需要测定蔗糖的含量。蔗糖是非还原性双糖,不能用测定还原糖的方法直接进行测定,但蔗糖经酸水解后可生成具有还原性的葡萄糖和果糖,再按测定还原糖的方法进行测定。

对于纯度较高的蔗糖溶液,可用相对密度、折射率、比旋光度等物理检验法进行测定。

任务　盐酸水解法

一、原理

样品脱脂后,用水或乙醇提取,提取液经澄清处理以除去蛋白质等杂质后,再用稀盐酸水解,使蔗糖转化为还原糖。然后按还原糖测定的方法,分别测定水解前后样液中还原糖的含量,两者的差值即为由蔗糖水解产生的还原糖的量,再乘以换算系数 0.95 即为蔗糖的含量。

二、试剂

1. 1g/L 甲基红指示剂

称取 0.1g 甲基红;用体积分数为 60% 的乙醇溶解并定容至 100mL。

2. 6mol/L 盐酸溶液、200g/L 氢氧化钠溶液

其他试剂同还原糖的测定。

三、操作步骤

取一定的样品,按还原糖测定法进行处理。吸取经处理后的样品 2 份各 50mL 分别放入 100mL 容量瓶中,其中一份加入 5mL 6mol/L HCl 溶液,置于 68℃~70℃ 水浴中加热 15min,取出迅速冷却至室温,加 2 滴甲基红指示剂,用 200g/L 的氢氧化钠溶液中和至中性,加水至刻度,摇匀。而另一份直接用水稀释到 100mL 按直接滴定法或高锰酸钾滴定法测定还原糖含量。

四、结果计算。

1. 直接滴定法

$$W = \frac{(\frac{100}{V_2} - \frac{100}{V_1})F}{m \times \frac{50}{250} \times 1000} \times 100\% \times 0.95$$

式中:W – 蔗糖的质量分数;

　　　m – 样品质量;

　　　V_1 – 测定时消耗未经水解的样品稀释液的体积,mL,g;

　　　V_2 – 测定时消耗经过水解的样品稀释液的体积,mL;

　　　F – 10mL 碱性酒石酸铜溶液相当于转化糖的质量,mg;

250 — 样液的总体积，mL；

0.95 — 转化糖换算为蔗糖的系数。

2．高锰酸钾滴定法

$$W = \frac{(m_2 - m_1) \times 0.95}{m \times \frac{50}{V_1} \times \frac{V_2}{100} \times 1000} \times 100\%$$

式中：W — 蔗糖的质量分数；

m_1 — 未经水解的样液中还原糖量，mg；

m_2 — 未经水解样液中还原糖量，mg；

V_1 — 样品处理液的总体积，mL；

V_2 — 测定还原糖取用样品处理液的体积，mL；

m — 样品质量，g；

0.95 — 还原糖还原成蔗糖的系数。

五、说明及注意事项

1．蔗糖在本法规定的水解条件下，可以完全水解，而其他双糖和淀粉等的水解作用很小，可忽略不计。所以必须严格控制水解条件，以确保结果的准确性与重现性。此外果糖在酸性溶液中易分解，故水解结束后应立即取出并迅速冷却中和。

2．根据蔗糖的水解反应方程式：

$$C_{12}H_{22}O_{11} + H_2O \rightarrow C_6H_{12}O_6 + C_6H_{12}O_6$$

蔗糖　　　　　葡萄糖　　　果糖

342　　　　　180　　　　180

蔗糖的相对分子质量为342，水解后生成2分子单糖，其相对分子质量之和为360。

$$\frac{342}{360} = 0.95$$

即1g转化糖相当于0.95g蔗糖。

3．用还原糖法测定蔗糖时，为减少误差，测得的还原糖应以转化糖表示，故用直接法滴定时，碱性酒石酸铜溶液的标定需采用蔗糖标准溶液按测定条件水解后进行标定。

4．碱性酒石酸铜溶液的标定

（1）称取105℃烘干至恒重的纯蔗糖1.000g，用蒸馏水溶解，并定容至500mL，混匀。此标准溶液1mL相当于纯蔗糖2mg。

（2）吸取上述蔗糖标准溶液50mL于100mL容量瓶中，加5mL 6mol/L盐酸溶液，在68℃～70℃水浴中加热15min，取出迅速冷却至室温，加2滴甲基红指示剂，用200g/L的氢氧化钠溶液和至中性，加水至刻度，摇匀。此液1mL相当于纯蔗糖1mg。

（3）取经水解的蔗糖标准溶液，按直接滴定法标定碱性酒石酸铜溶液。

$$m_2 = \frac{m_1}{0.95}V$$

式中：m_1 — 1mL 蔗糖标准水解液相当于蔗糖的质量，mg；
　　　m_2 — 10mL 碱性酒石酸铜溶液相当于转化糖质量，mg；
　　　V — 标定中消耗蔗糖标准水解液的体积，mL；
　　　0.95 — 蔗糖换算为转化糖的系数。

5. 若选用高锰酸钾滴定时，查附表9时应查转化糖项。

项目四　总糖的测定

任务　直接滴定法

许多食品中含有多种糖类，包括具有还原性的葡萄糖、果糖、麦芽糖、乳糖等，以及非还原性的蔗糖等，这些糖有的来自原料，有的是因生产需要而加入的，有的是生产过程中形成的（如蔗糖水解为葡萄糖和果糖）。许多食品中通常只需测定其总量，即所谓的"总糖"。食品中的总糖通常是指食品中存在的具有还原性的或在测定条件下能水解为还原性单糖的碳水化合物总量。应当注意这里所讲的总糖与营养学上所指的总糖是有区别的，营养学上的总糖是指被人体消化、吸收利用的糖类物质的总和，包括淀粉。而这里讲的总糖不包括淀粉，因为在该测定条件下，淀粉的水解作用很微弱。

总糖是许多食品（如麦乳精、果蔬罐头、巧克力、软饮料等）的重要质量指标，是食品生产中常规的检验项目，总糖含量直接影响食品的质量及成本。所以，在食品分析中总糖的测定具有十分重要的意义。

总糖的测定通常是以还原糖的测定方法为基础，常用的方法是直接滴定法，也可用蒽酮比色法等。

一、原理

样品经处理除去蛋白质等杂质后，加入稀盐酸在加热条件下使蔗糖水解转化为还原糖，再以直接滴定法测定水解后样品中还原糖的总量。

二、试剂

同蔗糖的测定。

三、操作步骤

（1）样品处理

同直接测定法测定还原糖。

（2）测定

按测定蔗糖的方法水解样品，再按直接测定法测定还原糖含量。

四、结果计算

$$W = \frac{F}{m \times \frac{50}{V_1} \times \frac{V_2 \times 1000}{100}} \times 100\%$$

式中：W – 总糖（以转化糖计）的质量分数，%；

　　　F – 10mL 碱性酒石酸铜相当于转化糖质量，mg；

　　　m – 样品质量，g；

　　　V_1 – 样品处理液的总体积，mL；

　　　V_2 – 测定时消耗样品水解液的体积，mL。

五、说明及注意事项

总糖测定结果一般根据产品质量指标要求，以转化糖或葡萄糖计，碱性酒石酸铜的标准溶液应用相应的糖的标准溶液来进行标定。

项目五　淀粉的测定

任务1　酸水解法

一、原理

样品经过除去脂肪和可溶性糖类后，用酸将淀粉水解为葡萄糖，按还原糖的测定方法来测定还原糖含量，再折算成淀粉含量。

二、试剂

乙醚；85%（体积分数）乙醇；6mol/L HCl；400g/L 氢氧化钠；100g/L 氢氧化钠；甲基红指示剂；2g/L 乙醇溶液；精密 pH 试纸；200g/L 醋酸铅溶液；100g/L 硫酸钠溶液；其余试剂同还原糖测定。

三、操作步骤

1. 样品处理

（1）粮食、豆类、糕点、饼干、代乳品等较干燥易磨细的样品

称取 2~5g（含淀粉 0.5g 左右）磨细、过 40 目筛的样品，置于铺有慢速滤纸的漏斗中，用 30mL 乙醚分三次洗去样品中的脂肪，再用 150mL 85%（体积分数）乙醇分次洗涤残渣，以除去可溶性糖类。以 100mL 水洗涤漏斗中的残渣，并全部转移入 250mL 锥形瓶中。

（2）蔬菜、水果、各种粮豆含水熟食制品

按 1:1 加水在组织捣碎机中捣成匀浆（蔬菜、水果需先洗净、晾干，取可食部分）。称取 5~10g 匀浆于 250mL 锥形瓶中，加 30mL 乙醚振摇提取脂肪，用滤纸过滤除去乙醚，再

用30mL乙醚淋洗2次，弃去乙醚。再用150mL 85%（体积分数）乙醇分次洗涤残渣，以除去可溶性糖类。以100mL水洗涤漏斗中的残渣，并全部转移入250mL锥形瓶中。

（3）水解

于上述250mL锥形瓶中加入30mL的6mol/L HCl，装上冷凝管，于沸水浴中回流2h，回流完毕，立即置于流动冷水中冷却，待样品水解液冷却后，加入2滴甲基红，先用400g/L氢氧化钠调至黄色，再用6mol/L盐酸调到刚好变为红色。若水解液颜色较深，可用精密pH试纸测试，使样品水解液的pH约为7。再加入20mL 200g/L醋酸铅，摇匀后放置10min，以沉淀蛋白质、有机酸、单宁、果胶及其他胶体，再加20mL 100g/L硫酸钠溶液，以除去过多的铅，摇匀后用蒸馏水转移至500mL容量瓶中，定容。过滤、弃去初滤液，收集滤液供测定用。

（4）测定

按还原糖测定法进行测定，并同时做试剂空白试验。

2. 结果计算

$$W = \frac{(m_1 - m_0) \times 0.9}{m \times \dfrac{V}{500} \times 1000} \times 100\%$$

式中：W – 淀粉的质量分数，%；

　　　m – 试样质量，g；

　　　m_1 – 样品水解液中还原糖质量，mg；

　　　m_0 – 试剂空白中还原糖质量，mg；

　　　V – 测定用样品水解液的体积，mL；

　　　500 – 样液总体积，mL；

　　　0.9 – 还原糖折算为淀粉的系数。

3. 说明及注意事项

（1）样品中脂肪含量较少时，可省去乙醚溶解和洗去脂肪的操作。乙醚也可用石油醚代替。若样品为液体，则采用分液漏斗振摇静置分层，去除乙醚层。

（2）淀粉的水解反应：

$$(C_6H_{10}O_5)n + nH_2O \longrightarrow n(C_6H_{12}O_6)$$
$$\qquad 162 \qquad\qquad\qquad 180$$

把葡萄糖含量折算为淀粉含量的换算系数 162/180 = 0.9

任务2 旋光法

一、原理

淀粉具有旋光性,在一定条件下旋光度的大小与淀粉的浓度成正比。用氯化钙溶液提取淀粉,使之与其他成分分离,用氯化钙沉淀提取液中的蛋白质后,测定旋光度,即可计算出淀粉含量。

二、适用范围及特点

本法适用于淀粉含量较高,而可溶性糖类含量很少的谷类样品,如面粉、米粉等。操作简便、快速。

三、试剂

(1)氯化钙溶液:溶解于水中并稀释到1000mL。调整相对密度为1.30,再用1.6%醋酸调整pH为2.3~2.5,过滤后备用。

(2)氯化锡溶液:溶解上述氯化钙溶液中。

四、仪器

旋光仪。

五、测定方法

把样品研磨并通过40目以上的标准筛,称取2g样品,置于250mL烧杯中,加水10mL搅拌使样品湿润,加入70mL氯化钙溶液,盖上表面皿,在5min内加热至沸腾并继续加热15min。加热时随时搅拌以防样品附在烧杯壁上。如泡沫过多可加1~2滴辛醇消泡。迅速冷却后,移入100mL容量瓶中,用氯化钙溶液洗涤烧杯上附着的样品,洗液并入容量瓶中。加5mL氯化锡溶液,用氯化钙溶液定容到刻度,混匀,过滤,弃去出滤液装入观测瓶中,测定旋光度。

六、结果计算

$$W = \frac{\alpha \times 1000}{L \times 203 \times m} \times 100\%$$

式中:α - 旋光度读数;

L - 观测管长度;

m - 样品质量;

203 - 淀粉的比旋光度。

七、说明与讨论

1.氯化钙溶液可以作为淀粉的提取剂,是因为钙能与淀粉分子上的羟基形成络合物,使淀粉与水有较高的亲和力而易溶于水中。

2. 淀粉溶液加热后，必须迅速冷却，以防止淀粉老化，形成高度晶化的不溶性淀粉分子微束。

3. 氯化锡溶液的作用是沉淀蛋白质，因为蛋白质也具有旋光性。蛋白质含量较高的样品，如高蛋白营养米粉，用旋光法测定时结果偏低，误差较大。

4. 淀粉的比旋光度一般按203度计，但不同来源的淀粉也略有不同，如玉米、小麦淀粉为203度，豆类淀粉为200度。

5. 由于可溶性糖类的比旋光度比淀粉的比旋光度低得多，因此，对于可溶性糖类含量不高的谷物样品，其影响可忽略不计。但糊精的比旋光度较高，对结果的影响较大，实际上此法测定结果包括糊精。

任务3 植物性样品中淀粉的测定

一、原理

在高压下用硫酸水解样品，使淀粉水解为葡萄糖，测定水解液中还原糖总量，同时测定样品的总糖量，两者之差，即为淀粉水解产生的还原糖量，再乘以换算系数计算出淀粉的含量。

二、适用范围及特点

该法适用于蔬菜水果等淀粉含量较少的样品。根据样品中淀粉脂肪含量少的特点，省略了乙醚除脂肪和乙醇除可溶性糖类的操作步骤，以避免处理过程中淀粉的流失（当淀粉含量少时这种损失不可忽略），并简化了样品处理过程，改变了水解条件，从而大大缩短了测定时间。

三、测定方法

称取适量样品，加入硫酸，在高压锅中水解15min，降压后取出，冷却，用碘液检验淀粉是否水解完全。以甲基红为指示剂，用20%氢氧化钠溶液中和至中性。再加入20%中性醋酸铅，沉淀蛋白质果胶等杂质。加硫酸钠溶液除去过量的铅，把溶液转移至容量瓶中。用水定容，摇匀后过滤。取滤液，按照高锰酸钾法和直接滴定法测定还原糖含量。称取一份样品，按总糖测定方法进行转化，测定总糖含量，两者之差，即为由淀粉水解产生的葡萄糖量，乘以换算系数即为淀粉含量。

四、讨论

样品中如含有半纤维素、戊聚糖、果胶质等多糖类，也可能被水解造成正误差。另外，水解淀粉的条件与测总糖时的水解条件不同，可溶性糖类（蔗糖、葡萄糖、果糖等）在这两种水解条件下的产物，不一定完全相同，这也会造成误差。

项目六　纤维的测定

纤维是人类膳食中不可缺少的重要物质之一，在维持人体健康、预防疾病方面有着独特的作用，已日益引起人们的重视。人类每天要从食品中摄入一定量纤维才能维持人体正常的生理代谢功能，为保证纤维的正常摄取，一些国家强调增加纤维含量高的谷物、果蔬制品的摄食，同时还开发了许多强化纤维的配方食品。在食品生产和食品开发中，常需要测定纤维的含量，它也是食品成分全分析项目之一，对于食品品质管理和营养价值的评定，具有重要意义。

食品中纤维的测定提出最早、应用最广泛的是粗纤维测定法。此外，还有中性洗涤纤维法、酸性洗涤纤维法、酶解重量法等分析方法。这些方法各有优缺点，分别介绍如下。

任务 1　粗纤维的测定（重量法）

一、原理

在热的稀硫酸作用下，样品中的糖淀粉、果胶等物质经水分解而除去，再用热的氢氧化钾处理，使蛋白质溶解、脂肪皂化而除去。然后用乙醇和乙醚处理，以除去单宁、色素及残余的脂肪，所得的残渣即为粗纤维，如其中含有无机物质，可经灰化后扣除。

二、适用范围及特点

该法操作简便迅速，适用于各类食品，是应用最广泛的经典分析法。目前，我国的食品成分表中"纤维"一项的数据都是用此法测定的，但该法测定结果粗糙，重现性差。由于酸碱处理时纤维成分会发生不同程度的降解，使测得值与纤维的实际含量差别很大。

三、试剂及仪器

1. 1.25% 硫酸
2. 1.25% 氢氧化钾
3. 垂熔坩埚或垂熔漏斗

四、测定方法

1. 取样

（1）干燥样品：如粮食、豆类等，精磨碎过24目筛，称取均匀的样品5.0g，置于锥形瓶中。

（2）含水分较高的样品：如蔬菜水果、薯类等，先加水打浆，记录样品重量和加水量，称取相当于5.0g干燥样品的量，加1.25%硫酸适量，充分混合，用亚麻布过滤，残渣移入500mL锥形瓶中。

2. 酸处理

于锥形瓶中加入煮沸的硫酸,装上回流装置,加热使之微沸,回流30min,每隔5min摇动锥形瓶一次,以充分混合瓶内物质,取下锥形瓶,立即用亚麻布过滤,用热水洗涤,至洗液不呈酸性。

3. 碱处理

用煮沸的氢氧化钾溶液将亚麻布上的存留物洗入原锥形瓶中,加热至沸,回流30min。取下锥形瓶,立即用亚麻布过滤,以沸水洗至洗液不呈碱性。

4. 干燥

用水把亚麻布上的残留物洗入烧杯中,然后转移至干燥恒重的垂熔坩埚或垂熔漏斗中,抽滤,用热水充分洗涤后,抽干,再依次用乙醇乙醚洗涤一次。将坩埚和内容物在烘箱中烘干恒重。

5. 灰化

若样品中含有较多无机物质,可用石棉坩埚代替垂熔坩埚过滤,烘干称重后,移入550℃高温炉中灼烧至恒重,置于干燥器内,冷却至室温后称重,灼烧前后的重量之差即为粗纤维的量。

五、结果计算

$$粗纤维 = \frac{G}{m} \times 100\%$$

式中:G — 残余物的质量;

　　　m — 样品质量。

六、说明与讨论

1. 样品中脂肪含量高于1%时,应先用石油醚脱脂,然后再测定,如脱脂不足,结果将偏高。

2. 酸碱消化时,如产生大量泡沫,可加入两滴硅油和辛醇消泡。

3. 本法测定结果的准确性取决于操作条件的控制。实验证明,样品的细度,加热回流时间、沸腾的状态及过滤时间等因素都将对测定结果产生影响。样品粒度过大,影响消化,结果偏高;粒度过细则会造成过滤困难。沸腾不能过于剧烈,以防止样品脱离液体,附于液面以上的瓶壁上。过滤时间不能太长,一般不能超过10min,否则应适量减少称样量。

4. 用亚麻布过滤时,由于其孔径不稳定,结果出入较大,最好采用200目尼龙筛绢过滤,既耐较高温度,孔径又稳定,本身不吸留水分,洗残渣也较容易。

5. 恒重要求:烘干<1mg,灰化<0.5mg。

6. 在这种方法中,纤维素、半纤维素、木质素等食物纤维成分都发生了不同程度的降解,且残留物中还包含了少量的无机物、蛋白质等成分,故测定结果称为"粗纤维"。

7. 测定粗纤维的方法,还有容量法。样品经2%盐酸回流,除去可溶性糖类淀粉果胶等物质,残渣用80%硫酸溶解,使纤维成分水解为还原糖,然后按还原糖测定方法测定,再折算为纤维含量。该法操作复杂,一般很少采用。

任务2 中性洗涤纤维的测定

鉴于粗纤维测定方法的诸多缺点,近几十年来各国学者对食物纤维的测定方法进行了广泛的研究,1963年提出了中性洗涤纤维和酸性洗涤纤维的观点及相应的测定方法,试图用来代替粗纤维指标。目前,有的国家已把NDF和ADF列为营养分析的正式指标之一。

一、原理

样品经热的中性洗涤剂浸煮后,残渣用热蒸馏水充分洗涤,除去样品中游离淀粉、蛋白质、矿物质,然后加入淀粉酶溶液以分解结合态淀粉,再用蒸馏水、丙酮洗涤,以除去残存的脂肪、色素等,残渣经烘干即为中性洗涤纤维。

二、适用范围及特点

本法适用于谷物及其制品、饲料、果蔬等样品,对于蛋白质、淀粉含量高的样品,易形成大量泡沫,黏度大,过滤困难,使此法应用受到限制。本法设备简单,操作容易,准确度高,重现性好。结果包括食品中全部的纤维素、半纤维素和木质素,最接近于食品中膳食纤维的真实含量,但不包括水溶性非消化性多糖,这是此法的最大缺点。

三、试剂

1. 中性洗涤剂溶液。

(1) 将乙二胺四乙酸二钠和四硼酸钠用250mL水加热溶解。

(2) 另将30g月桂基硫酸钠和10mL 2-乙氢基乙醇于热水中,合并于(1)液中。

(3) 把磷酸氢二钠溶于热水,并入(1)液中。

(4) 用磷酸调节混合液pH,最后加水,此液使用期间,如有沉淀生成,需在使用前加热到60℃,使沉淀溶解。

2. 十氢化萘。

3. 淀粉酶溶液。

4. 丙酮。

5. 无水亚硫酸钠。

四、仪器

1. 提取装置:由带冷凝器的锥形瓶和可将水在5~10min内由25℃升温到沸腾的可调电热板组成。

2. 玻璃过滤坩埚(平均孔径40~90um)。

3. 抽滤装置:由抽滤瓶、抽滤架、真空泵组成。

五、测定方法

1. 将样品磨细使之通过20~40目筛,精确称取0.500~1.000g样品,放入锥形瓶中,如果样品中脂肪含量超过10%,按每克样品用20mL石油醚,提取三次。

2. 依次向锥形瓶中加入中性洗涤剂、十氢化萘和无水亚硫酸钠,加热锥形瓶使之沸腾,从微沸开始计时,准确微沸1h。

3. 把洁净的玻璃过滤器在110℃烘箱内干燥4h,放入干燥器内冷却至室温,称重。将锥形瓶内全部内容物移入过滤器,抽滤至干,用不少于300mL的热水分3~5次洗涤残渣。

4. 加入5mL α-淀粉酶溶液,抽滤,以置换残渣中水,然后塞住玻璃过滤器的底部,加20mL α-淀粉酶和几滴甲苯,置过滤器于培养箱中保温。取出滤器,取下底部的塞子,抽滤,并用不少于500mL热水分次洗去酶液,最后用丙酮洗涤,抽干滤器。

5. 置滤器烘箱中干燥过夜,移入干燥箱冷却至室温,称重。

六、结果计算

$$中性纤维素(NDF) = \frac{m_1 - m_0}{m} \times 100\%$$

式中:m_0 - 玻璃过滤器重量;

m_1 - 玻璃过滤器与残渣重量;

m - 样品质量。

七、说明与讨论

1. 中性洗涤纤维,相当于植物细胞壁,它包括了样品中全部的纤维素、半纤维素、木质素角质,因为这些成分是膳食纤维中不溶于水的部分,故又称为"不溶性膳食纤维"。由于食品中可溶性膳食纤维(来源于水果的果胶、某些豆类种子的豆胶、海藻的藻胶、某些植物的黏性物质等可溶于水,故称为水溶性膳食纤维)含量较少,所以中性洗涤纤维接近于食品中膳食纤维的真实含量。

2. 这里介绍的是美国谷物化学家协会(AACC)审批的方法。

3. 样品粒度对分析结果影响较大,颗粒过粗时结果偏高,而过细时又易造成滤板孔眼堵塞,使过滤无法进行。一般采用20~30目为宜,过滤困难时,可加入助剂。

4. 十氢化萘是作为消泡剂,也可用正辛醇,但测定结果精密度不及十氢化萘。

5. 测定结果中包含灰分,可灰化后扣除。

6. 中性洗涤纤维测定值高于粗纤维测定值,且随食品种类的不同,两者的差异也不同,实验证明,粗纤维测定值占中性洗涤纤维测定值的百分比;谷类为13%~27%;干豆类为35%~52%;果蔬为32%~66%。

任务3 酸性洗涤纤维(ADF)的测定

如上所述,中性洗涤纤维测定法比粗纤维测定法有许多优点,但由于泡沫问题,使应用受到了限制。鉴于粗纤维测定法重现性差的主要原因是碱处理时纤维素、半纤维素发生了降解而流失。酸性洗涤纤维法删除了碱处理步骤,用酸性洗涤剂浸煮代替酸碱处理。

一、原理

样品经磨碎烘干,用十六烷基三甲基溴化铵的硫酸溶液回流煮沸,除去细胞内容物,经过滤、洗涤、烘干,残渣即为酸性洗涤纤维。

二、试剂

1. 酸性洗涤剂溶液:称取 20g 十六烷基三甲基溴化铵,加热溶于 0.5mol/L 硫酸溶液中并稀释至 2000mL。

0.5mol/L 硫酸溶液:取 56mL 硫酸,徐徐加入水中,稀释到 2000mL。

2. 消泡剂:萘烷。

3. 丙酮。

三、测定方法

将样品磨碎使之通过 16 目筛,在强力通风的 95℃烘箱内烘干,移入干燥器中,冷却,精确称取 1.00g 样品,放入 500mL 三角瓶中,加入 100mL 酸性洗涤剂溶液,2mL 萘烷,连接回流装置,加热使其在 3~5min 内沸腾,并保持微沸 2h,然后用预先称好重量的粗孔玻璃砂芯坩埚过滤。

用热水洗涤三角瓶,滤液合并入玻璃砂芯坩埚内,轻轻抽滤,将坩埚充分洗涤,热水总用量约为 300mL。

用丙酮洗涤残留物,抽滤,然后将坩埚连同残渣移入 95℃~105℃烘箱中烘干至恒重。移入干燥器内冷却后称重。

四、计算结果

$$酸性纤维素(ADF) = \frac{m_1 - m_0}{m} \times 100\%$$

式中:m_0 - 坩埚重量;

m_1 - 坩埚与残渣重量;

m - 样品质量。

五、说明与讨论

1. 在用酸性洗涤剂浸煮过程中,样品中的淀粉、果胶、半纤维素、蛋白质等成分分解,经过滤而除去,所得残留物中包括全部的纤维素和木质素及少量矿物质,测得结果高于粗纤维测定值,但低于中性洗涤纤维测定值,也比较接近于食品中膳食纤维的含量。

2. 中性洗涤纤维和酸性洗涤纤维之差,即为半纤维素含量。

3. 洗涤坩埚内残渣时,加水量为坩埚溶液的 2/3,用玻璃棒搅碎滤渣,浸泡 15~30s 后,轻轻抽滤。

任务4 膳食纤维的测定

前面介绍的三种方法,都不能测定食品中膳食纤维的全部含量。由于膳食纤维的组成复杂,性质各异,使其定量工作十分困难,虽然近年来进行了许多研究,但迄今人们还没有找到一种简单而准确的测定全部膳食纤维的标准方法。

方法提要

1. 试样先经58%的甲醇回流提取,以除去低分子糖、色素、脂肪、蜡等。残渣加水加热,使其中的淀粉酶水解,水解液中加入4倍量的乙醇,离心分离,以除去淀粉水解物,所得残渣中包括了膳食纤维全部成分。

2. 把残渣用热水抽提,把水溶性非消化性多糖提出,提取液浓缩后加入乙醇,使其浓度达80%,则水溶性非消化性多糖沉淀析出,离心分离后,沉淀用回流2.5h,中和后测定水解液中己糖、戊糖、糖醛酸含量。

3. 把热水抽提后的残渣用回流2.5h,使水不溶性非纤维素多糖水解,冷却后加入同体积乙醇,使乙醇浓度达50%,离心分离后,中和水解液,测定其中己糖、戊糖、糖醛酸。

4. 把3离心分离出来的残渣加72%硫酸在0℃~4℃放置24h,使纤维素水解,在冰水浴中加水稀释后,用古式坩埚抽滤,滤液中和后测定己糖、戊糖、糖醛酸。

5. 把古氏坩埚中残渣用乙醇洗涤后,风干,70℃干燥过夜,称重。再于550℃灰化,称重,计算木质素含量。

6. 按下式计算样品中膳食纤维的含量

膳食纤维 = 水溶性非消化性多糖% + 水不溶性非纤维素多糖% + 纤维素% + 木质素%

7. 说明

此法是系统地分离试样中的各种多糖类,并分别进行定量的方法,精度相当高,分析结果包括了膳食纤维的全部成分。但此法操作复杂、费时,分析一个试样需要5天时间。

项目七 果胶物质的测定

果胶物质是一种植物胶,存在于果蔬类植物组织中,是构成植物细胞的主要成分之一。果胶物质是复杂的高分子聚合物,分子中含有半乳糖醛酸、乳糖、阿拉伯糖、葡萄糖醛酸等,但基本结构是半乳糖醛酸。这些半乳糖醛酸中的部分羧基被甲基酯化,剩余部分被钙、镁、钾、钠、铵等离子所中和。因此,果胶是不同程度甲酯化和中和的半乳糖醛酸以苷键形成的聚合物。

果胶物质一般以原果胶、果胶酯酸、果胶酸三种不同的形态存在于果蔬等植物组织中,它们之间的一个重要区别是甲氧基含量或酯化程度不同,因而也具有不同的特性。

原果胶是与纤维素、半纤维素结合在一起的高度甲酯化的聚半乳糖醛酸,只存在于细胞壁中，不溶于水，在原果胶酶或酸的作用下可水解为果胶酯酸。果胶酯酸是羧基不同程度甲酯化和中和的聚半乳糖醛酸，存在于植物细胞汁液中，可溶于水，溶解度与酯化程度有关，在果胶酶或酸、碱的作用下可水解为果胶酸。果胶酸是完全未酯化的聚半乳糖醛酸，可溶于水，在细胞汁可与离子形成不溶于水或微溶于水的果胶酸盐。

植物中各种形态果胶物质含量与其成熟度有关，并影响植物组织的强度和密度。在果蔬未成熟时主要以原果胶形式存在于细胞壁中，整个组织比较坚硬。在逐渐成熟过程中，原果胶在酶的作用下水解为可溶性果胶酯酸，并与纤维素、半纤维素分离，渗入细胞汁液中，组织随之变软。如果过熟，果胶酯酸在酶的作用下水解为果胶酸，组织变成软瘍状态。果胶物质在酸的作用下，最终可水解为半乳糖醛酸。

果胶在食品工业中用途较广。如利用果胶的水溶液在适当的条件下可以形成凝胶的特性，可以生产果酱、果冻及高级糖果等食品；利用果胶具有的增稠、稳定、乳化等功能，可以在解决饮料的分层、稳定结构、防止沉淀、改善风味等方面起到重要作用；利用低甲氧基果胶具有络合有害金属的性质，可以用其制成防止某些职业病的保健饮料。

测定果胶物质的方法有重量法、咔唑比色法、果胶酸钙滴定法、蒸馏滴定法等。其中果胶酸钙滴定法主要适用于纯果胶的测定，当样液有色时，不易确定滴定终点，此外，由不同来源的试样得到的果胶酸钙中钙所占的比例并不相同，从测得的钙量不能准确计算出果胶物质的含量，这使此法的应用受到了一定的限制。对于蒸馏滴定法，因为在蒸馏时有一部分糠醛分解了，使回收率较低，故此法也不常用。较常用的是重量法和咔唑比色法。

任务1 重量法

一、原理

先用70%乙醇处理样品，使果胶沉淀，再依次用乙醇、乙醚洗涤沉淀，以除去可溶性糖类、脂肪、色素等物质，残渣分别用酸或用水提取总果胶和水溶性果胶。果胶经皂化生成果胶酸钠，再经醋酸化使之生成果胶酸，加入钙盐则生成果胶酸钙沉淀，烘干后称重。

二、适用范围及特点

此法适用于各类食品，方法稳定可靠，但操作较繁琐费时。果胶酸钙沉淀中易夹杂其他胶态物质，使本法选择性较差。

三、仪器

1. 布氏滤斗。
2. 垂熔坩埚。
3. 抽滤瓶。
4. 真空泵。

四、试剂

1. 乙醇。
2. 乙醚。
3. 0.5mol/L 盐酸溶液。
4. 0.1mol/L 氢氧化钠。
5. 1mol/L 醋酸：取 58.3mL 冰醋酸，用水定容到 100mL。
6. 1mol/L 氯化钙溶液：称取 110.99g 无水氯化钙，用水定容到 500mL。

五、测定方法

1. 样品处理

(1) 新鲜样品：称取试样 30～50g，用小刀切成薄片，置于预先放有 99% 乙醇的 500mL 锥形瓶中，装上回流冷凝器，在水浴上沸腾回流 15min 后，冷却，用布氏漏斗过滤，残渣于研钵中一边慢慢磨碎，一边滴加 70% 的热乙醇，冷却后再过滤，反复操作至滤液不呈糖反应为止。残渣用 99% 乙醇洗涤脱水，再用乙醚洗涤以除去脂类和色素，风干乙醚。

(2) 干燥样品：研细，使之通过 60 目筛，称取样品于烧杯中，加入热的乙醇，充分搅拌以提取糖类，过滤。反复操作至过滤不呈糖的反应，残渣用乙醇洗涤，再用乙醚洗涤，风干乙醚。

2. 提取果胶

(1) 水溶性果胶提取：用水将上述漏斗中残渣移入烧杯中，加热至沸，并保持沸腾一小时，随时补足蒸发的水分，冷却后移入容量瓶中，加水定容，摇匀，过滤，收集滤液即得水溶性果胶提取液。

(2) 总果胶的提取：用加热至沸的盐酸溶液，把漏斗中残渣移入锥形瓶中，装上冷凝器，与沸水浴中加热回流 1h，冷却后移入容量瓶中，加甲基红指示剂，加氢氧化钠中和后，用水定容摇匀过滤，收集滤液总果胶提取液。

3. 测定

取提取液于烧杯中，加入氢氧化钠溶液，充分搅拌，放置半小时，再加入醋酸放置 5min，边搅拌边缓缓加入氯化钙溶液，放置 1h，加热煮沸 5min，趁热用烘干至恒重的滤纸，过滤，用热水洗涤至无氯离子为止。滤渣连同滤纸一同放入称量瓶中，至烘箱中干燥至恒重。

六、结果计算

$$果胶\% = \frac{m_2 - m_0 - m_1}{m} \times 100\%$$

式中：m — 样品重量；

m_0 — 称量瓶的重量；

m_1 — 滤纸的重量；

m_2 — 干燥后称量瓶与残渣的总重量。

七、说明与讨论

1. 新鲜试样若直接研磨，由于果胶分解酶的作用，果胶会迅速分解，故需将切片浸入乙醇中，以钝化酶的活性。

2. 检验糖分的苯酚硫酸法：取检液至于试管中，加入苯酚水溶液，再加入硫酸混匀，如溶液呈褐色证明检液中含有糖分。

3. 加入氯化钙溶液时，应边搅拌边缓缓滴加，以减小过饱和度，并避免溶液局部过浓。

4. 采用热过滤和热水洗涤沉淀，是为了降低溶液的黏度，加快过滤和洗涤速度，并增大杂质的溶解度，使其易被洗去。

任务 2 咔唑比色法

一、原理

果胶经水解生成半乳糖醛酸，在强酸中与咔唑试剂发生缩合反应，生成紫红色化合物，其呈色强度与半乳糖醛酸含量成正比，可比色定量。

二、适用范围及特点

此法适用于各类食品，具有操作简便，快速准确度高，重现性好等优点。

三、仪器

1. 分光光度计。

2. 50 毫升比色管。

四、试剂

1. 乙醇。

2. 乙醚。

3. 盐酸溶液。

4. 咔唑乙醇溶液：称取化学纯咔唑，溶解于精制乙醇中，并定容到 100mL，咔唑溶解缓慢，需加以搅拌。

5. 精制乙醇：取无水乙醇或乙醇，加入锌粉，硫酸，在水浴中回流 10h，用全玻璃仪器蒸馏，馏出液加锌粉和氢氧化钾，重新蒸馏一次。

6. 半乳糖醛酸标准溶液：称取半乳糖醛酸，溶于蒸馏水并定容。用此液配制一组半乳糖醛酸标准溶液。

7. 硫酸：优级纯。

五、测定方法

1. 样品处理

同重量法。

2. 果胶的提取

同重量法。

3. 标准工作曲线的制作

取 8 支 50mL 比色管，各加入 12mL 浓硫酸，于冰水浴中边冷却边缓缓依次加入浓度为 0、10μg/mL、20μg/mL、30μg/mL、40μg/mL、50μg/mL、60μg/mL、70μg/mL 的半乳糖醛酸标准溶液 2mL，充分混合后，再置于冰水浴中冷却。然后在沸水浴中准确加热 10min，迅速冷却到室温，各加入 0.15% 咔唑试剂 1mL。充分混合，室温下放置 30min，以半乳糖醛酸含量为 0.00 的半乳糖醛酸标准溶液为空白，在 530nm 波长下测定吸光值，以半乳糖醛酸含量为纵坐标，吸光值为横坐标，绘制标准曲线。

4. 样品提取液的测定

取果胶提取液，用水稀释到适当浓度（含半乳糖醛酸 10~70μg/mL）。取 2mL 稀释液于 50mL 比色管中，以下按制作标准曲线的方法操作，测定吸光值。从标准曲线上查出半乳糖醛酸的浓度（μg/mL）。

5. 结果计算

$$X(以半乳糖醛酸计) = \frac{C \times V \times K}{m} \times 100 \times 1000000$$

式中：X — 样品中果胶的质量分数，%；

C — 从标准曲线上查得的半乳糖醛酸的浓度，μg/mL；

V — 果胶提取液的总体积，mL；

K — 提取液稀释倍数；

m — 样品质量，g。

思考题

1. 直接滴定法测定还原糖的原理是什么？
2. 为什么直接滴定法测定还原糖时要进行预滴定？
3. 简述直接滴定法中次甲基蓝的变色原理。
4. 测定食品中的蔗糖时，如何进行水解？需要控制哪些条件？
5. 测定淀粉时为什么要进行水解？如何进行水解？

模块十 食品中脂类物质的测定

◆ **基础理论和知识**
1. 食品中的脂肪含量。
2. 食品中脂肪测定的意义。

◆ **基本技能及要求**
1. 粗脂肪含量的测定方法。
2. 巴布科克法和盖勃氏法测定方法。

◆ **学习重点**
索氏提取法。

◆ **学习难点**
乳脂肪含量的测定。

◆ **导入案例**
油脂是一种极为复杂的有机化合物。食用油脂主要是由多种脂肪酸组成的甘油三酯,并包含其他多种组分的混合物。油脂对于人体很重要,它能提供给我们人体必需的脂肪酸;还能提供给我们脂溶性维生素;还能赋予食品特有的风味,增进人的食欲;油脂在人体内还能调节水分蒸发、解决蛋白质的消耗等生理功能。植物种子中油脂含量丰富。

◆ **讨论**
1. 大豆作为植物的种子,脂肪含量有多少呢?
2. 大豆中脂肪的种类有哪些?

项目一 概述

任务1 食品中脂的作用

在食品生产加工过程中，原料、半成品、成品的脂类的含量直接影响到产品的外观、风味、口感、组织结构、品质等。蔬菜本身的脂肪含量较低，在生产蔬菜罐头时，添加适量的脂肪可改善其产品的风味。对于面包之类的焙烤食品，脂肪含量特别是卵磷脂等组分，对于面包心的柔软度、面包的体积及其结构都有直接影响。因此，食品中脂肪含量是一项重要的控制指标。测定食品中脂肪含量，不仅可以用来评价食品的品质，衡量食品的营养价值，而且对实现生产过程的质量管理、实行工艺监督等方面有着重要的意义。

任务2 食品中脂的形式

食品中脂肪的存在形式有游离态的，如动物性脂肪和植物性油脂；也有结合态的，如天然存在的磷脂、糖脂、脂蛋白及其某些加工食品（如焙烤食品、麦乳精等）中的脂肪，与蛋白质或碳水化合物等形成结合态。对于大多数食品来说，游离态的脂肪是主要的，结合态的脂肪含量较少。

任务3 食品中脂的测定方法

脂类不溶于水，易溶于有机溶剂。测定脂类大多采用低沸点有机溶剂萃取的方法。常用的溶剂有：无水乙醚、石油醚、氯仿——甲醇的混合溶剂等。其中乙醚沸点低（34.6℃），溶解脂肪的能力比石油醚强。现有的食品脂肪含量的标准分析方法都是采用乙醚作为提取剂，但乙醚易燃，可饱和2%的水分，含水乙醚会同时抽出糖分等非脂成分，所以，实际使用时必须采用无水乙醚作提取剂，被测样品也必须事先烘干。

石油醚具有较高的沸点（沸程为30℃～60℃），吸收水分比乙醚少，没有乙醚易燃，用它作提取剂时，允许样品含有微量的水分。它没有胶溶现象，不会夹带胶态的淀粉、蛋白质等物质。石油醚抽出物比较接近真实的脂类。

这两种溶剂只能直接提取游离的脂肪，对于结合态的脂类，必须预先用酸或碱破坏脂类与非脂的结合后才能提取。因二者各有特点，故常常混合使用。氯仿——甲醇是另一种有效的溶剂，它对脂蛋白、磷脂的提取效率较高，特别适用于水产品、家禽、脂肪的提取。

食品的种类不同，其脂肪的含量及存在形式不同，因此测定脂肪的方法也就不同。常用的测定脂肪的方法有：索氏提取法、酸水解法、罗紫－哥特里法、巴布科克氏法和盖勃氏法、氯仿——甲醇提取法等。过去普遍采用索氏提取法，该法至今仍被认为是测定多种食品脂类含量的具有代表性的方法，但对某些样品其测定结果往往偏低。酸水解法能对包括结合脂在内的全部的脂类进行测定。罗紫——哥特里法、巴布科克氏法和盖勃氏法主要用于乳及乳制品中的脂类的测定。

项目二 重量法

任务1 索氏提取法

一、适用范围

这个方法适用于食品中的游离脂肪含量较高，结合态的脂类含量较少，不易吸湿结块的样品的测定。此法对大多数样品结果比较可靠，但费时间，溶剂用量大，且需专门的玻璃仪器。

二、原理

将经样品预处理后干燥磨细的样品用无水乙醚或石油醚等溶剂回流提取，使样品中的脂肪进入溶剂中，回收溶剂后所得到的残留物，即为脂肪（或粗脂肪）。由于食品中还含有磷脂、色素、树脂、蜡状物、挥发油、糖脂等物质，所以用索氏提取法测得的脂肪，也称粗脂肪。

三、仪器

索氏抽提器（图10-1）、电热恒温水浴锅、粉碎机、电子天平、电热恒温箱。

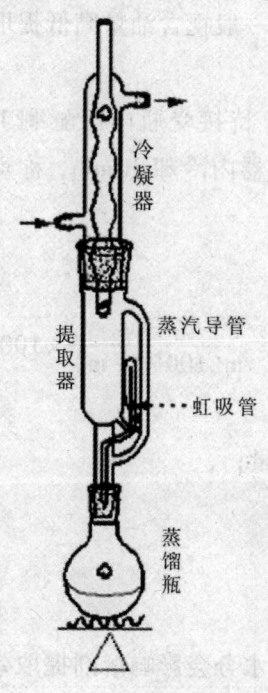

图10-1 索氏抽提器

四、试剂

1. 无水乙醚或石油醚
2. 海砂

五、操作步骤

1. 滤纸筒的准备。取 20cm×8cm 的滤纸一张,卷在光滑的圆形木棒上,木棒直径比索氏抽提器中滤纸筒的直径小 1~1.5mm,将一端约 3cm 纸边摺入,用手捏紧,形成袋底,取出圆木棒,在纸筒底部衬一块脱脂棉,用木棒压紧,纸筒外面用脱脂线捆好,在 100℃~105℃ 下烘干至恒重。

2. 样品处理

(1) 固体样品:精密称取干燥并研细的样品 2~5g(可取测定水分后的样品),必要时拌以海砂,无损地移入滤纸筒内。

(2) 半固体或液体样品:精密称取 5.0~10.0g 于蒸发皿中,加入海砂约 20g,于沸水浴上蒸干后,再于 95℃~105℃ 烘干、研细,全部移入滤纸筒内,蒸发皿及黏附有样品的玻璃棒都用沾有乙醚的脱脂棉擦净,将棉花一同放进滤纸筒内等,最后再用脱脂棉塞入上部,压住试样。

3. 抽提

将滤纸筒放入索氏抽提器内,连接已干燥至恒重的脂肪接收瓶,由冷凝管上端加入无水乙醚或石油醚,加量为接收瓶的 2/3 体积,于水浴上(夏天 65℃,冬天 80℃左右)加热使乙醚或石油醚不断地回流提取,一般视含油量高低提取 6~12h,至抽提完全为止。

4. 回收溶剂、烘干、称重

用抽提器回收乙醚或石油醚。待接受瓶内乙醚剩 1~2mL 时,在水浴上蒸干,再于 100~105℃ 干燥 2h,取出放干燥器内冷却 30min,称重,并重复操作至恒重(两次称量之差不大于 0.0002g)。

六、结果计算

$$W = \frac{m_2 - m_1}{m(100\% - m)} \times 100\%$$

式中:W - 脂类脂肪含量;

m_2 - 接收瓶和脂肪的质量;

m_1 - 样品的质量;

m - 试样中水分的含量。

七、注意事项及说明

1. 样品应干燥后研细,样品含水分会影响溶剂提取效果,而且溶剂会吸收样品中的水分造成非脂成分溶出。装样品的滤纸筒一定要严密,放入滤纸筒时高度不要超过回流弯管,否则超过弯管的样品中的脂肪不能提尽,造成误差。

2. 对含多量糖及糊精的样品,要先以冷水使糖及糊精溶解,经过滤除去,将残渣连同滤纸一起烘干,再一起放入抽提管中。

3. 抽提用的乙醚或石油醚要求无水、无醇、无过氧化物,挥发残渣含量低。因水和醇可导致水溶性物质溶解,如水溶性盐类、糖类等,使得测定结果偏高。过氧化物会导致脂肪氧化,在烘干时也有引起爆炸的危险。

过氧化物的检查方法:取 6mL 乙醚,加 2mL 10% 碘化钾溶液,用力振摇,放置 1min 后,若出现黄色,则证明有过氧化物存在。应另选乙醚或处理后再用。

4. 提取时水浴温度不可过高,以每分钟从冷凝管滴下 80 滴左右,每小时回流 6～12 次为宜,提取过程应注意防火。

5. 在抽提时,冷凝管上端最好连接一个氯化钙干燥管,这样,可防止空气中水分进入,也可避免乙醚挥发到空气中,如无此装置可塞一团干燥的脱脂棉球。

6. 抽提是否完全,可凭经验,也可用滤纸或毛玻璃检查,由抽提管下口滴下的乙醚滴在滤纸或毛玻璃上,挥发后不留下油迹表明已抽提完全,若留下油迹说明抽提不完全。

7. 在挥发乙醚或石油醚时,切忌用直接火加热,应该用电热套、电水浴等。

8. 反复加热会因脂类氧化而增重。重量增加时,以前一次重量为准。

任务 2 酸水解法

一、适用范围

某些食品,其所含脂肪包含于组织内部,如面粉及其焙烤制品(面条、面包之类),由于乙醚不能充分渗入样品颗粒内部,或由于脂类与蛋白质或碳水化合物形成结合脂,特别是些容易吸潮、结块、难以烘干的食品,用索氏抽提法不能将其中的脂类完全提取出来,这时用酸水解法效果就比较好。即在强酸、加热的条件下,使蛋白质和碳水化合物水解,使脂类游离出来,然后再用有机溶剂提取。

本法适用于各类食品中总脂肪含量的测定,但对含磷脂较多的一类食品,如鱼类、贝类、蛋及其制品,在盐酸溶液中加热时,磷脂几乎完全分解为脂肪酸和醇,使测定结果偏低,多糖类遇强酸易炭化,会影响测定结果。本方法测定时间短,在一定程度上可防止脂类物质的氧化。

二、原理

将试样与盐酸溶液一同加热进行水解,使结合或包藏在组织里的脂肪游离出来,再用乙醚和石油醚提取脂肪,回收溶剂,干燥后称量,提取物的重量即为脂肪含量。

三、仪器

100mL 具塞刻度量筒,如图 10-2 所示。

图10-2 100mL具塞刻度量筒

四、试剂

乙醇(体积分数95%)、乙醚(无过氧化物)、石油醚(30℃~60℃)、盐酸。

五、操作步骤

1. 样品处理

(1)固体样品:精确称取约2.0g样品于50mL大试管中,加8mL水,混匀后再加10mL盐酸。

(2)液体样品:精确称取10.0g样品于50mL大试管中,加入10mL盐酸。

2. 水解

将试管放入70℃~80℃水浴中,每隔5~10min搅拌一次,至脂肪游离完全为止,约需40~50min。

3. 提取

取出试管加入10mL乙醇,混合,冷却后将混合物移入100mL具塞量筒中,用25mL乙醚分次洗涤试管,一并倒入具塞量筒中,加塞振摇1min,小心开塞放出气体,再塞好,静置15min,小心开塞,用乙醚——石油醚等量混合液冲洗塞及筒口附着的脂肪。静置10~20min,待上部液体清晰,吸出上清液于已恒重的锥形瓶内,再加5mL乙醚于具塞量筒内,振摇,静置后,仍将上层乙醚吸出,放入原锥形瓶内。

4. 回收溶剂、烘干、称重

将锥形瓶于水浴上蒸干后,于100℃~105℃烘箱中干燥2h,取出放入干燥器内冷却30min后称量,反复以上操作直至恒重。

六、结果计算

$$W = \frac{m_2 - m_1}{m(100\% - M)} \times 100\%$$

式中:W-脂类质量分数;

m_2-锥形瓶和脂类质量,g;

m_1-空锥形瓶质量,g;

m——试样的质量，g；
M——试样中水分的含量。

七、说明与注意事项

1. 测定的样品须充分磨细，液体样品需充分混合均匀，以便充分水解。
2. 水解时应防止大量水分损失，使酸浓度升高。
3. 水解后加入乙醇可使蛋白质沉淀，降低表面张力，促进脂肪球聚合，同时溶解一些碳水化合物、有机酸等。后面用乙醚提取脂肪时，因乙醇可溶于乙醚，故需加入石油醚，降低乙醇在醚中的溶解度，使乙醇溶解物残留在水层，并使分层清晰。
4. 挥干溶剂后，残留物中若有黑色焦油状杂质，是分解物与水同混入所致，会使测定值增大，造成误差，可用等量的乙醚及石油醚溶解后过滤，再次进行挥干溶剂的操作。

任务3 罗紫—哥特里(Rose – Gottlieb)法

一、适用范围

本法为国际标准化组织(ISO)联合国粮农组织(FAO)/世界卫生组织(FAO/WHO)采用，为乳及乳制品脂类定量的国际标准法。本法适用于各种液状乳(生乳、加工乳、部分脱脂乳、脱脂乳等奶油及冰激凌等能在碱性溶液中溶解的乳制等)品，也适用于豆乳或加水呈乳状的食品中脂类含量的测定。

二、原理

氨——乙醇溶液破坏乳的胶体性状及脂肪球膜，使非脂成分溶解于氨——乙醇溶液中，由脂肪游离出来，再用乙醚–石油醚提取出脂肪，蒸馏去除溶剂后，残留物即为乳脂肪。

三、仪器

100mL具塞刻度量筒或抽脂瓶(内径2.0~2.5厘米，容积100mL)。

四、试剂

250g/L氨水(相对密度0.91)；96%乙醇；乙醚；石油醚(沸程30℃~60℃)；乙醇。

五、操作步骤

取一定量样品牛奶吸取10.00mL或乳粉精密称取约1g(用10mL的60℃水，分数次溶解)于抽脂瓶中，加入1.25mL氨水，充分混匀，置60℃水浴中加热5min，再振摇2min，加入10mL乙醇，充分摇匀于冷水中冷却后，加入25mL乙醚，加塞轻轻振摇，加入25mL石油醚，加塞再振摇0.5min，静置30min，待上层液澄清时，读取醚层体积，放出一定体积醚层于一已恒重的烧瓶中，蒸馏回收乙醚和石油醚，挥干残余醚后，放入100~105℃烘箱中干燥1.5h取出放入干燥器中冷却至室温后称重，重复操作直至恒重。

六、结果计算

$$W = \frac{m_2 - m_1}{m \times \frac{V_1}{V}} \times 100\%$$

式中：W – 脂类质量分数；

m_2 – 脂肪烧瓶和脂肪含量；

m_1 – 脂肪烧瓶质量；

m – 样品质量；

V – 读取醚层总体积；

V_1 – 放出醚层。

七、说明与讨论

1. 乳类脂肪虽然也属游离脂肪，但因脂肪球被乳中酪蛋白钙盐包裹，又处于高度分散的胶体分散系中，故不能直接被乙醚、石油醚提取，需预先用氨水处理，故此法也称为碱性乙醚提取法。

2. 加入石油醚的作用是降低乙醚极性，使乙醚与水不混溶，只抽提出脂肪，并可使分层清晰。

项目三　容量法

任务1　巴布科克法

一、适用范围

这种方法是适用于鲜乳及乳制品脂肪的测定。对含糖多的乳品（如甜炼乳、加糖乳粉等），采用此方法时糖易焦化，使结果误差较大，故不适宜。样品不需要事前烘干，操作简便、快速。对大多数样品来说测定可满足要求，但不如重量法准确。

二、原理

用浓硫酸溶解乳中的乳糖和蛋白质等非脂成分，将牛奶中的酪蛋白钙盐转变成可溶性的重硫酸酪蛋白，使脂肪球膜被破坏，脂肪游离出来，再利用加热离心，使脂肪完全迅速分离，直接读取脂肪层的数值，便可知被测乳的含脂率。

三、仪器

(1) 巴布科克氏乳脂瓶

图 10 - 3　巴布科克氏乳脂瓶

(2) 盖勃氏乳脂计

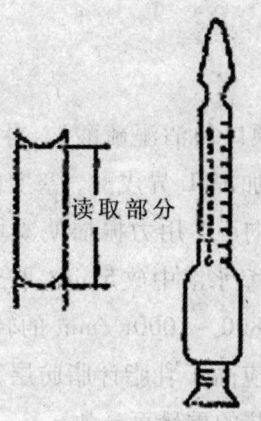

图 10 - 4　盖勃氏乳脂计

四、试剂

浓硫酸(相对密度 1.861~1.825);异戊醇(相对密度 0.811~0.812,沸程 128℃ ~132℃)

五、操作步骤

以标准移液管吸取 20℃均匀鲜乳 17.6mL,注入巴布科克氏乳脂瓶中,再量取 17.5mL 硫酸,沿瓶颈壁缓缓注入瓶中,将瓶颈回旋,使液体充分混合,至无凝块并呈均匀的棕色。置乳脂层析离心机上,以约 1000r/min 的速度离心 5min,取出加入 60℃以上的水至瓶颈基部,再置离心机中离心 2min,取出后再加入 60℃以上的水至脂肪浮到 2 或 3 刻度处,再置离心机中离心 1min,取出后置 55℃~60℃水浴中保温,5min 后立即读取脂肪层最高与最低点所占的格数,即为样品含脂肪的百分率。

六、说明

1. 硫酸的浓度要严格遵守规定的要求,如过浓会使乳炭化成黑色溶液而影响读数;过稀则不能使酪蛋白完全溶解，会使测定值偏低或使脂肪层浑浊。

2. 硫酸除可破坏脂肪球膜，使脂肪游离出来外，还可增加液体相对密度，使脂肪容易浮出。

3. 巴布科克法中采用17.6mL标准吸管取样，实际上注入巴氏瓶中的样品只有17.5mL，牛乳的相对密度为1.03，故样品重量为$7.5 \times 1.03 = 18g$。巴氏瓶颈的刻度（0~10%）共10个大格，每大格容积为0.2mL，在60℃左右，脂肪的平均相对密度为0.9，故当整个刻度部分充满脂肪时，其脂肪重量为$0.2 \times 10 \times 0.9 = 1.8g$。18g样品中含有1.8g脂肪，即瓶颈全部刻度表示为脂肪含量10%，每一大格代表1%的脂肪。故瓶颈刻度读数即为样品中脂肪百分含量。

4. 罗紫——哥特里法、巴布科克法和盖勃氏法都是测定脂肪的标准分析方法，其准确度依次降低。

任务2　盖勃氏法

在乳脂计中先加入10mL硫酸（颈口勿沾湿硫酸），再沿管壁小心地加入混匀的牛乳11mL，使样品和硫酸不要混合，然后加1mL异戊醇，塞上橡皮塞，用布把瓶口包裹住（以防振摇时酸液冲出溅蚀）使瓶口向外向下，用力振摇使凝块完全溶解，呈均匀棕色液体，静置数分钟后瓶口向下，于65℃~70℃水浴中放5min，取出擦干，调节橡皮塞使脂肪柱在乳脂计的刻度内。放入离心机中，以800~1000r/min的转速离心5min，取出乳脂计，再置65℃~70℃水浴中（注意水浴水面应高于乳脂计脂肪层），5min后取出立即读数，脂肪层上下弯月形下缘数字之差，即为脂肪的重量百分数。

项目四　仪器分析法

任务1　牛乳脂肪测定仪简介

目前较先进的牛乳脂肪测定方法是自动化仪器分析法，如丹麦的MTM型乳脂快速测定仪。它专用于检测牛乳的脂肪含量，测定范围为0~13%，测定速度快，每小时可检测80~100个样。其原理是：用螯合剂破坏牛乳中悬浮的酪蛋白胶束，使悬浮物中只有脂肪球，用均质机将脂肪球打碎并调整均匀（2μm以下），再经稀释达到能够应用朗伯——比耳定律测定的浓度范围，因而可以和通常的光吸收分析一样测定脂肪的浓度。这种仪器带有配套的稀释剂。

另一类是牛乳成分综合分析仪。该仪器是一种可同时测定牛乳中脂肪、蛋白质、乳糖和水分的仪器。其原理是：将牛乳样品加热到40℃，由均化泵吸入，在样品池中恒温、均化，使牛乳中的各成分均匀一致。由于脂肪、蛋白质、乳糖和水分在红外光谱区域中各自有独特的吸收波长,因此当红外光束通过不同的滤光片和样品溶液时被选择性地吸收,通过电子转换及参比值和样品值的对比,直接显示出牛乳中脂肪、蛋白质、乳糖和水分的百分含量。FT120牛乳扫描器,就是利用红外线分光分析法自动检测牛乳中脂肪、蛋白质、乳糖和水分含量的仪器,通过微电脑显示,并打印出检测结果。

任务2 GC法测定脂肪酸组成

一、原理

试样中的脂肪经提取后,采用酸催化或碱催化的方法,水解脂肪生成脂肪酸并甲酯化。利用脂肪酸甲酯易挥发的特性,采用GC法将其分离,用归一化法或外标法进行定量分析。

二、脂肪酸甲酯化

甲酯化脂肪酸时,可以在水解脂肪、去除不皂化物后,提取脂肪酸进行甲酯化,也可以水解、酯化进一步生成脂肪酸甲酯。在脂肪酸组成GC法中,常用的甲酯化方法有三氟化硼甲酯化法、硫酸甲酯化法、氢氧化钾甲醇甲酯化法、重氮甲烷甲酯化法等。

1. "氢氧化钾+甲醇"室温甲酯化法

称取油脂试样$100\sim150mg$,放入10mL容量瓶或10mL具塞刻度试管中,加入2mL石油醚与苯(1:1)的混合溶液使油脂溶解,再加入2mL 0.4mol/L氢氧化钾+甲醇溶液,摇匀,室温下放置10min,加蒸馏水至刻度,使石油醚和脂肪酸甲酯全部浮上。

2. 甲醇钠甲酯化法

在具塞试管中,取20mg油脂试样溶于2.5mL正己烷中,加入0.1mL 0.5mol/L甲醇钠甲醇溶液,室温下轻摇5min,然后加入约1g无水氯化钙粉末,静置1h后于$2000\sim3000r/min$下离心$2\sim3min$,上清液备用。

3. 重氮甲烷(CH_2N_2)甲酯化法

对于多不饱和脂肪酸,重氮甲烷甲酯化反应速率很快。但重氮甲烷有剧毒,浓度高时易燃易爆。对于富含短碳链脂肪酸的乳脂、椰子油等试样可用此法。

4. 硫酸+甲醇甲酯化法

取油脂试样0.5g,加入10mL无水甲醇溶液缓慢加入1mL浓硫酸,加热回流$20\sim30min$。冷却后移入分液漏斗加乙醚稍振摇后静置,分层后弃去水层,醚层用水洗至中性。乙醚萃取液经无水硫酸钠干燥后,室温下吹氮浓缩,备用。此法适用于游离脂肪酸甲酯化,也可以用于油脂的脂肪酸甲酯化。

5. 三氟化硼甲酯化法

称取油脂试样100mg于烧瓶中,加15mL 0.5mol/L氢氧化钾甲醇溶液,水浴加热回流$5\sim10min$使试样溶解。从回流管上部加入3mL三氟化硼甲醇溶液,80℃加热回流5min,

冷却后加入饱和氯化钠溶液,再加入正己烷振摇,静置,分层后上层液经无水硫酸钠干燥,备用。

三、气相色谱条件

色谱柱:3mm×2m,植物油、畜肉、内脏等试样的脂肪酸测定;3mm×3m,乳、蛋、鱼类等试样的脂肪酸测定。

固定液:8%或10%聚乙二醇丁二酸酯(DEGS)/80~100 ChromosorbWAw 载体。

载气:30~40mL/min 氮气。

进样口温度280℃,柱温190℃,程序升温为140℃~210℃,4℃/min。

检测器:氢火焰离子化检测器,温度为280℃。

思考题

1. 为什么用索氏提取法测定脂肪得到的为粗脂肪?测定中需注意哪些问题?
2. 哪些食品适合用酸水解法测定其脂肪?为什么?如何减少测定误差?
3. 简要说明罗紫——哥特里法测定脂肪的原理,适用范围及制定方法?
4. 在脂肪测定中使用的抽提剂乙醚有何要求?为什么?如何提纯乙醚?

模块十一 食品添加剂的测定

◆ **基础理论和知识**

1. 食品添加剂的定义及分类。
2. 食品添加剂的应用。
3. 食品添加剂的测定原理及方法。

◆ **基本技能及要求**

1. 了解食品添加剂的定义和分类及相关知识。
2. 了解食品添加剂的测定意义。
3. 掌握食品添加剂的常测项目和方法。
4. 掌握食品中防腐剂和护色剂的分离、提取、鉴别、定量测定方法。
5. 能熟练操作高效液相色谱仪。

◆ **学习重点**

1. 苯甲酸、山梨酸的测定原理及操作技术，测定硝酸盐、亚硝酸盐的原理和方法。
2. BHA、BHT 的测定原理及操作技术，测定二氧化硫及亚硫酸盐的原理和方法。

◆ **学习难点**

抗氧化剂和着色剂的测定。

◆ **导入案例**

在食品生产加工过程中，为使食品保持其特有的色泽，常加入漂白剂。食品中常用的漂白剂大多属于亚硫酸及其盐类，通过产生的二氧化硫的还原作用使之漂白，同时还有防腐和抗氧化作用。二氧化硫和亚硫酸盐具有一定的腐蚀性，残留量过高对人体有不良影响，须严格控制其使用量和残留量。我国《食品添加剂使用卫生标准》规定，二氧化硫、亚硫酸钠、低亚硫酸钠、焦亚硫酸钠、焦亚硫酸钾或亚硫酸氢钠可以用于蜜饯类、饼干、竹笋、蘑菇及其罐头、葡萄糖、食糖、冰糖、饴糖、糖果、液体葡萄糖、葡萄酒、果酒等食品的漂白。残留量以 SO_2 计，竹笋、蘑姑及其罐头、葡萄酒、果酒不得超过 0.05g/kg，粉丝、粉条、饼干、食糖、糖果不超过0.1g/kg。

◆讨论

当你津津有味地品尝着美味食品的时候,是否想到绝大多数食品都含有各类不同的添加剂?食品中为什么要加入添加剂?加入添加剂的食品是否安全?如何进行质量监督?

为了改善食品的品质及色、香、味,各类食品添加剂被广泛用于食品加工中。《中华人民共和国食品卫生法》对食品添加剂的定义是:"为改善食品的品质和色、香、味,以及为防腐和加工工艺的需要而加入食品中的化学合成或天然物质。"从上述定义可知:添加剂是出于技术目的而有意识加到食品中的物质,显然它不包括食品中的污染物。

当前食品添加剂已经进入到粮油、肉禽、果蔬加工等各个领域,也是烹饪行业必备的配料,并已进入家庭的一日三餐。如方便面中含有的BHA(叔丁基羟基茴香醚)、BHT(二丁基羟基甲苯)抗氧化剂,味精、肌苷酸等风味剂,磷酸盐等品质改良剂;酱油中的防腐剂苯甲酸钠、食用色素;饮料中含有的酸味剂如柠檬酸,甜味剂如甜菊苷等。为此食品中添加剂的测定已成为食品分析中的重要内容。

食品添加剂的种类繁多,我国较为常用的有300多种。食品添加剂的分类可按其来源、功能等划分。按来源分为天然食品添加剂和化学合成添加剂,按其功能和用途,可将食品添加剂分为22类。它们是:酸度调节剂、抗结剂、消泡剂、抗氧化剂、漂白剂、膨松剂、胶姆糖基础剂、着色剂、护色剂、乳化剂、酶制剂、增味剂、面粉处理剂、被膜剂、水分保持剂、营养强化剂、防腐剂、凝固剂、甜味剂、增稠剂、香料等。

项目一 防腐剂的测定

任务 知识准备

食品在存放加工和销售过程中,因微生物的作用,会导致其腐败、变质而不能食用。为延长食品的保存时间,一方面可通过物理方法控制微生物的生存条件,如温度、水分、pH等,以杀灭或抑制微生物的活动;另一方面还可用化学方法保存,即使用食品防腐剂提高食品的保藏期。防腐剂由于使用方便、高效、投资少而被广泛采用。

防腐剂有广义和狭义之分,狭义的防腐剂主要指山梨酸、苯甲酸等直接加入食品中的化学物质;广义的防腐剂除包括狭义的防腐剂外,还包括通常被认为是调料而具有防腐作用的食盐、醋、蔗糖、二氧化碳等以及那些不直接加入食品,而在食品储藏过程中应用的消毒剂和防霉剂等。

防腐剂可分为有机防腐剂和无机防腐剂。有机防腐剂有苯甲酸及其盐类、山梨酸及其盐类、对羟基苯甲酸酯类、丙酸及其盐类等。无机防腐剂有二氧化硫及亚硫酸盐类、亚硝酸盐类等。

防腐剂是人为添加的化学物质，在杀死或抑制微生物的同时，也不可避免地对人体产生副作用。表11-1列举了几种我国允许使用的防腐剂。

表11-1 常用食品防腐剂

名称	使用范围	最大使用量/(g/kg)
苯甲酸 苯甲酸钠	酱油、食醋、果汁(味)型饮料、果酱(不包括罐头)	1.0
	葡萄酒、果酒、软糖	0.8
	碳酸饮料	0.2
	低糖酱菜、酱类、蜜饯	0.5
	食品工业用塑料桶装浓缩果蔬汁	2.0
山梨酸 山梨酸钾	酱油、食醋、果酱、氢化植物油、软糖、鱼干制品、即食豆制食品、糕点、馅、面包、蛋糕、月饼、即食海蜇、乳酸菌饮料	1.0
	低糖酱菜、酱类、蜜饯、果汁(味)型饮料、果冻、胶原蛋白肠衣	0.5
	葡萄酒、果酒	0.6
	果、蔬类保鲜、碳酸饮料	0.2
	肉、鱼、蛋、禽类制品	0.075
	食品工业用塑料桶装浓缩果蔬汁	2.0
对羟基苯甲酸丙酯 (又名尼泊金丙酯)	酱油、酱料、果酱(不包括罐头)果汁(果味)型饮料食醋	0.25
		0.10
	糕点、馅	0.5 (单一或混用总量)
	果蔬保鲜	0.012
	碳酸饮料、蛋黄馅	0.20
脱氢乙酸	腐乳、酱菜、原汁橘浆	0.30
丙酸钙	生面湿制品	0.25
	面包、醋、酱油、糕点、豆制食品	2.5
丙酸钠	糕点	2.5
	杨梅罐头加工工艺	50

目前我国食品加工业多使用苯甲酸及其钠盐和山梨酸及山梨酸钾，苯甲酸在 $pH=5.0$、山梨酸在 $pH=8.0$ 以下，对霉菌、酵母和好气性细菌具有较好的抑制作用。故本节主要介绍这两种防腐剂的测定方法。

任务 2 山梨酸（钾）的测定

一、理化性质

山梨酸俗名花楸酸，化学名称为 2,4 - 己二烯酸。山梨酸及其钾盐作为酸性防腐剂，在酸性介质中对霉菌、酵母菌、好气性细菌有良好的抑制作用，可与这些微生物酶系统中的巯基结合使之失活。但对厌氧的芽孢杆菌、乳酸菌无效。山梨酸是一种不饱和脂肪酸，在肌体内可参与正常的新陈代谢，对人体无毒性，是目前被认为最安全的一类食品防腐剂。

二、分离方法

称取 100g 样品，加 200mL 水于组织捣碎机中捣成匀浆。称取匀浆 100g，加水 200mL 继续捣 1min，称取 10g 于 250ml 容量瓶中定容，摇匀，过滤备用。

三、山梨酸（钾）的测定

山梨酸（钾）的测定方法有气相色谱法、高效液相色谱法、分光光度法等。下面介绍分光光度法。

1. 测定原理

提取测定样品中山梨酸及其盐类，经硫酸——重铬酸钾氧化成丙二醛，再与硫代巴比妥酸形成红色化合物，其颜色深浅与丙二醛含量成正比，可于 530mm 处比色定量。

2. 试剂

（1）重铬酸钾——硫酸溶液。1/60mol/L 重铬酸钾与 0.15mol/L 硫酸以 1∶1 混合备用。

（2）硫代巴比妥酸溶液。准确称取 0.5g 硫代巴比妥酸于 100mL 容量瓶中，加 20mL 水，加 10ml 1mol/L 氢氧化钠溶液，摇匀溶解后再加 1mol/L 盐酸 1mL，以水定容（临时用配制，6h 内使用）。

（3）山梨酸钾标准溶液。准确称取 250mg 山梨酸钾于 250mL 容量瓶中，用蒸馏水溶解并定容（本溶液山梨酸含量为 1mg/mL，使用时再稀释为 0.1mg/mL）。

3. 仪器分光光度计、组织搞碎机、10mL 比色管。

4. 操作步骤

（1）标准曲线绘制。

吸取 0.0mL、2.0mL、4.0mL、6.0mL、8.0mL、10.0mL 山梨酸钾标准溶液于 250mL 容量瓶中，用水定容，分别吸取 2.0mL 于相应的 10mL 比色管中，加 2mL 重铬酸钾硫酸溶液，于 100℃ 水浴中加热 7min，立即加入 2.0mL 硫代巴比妥酸，继续加热 10 min，立刻用冷水冷却，于 530nm 处测吸光度，绘制标准曲线。

（2）试样测定。

吸取试样处理液 2mL 于 10mL 比色管中，按标准曲线绘制操作，于 530nm 处测吸光度，以标准曲线定量。

5. 结果计算

$$\omega_1 = \frac{m_1 \times 250 \times 10^{-3}}{m \times 2.00}$$

$$\omega_2 = \frac{\omega_1}{1.34}$$

式中：ω_1 - 山梨酸钾的质量分数；

ω_2 - 山梨酸的质量分数；

m_1 - 试液中含山梨酸钾的质量，mg；

M - 称取匀浆相当于试样质量，g；

1.34 - 山梨酸与山梨酸钾之间的换算系数；

250 - 250mL 总体积。

任务3 苯甲酸的测定

一、理化性质

苯甲酸俗称安息香酸，是最常用的防腐剂之一。因对其安全性尚有争议，此前已有苯甲酸引起叠加（蓄积）中毒的报道，故有逐步被山梨酸盐类防腐剂取代的趋势，在我国由于山梨酸盐类防腐剂的价格比苯甲酸类防腐剂要贵很多，一般多用于出口食品或婴幼儿食品，普通酸性食品则以苯甲酸（钠）应用为主。

二、分离与富集过程

称取2.50g事先混合均匀的样品，置于25ml带塞量筒中，加0.5mL盐酸（1+1）酸化，用15mL、10mL乙醚提取两次，每次振摇1min，静置分层后将上层乙醚提取液吸入另一个25mL带塞量筒中，合并乙醚提取液。用3mL氯化钠酸性溶液（40g/L）洗涤两次，静置15min，用滴管将乙醚层通过无水硫酸钠滤入25mL容量瓶中，用乙醚洗量筒及硫酸钠层，洗液并入容量瓶。加乙醚至刻度，混匀。准确吸取5mL乙醚提取液于5ml带塞刻度试管中，置40℃水浴上挥干，加入2mL石油醚——乙醚（3+1）混合溶剂溶解残渣，备用。

苯甲酸（钠）的测定有气相色谱法、紫外分光光度法、高效液相色谱法和容量法等。气相色谱法和高效液相色谱法灵敏度高，分析结果准确，随着仪器的普及，被广泛采用，下面介绍这两种方法。

1. 气相色谱法

(1) 测定原理

样品酸化后，用乙醚提取苯甲酸，用附氢火焰离子化检测器的气相色谱仪进行分离测定，与标准系列比较定量。

(2) 试剂

①乙醚：不含过氧化物。

②石油醚：沸程30℃~60℃。

③盐酸(1+1)。

④无水硫酸钠。

⑤氯化钠酸性溶液(40g/L)：于氯化钠溶液(40g/L)中加少量盐酸(1+1)酸化。

⑥苯甲酸标准溶液：准确称取苯甲酸0.2000g，置于100mL容量瓶中，用石油醚——乙醚(3+1)混合溶剂溶解并稀释至刻度(此溶液每毫升相当于2.0mg苯甲酸)。

⑦苯甲酸标准使用液：吸取适量的苯甲酸标准溶液，以石油醚——乙醚(3+1)混合溶剂稀释至每毫升相当于50μg、100μg、150μg、200μg、250μg苯甲酸。

(3)仪器：气相色谱仪，具有氢火焰离子化检测器。

(4)操作方法。

色谱参考条件：

①色谱柱：玻璃柱，内径3mm，长2m，内装涂以5% DEGS +1% H_3PO_4 固定液的60~80目 Chromosorb WAW。

②气流速度：载气为氮气，50mL/min（氮气和空气、氢气之比按各仪器型号不同，选择各自的最佳比例条件）。

③温度：进样口230℃；检测器230℃；柱温170℃。

测定：进样2μL标准系列中各浓度标准使用液于气相色谱仪中，可测得不同浓度苯甲酸的峰高，以浓度为横坐标，相应的峰高为纵坐标，绘制标准曲线，同时进样2μL样品溶液，测得峰高与标准曲线比较定量。

(5)结果计算

$$\omega = \frac{m_1 \times 10^{-6}}{m \times \left(\frac{5.00}{25.00}\right) \times \frac{V_2}{V_1} \times 1000}$$

式中：ω - 样品中苯甲酸的质量分数；

m_1 - 测定用样品液中苯甲酸的质量；

V_1 - 加入石油醚——乙醚(3+1)混合溶剂的体积；

V_2 - 测定时进样的体积，μL；

m - 样品的质量，g；

5.00 - 测定时乙醚提取液的体积，mL；

25.00 - 样品乙醚提取液的总体积 mL。

2.高效液相色谱法

(1)测定原理

试样加温除去二氧化碳和乙醇，调节pH至近中性，过滤后进高效液相色谱仪，经反相色谱分离后，根据保留时间和峰面积进行定性和定量。

(2)试剂

①甲醇:经0.5μm滤膜过滤。

②氨水(1+1)。

③乙酸铵溶液(0.02mol/L):称取1.54g乙酸铵,加水至1000ml溶解,经0.45μm滤膜过滤。

④碳酸氢钠溶液:20g/L。

⑤苯甲酸标准贮备溶液:准确称取0.1000g苯甲酸,加碳酸氢钠溶液(20g/L)5mL,加热溶解,移入100mL容量瓶中,加水定容至刻度,苯甲酸含量为1mg/mL,作为贮备溶液。

⑥苯甲酸标准使用溶液,吸取苯甲酸标准贮备溶液10.0mL,放入100mL容量瓶中,加水至刻度,经0.45μg滤膜过滤,该溶液每毫升相当于0.10mg的苯甲酸。

(3)仪器 高效液相色谱仪(带紫外检测器)

(4)操作方法

①试样处理。

a.汽水:称取5.00~10.0g试样,放入小烧杯中,微温搅拌除去二氧化碳,用氨水(1+1)调pH约为7,加水定容至10~20mL经0.45μm滤膜过滤。

b.果计类:称取5.00~10.0g试样。用氨水(1+1)调pH约为7,加水定容至适当体积,离心沉淀,上清液经0.45μm滤膜过滤。

c.配置酒类:称取10.0g试样,放入小烧杯中,水浴加热除去乙醇,用氨水(1+1)调pH约为7,加水定容至适当体积,经0.45μm滤膜过滤。

②高效液相色谱参考条件。

色谱柱:YWG-C18 4.6mm×250mm,10μm不锈钢柱。

流动相:甲醇——乙酸铵溶液(0.02mol/L)(5+95)。

流速:1mL/min。

进样量:10μL。

检测器:紫外检测器,230nm波长,0.2AUFS。

③测定。根据保留时间定性,外标峰面积法定量。

(5)结果计算

$$\omega = \frac{m' \times 10^{-3}}{m \times \frac{V_2}{V_1}}$$

式中:ω — 试样中苯甲酸的质量分数;

m' — 进样体积中苯甲酸的质量,m;

V_2 — 进样体积,mL;

V_1 — 试样稀释液总体积,mL;

m — 试样质量,g。

项目二 护色剂的测定

任务1 亚硝酸盐与硝酸盐的性质

护色剂又称呈色剂或发色剂,是食品加工中为使肉与肉制品呈现良好的色泽而适当加入的化学物质。最常使用的护色剂是硝酸盐和亚硝酸盐。硝酸盐在亚硝基化菌的作用下还原成亚硝酸盐,并在肌肉中乳酸的作用下生成亚硝酸。亚硝酸不稳定,分解产生亚硝基,并与肌红蛋白反应生成亮红色的亚硝基红蛋白,使肉制品呈现良好的色泽。

亚硝酸钠除了发色外,还是很好的防腐剂,尤其是对肉毒梭状芽孢杆菌在 pH=6 时有显著的抑制作用。

亚硝酸盐毒性较强,摄入量大可使亚铁血红蛋白(二价铁)变成高铁血红蛋白(三价铁),失去输氧能力,引起肠还原性青紫症。尤其是亚硝酸盐可与胺类物质生成强致癌物亚硝胺。权衡利弊,各国都在保证安全和产品质量的前提下严格控制其使用。我国目前批准使用的护色剂有硝酸钠(钾)和亚硝酸钠(钾),常用于香肠、火腿、午餐肉罐头等。

任务2 亚硝酸盐的测定——盐酸萘乙二胺法(格里斯试剂比色法)

一、测定原理

样品经沉淀蛋白质、除去脂肪后,在弱酸条件下亚硝酸盐与对氨基苯磺酸重氮化,再与 N-1-萘基乙二胺偶合形成紫红色染料,与标准比较定量。

二、试剂

1. 亚铁氰化钾溶液。称取 106.0g 亚铁氰化钾[$K_4Fe(CN)_6 \cdot 3H_2O$]用水溶解,并稀释至 1000mL。

2. 乙酸锌溶液。称取 220.0g 乙酸锌[$Zn(CH_3COO)_2 \cdot 2H_2O$],加 30mL 冰醋酸溶于水,并稀释至 1000mL。

3. 饱和硼砂溶液。称取 5.0g 硼酸钠($Na_2B_4O_7 \cdot 10H_2O$),溶于 100mL 热水中,冷却后备用。

4. 对氨基苯磺酸溶液(4g/L)。称取 0.4g 对氨基苯磺酸,溶于 100mL 20% 盐酸中,置棕色瓶中混匀,避光保存。

5. 盐酸萘乙二胺溶液(2g/L)。称取 0.2g 盐酸萘乙二胺,溶解于 100mL 水中,混匀后,置棕色瓶中,避光保存。

6. 亚硝酸钠标准储备溶液。准确称取 0.1000g 于硅胶干燥器中干燥 24h 的亚硝酸钠,加水溶解移入 500mL 容量瓶中,加水稀释至刻度,混匀,此溶液每毫升相当于 200μg 的亚硝酸钠。

7. 亚硝酸钠标准使用液。临用前，吸取亚硝酸钠标准储备溶液 5.00mL，置于 200mL 容量瓶中，加水稀释至刻度，此溶液每毫升相当于 5.0μg 的亚硝酸钠。

三、仪器

小型绞肉机、分光光度计。

四、操作步聚

1. 样品处理

称取 5.0g 经绞碎混匀的样品，置于 50mL 烧杯中，加 12.5mL 饱和硼砂溶液，搅拌均匀，以 70℃ 左右的水约 300mL 将试样洗入 500mL 容量瓶中，于沸水浴中加热 15min，取出后冷却至室温，然后一面转动，一面加入 5mL 亚铁氰化钾溶液，摇匀，再加入 5mL 乙酸锌溶液，以沉淀蛋白质。加水至刻度，摇匀，放置 0.5h，除去上层脂肪，清液用滤纸过滤，弃去初滤液 30mL，滤液备用。

2. 测定

吸取 40.0mL 上述滤液于 50mL 带塞比色管中，另吸取 0.00mL、0.20mL、0.40mL、0.60mL、0.80mL、1.00mL、1.50mL、2.00mL、2.50mL 亚硝酸钠标准使用液（相当于 0g、1μg、2μg、3μg、4μg、5μg、7.5μg、10μg、12.5μg 亚硝酸钠），分别置于 50mL 带塞比色管中，于标准管与试样管中分别加入 2mL 对氨基苯磺酸溶液（4g/L），混匀，静置 3~5min 后各加入 1mL 盐酸萘乙二胺溶液（2g/L），加水至刻度，混匀，静置 15min，用 2cm 比色皿，以空白液调节零点，于波长 538nm 处测吸光度，绘制标准曲线比较，同时做试剂空白对照。

3. 结果计算

$$\omega = \frac{m' \times 10^{-6}}{m \times (\frac{V_2}{V_1})}$$

式中：ω - 样品中亚硝酸盐的质量分数；

　　　m - 样品质量，g；

　　　m' - 测定用样液中含亚硝酸盐的质量，μg；

　　　V_1 - 样品处理液总体积，mL；

　　　V_2 - 测定用样液体积，mL。

任务3 硝酸盐的测定——镉柱法

一、测定原理

样品经沉淀蛋白质、除去脂肪后,溶液通过镉柱,使其中的硝酸根离子还原成亚硝酸根离子,在弱酸性条件下,亚硝酸根与对氨基苯磺酸重氮化后,再与盐酸萘乙二胺偶合形成红色染料,测得亚硝酸盐总量,由总量减去亚硝酸盐含量即得硝酸盐含量。

二、试剂

1. 氨缓冲溶液(pH = 9.6 ~ 9.7)

量取 20mL 盐酸,加 500mL 水,混匀后加 50mL 氨水,再加水稀释至 1000mL,混匀。

2. 稀氨缓冲液

量取 50mL 氨缓冲溶液,加水稀释至 500mL,混匀。

3. 盐酸溶液(0.1mol/L)

4. 硝酸钠标准溶液

准确称取 0.1232g 于 110℃ ~ 120℃ 干燥至恒重的硝酸钠,加水溶解,移入 500mL 容量瓶中并稀释至刻度。此溶液每毫升相当于 200μg 亚硝酸钠。

5. 亚硝酸钠标准使用液

临用时吸取硝酸钠标准溶液 2.50mL 置于 100mL 容量瓶中,加水稀释至刻度。此溶液每毫升相当于 5μg 亚硝酸钠。

6. 亚硝酸钠标准使用液

见亚硝酸盐测定(盐酸萘乙二胺法)。

三、仪器(镉柱)

1. 海绵状镉的制备

投入足够的锌皮或锌棒于 500mL 硫酸镉溶(200g/L)中经 3 ~ 4h,当其中的镉全部被锌置换后,用玻璃棒轻轻刮下,取出残余锌棒,使镉沉底,倾去上层清液,以水用倾泻法多次洗涤,然后移入组织捣碎机中,加水 500mL,捣碎约 2s,用水将金属细粒洗至标准筛上,取 20 ~ 40 目的部分。

2. 镉柱的装填

如图 11-1 所示。用水装满镉柱玻璃管,并装入 2cm 高的玻璃棉做垫,将玻璃棉压向柱底时,应将其中所包含的空气全部排出,在轻轻敲击下加入海绵状镉至 8 ~ 10cm 高,上面用 1cm 高的玻璃棉覆盖,上置一储液漏斗,末端要穿过橡皮塞与镉柱玻璃管紧密连接。

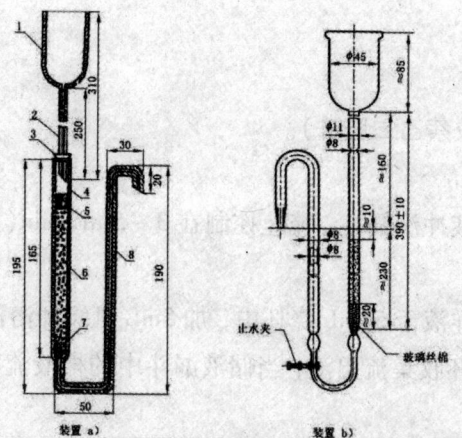

说明:1-贮液漏斗,内径35mm,外径37mm;2-进液毛细管,内径0.4mm,外径6mm;3-橡皮塞;4-镉柱玻璃管,内径12mm,外径16mm;5,7-玻璃棉;6-海面状镉;8-出液毛细管,内径2mm,外径8mm

图 11-1 镉柱示意图

如无上述镉柱玻璃管时,可以25mL酸式滴定管代用。当镉柱填装好后,先用25mL盐酸(0.1mol/L)洗涤,再以水洗两次,每次25mL,镉柱不用时用水封盖,随时都要保持水平面在镉层之上,不得使镉层中夹有气泡。

镉柱每次使用完毕后,应先以25mL盐酸(0.1mol/L)洗涤,再以水洗两次,每次25mL,最后用水封盖镉柱。

3. 镉柱还原效率的测定

吸取20mL硝酸钠标准使用液,加入5mL稀氨缓冲液,混匀后,吸取20mL于50mL烧杯中,加5mL氨缓冲溶液,混合后注入储液漏斗中,使流经镉柱还原,以原烧杯收集流出液,当储液漏斗中的容液流完后,再加5mL水置换柱内留存的溶液。

将全部收集液如前再经镉柱还原一次,第二次流出液收集于100mL容量瓶中,继以水流经镉柱洗涤3次,每次20mL洗液一并收集于同一容量瓶中,加水至刻度,混匀。

取10.0mL还原后的溶液(相当10μg亚硝酸钠)于50mL比色管中,加入2mL对氨基苯磺酸溶液(4g/L),混匀静置3~5min后各加入1mL盐酸萘乙二胺溶液(2g/L),加水至刻度,混匀,静置15min,用2cm比色皿,以空白液调节零点,于波长538nm处测吸光度,绘制标准曲线比较,同时做试剂空白对照。根据标准曲线计算测得结果,与加入量一致,还原效率大于98%为符合要求。

4. 计算式

$$X = \frac{m}{10} \times 100\%$$

式中:X-还原效率;

m-测得亚硝酸盐的质量,μg;

10-测定用溶液相当亚硝酸盐的质量,μg。

四、操作步骤

1. 试样处理

见亚硝酸盐测定（盐酸萘乙二胺法）。

2. 测定

先以 25mL 稀氨缓冲液冲洗镉柱，流速控制在 3～5mL/min（以滴定管代替的可控制在 2～3mL/min）。

吸取 20mL 处理过的样液于 50mL 烧杯中，加 5mL 氨缓冲溶液，混合后注入储液漏斗，使流经镉柱还原，以原烧杯收集流出液，当储液漏斗中的样液流完后，再加 5mL 水置换柱内留存的样液。

将全部收集液如前再经镉柱还原一次，第二次流出液收集于 100mL 容量瓶中，继以水流经镉柱洗涤三次，每次 20mL 洗液一并收集于同一容量瓶中，加水至刻度，混匀。

亚硝酸钠总量的测定：

吸取 10～20mL 还原后的样液于 50mL 比色管中，另吸取 0.00mL、0.20mL、0.40mL、0.60mL、0.80mL、1.00mL、1.50mL、2.00mL、2.50mL 亚硝酸钠标准使用液（相当于 0μg、1μg、2μg、3μg、4μg、5μg、7.5μg、10μg、12.5μg 亚硝酸钠），分别置于 50mL 带塞比色管中，于标准管与试样管中分别加入 2mL 对氨基苯磺酸溶液（4g/L），混匀，静置 3～5min 后各加入 1mL 盐酸萘乙二胺溶液（2g/L），加水至刻度，混匀，静置 15min，用 2cm 比色皿，以空白液调节零点，于波长 538nm 处测吸光度，绘制标准曲线比较，同时做试剂空白对照。

五、结果计算

$$\omega = \left(\frac{m_1 \times 10^{-6}}{m \times \frac{V_1}{V_2}} \times \frac{V_4}{V_3} - \frac{m_2 \times 10^{-6}}{m \times \frac{V_6}{V_5}} \right) \times 1.232$$

式中：ω – 试样中硝酸盐的质量分数；

　　　m – 试样的质量，g；

　　　m_1 – 经镉粉还原后测得的亚硝酸钠的质量，μg；

　　　m_2 – 直接测得的亚硝酸钠的质量，μg；

　　　1.232 – 亚硝酸钠换算成硝酸钠的系数；

　　　V_1 – 测得的总亚硝酸钠的试样处理液总体积，mL；

　　　V_2 – 测得的总亚硝酸钠的测定用样液体积，mL；

　　　V_3 – 经镉柱还原后样液总体积，mL；

　　　V_4 – 经镉柱还原后样液的测定用样液体积，mL；

　　　V_5 – 直接测亚硝酸钠的试样处理液总体积，mL；

　　　V_6 – 直接测亚硝酸钠的试样处理液的测定用样液体积，mL。

项目三 抗氧化剂的测定

任务1 知识准备

日常生活中常遇到这样的情形:含油脂的食品会酸败、褐变、变味,而导致食品不能食用,其原因是食品储存过程中,发生了一系列化学、生物变化,尤其是氧化反应,即在酶或某些金属的催化作用下,食品中所含易于氧化的成分与空气中的氧反应,生成醛、酮、醛酸、酮酸等一系列酸败物质。因此为防止或延缓食品成分的氧化变质,在其加工过程中要加入一定的抗氧化剂保护食品的质量。

抗氧化剂可按其溶解性和来源分类,按溶解性分类有油溶性与水溶性两类,油溶性的如丁基羟基茴香醚(BHA)、二丁基羟基甲苯(BHT)、叔丁基对苯二酚(TBHQ)、没食子酸丙酯(PG)等;水溶性的有异抗坏血酸及其盐类等。

按来源分类可分为天然与人工合成两类,天然的如 DL-α-生育酚、茶多酚等,人工合成的有叔丁基羟基茴香醚等。近年来由于人们对化学合成品的疑虑使得天然抗氧化剂受到越来越多的重视,如经由微生物发酵制成的异抗坏血酸的用量上升很快。茶多酚是我国近年开发的天然抗氧化剂,在国内外颇受欢迎,其抗氧活性约比维生素 E 高 20 倍,且具一定的抑菌作用。但目前而言天然抗氧化剂仍处于研发阶段,真正应用不多,无论是天然还是人工抗氧化剂都不是十全十美,因食品的性质、加工方法不同,一种抗氧化剂很难适合各种各样的食品要求。

各国允许使用的抗氧化剂的品种有所不同,美国 24 种,德国 12 种,日、英 11 种,我国 15 种。下表列出了部分抗氧化剂的使用标准(GB 2760-2011)。

表 11-1 抗氧化剂的使用标准

名称	使用范围	最大使用量/(g/kg)
丁基羟基茴香醚(叔丁基-4-羟基茴香醚)(BHA)	食用油脂、油炸食品、干鱼制品、饼干、方便面、速煮米、果仁罐头、腌腊肉制品	0.2
二丁基羟基甲苯(2,6-二叔丁基对甲酚)(BHT)		
没食子酸丙酯(PG)		0.1
D-异抗坏血酸钠	果蔬罐头、肉类罐头、果酱、冷冻鱼	1.0
	啤酒	0.04
	葡萄酒、果蔬汁饮料类	0.15
	肉制品	0.50

任务2 丁基羟基茴香醚(BHA)和二丁基羟基甲苯(BHT)的测定——分光光度法

一、测定原理

样品通过水蒸气蒸馏，使 BHT 分离，用甲醇吸收，遇邻联二茴香胺与亚硝酸钠溶液生成橙红色物质，用三氯甲烷提取，与标准比较定量。

二、试剂

1. 无水氯化钙
2. 甲醇
3. 三氯甲烷
4. 亚硝酸钠溶液(3g/L)

避光保存。

5. 邻联二茴香皮溶液

称取 125mg 邻联二茴香胺于 50mL 棕色容量瓶中，加 25mL 甲醇，振摇使全部溶解，加 50mg 活性炭，振摇 5min，过滤，取 20mL 滤液、置于另一 50mL 棕色容量瓶中，加盐酸(1+11)至刻度。临用时现配并避光保存。

6. BHT 标准溶液

准确称取 0.050g BHT 用少量甲醇溶解，移入 100mL 棕色容量瓶中，并稀释至刻度，避光保存。此溶液每毫升相当于 0.50mg BHT。

7. BHT 标准使用液

临用时吸取 1.0mL BHT 标准溶液，置于 50mL 棕色容量瓶中，用甲醇稀释至刻度，混匀，避光保存。此溶液每毫升相当于 10.0μg BHT。

三、仪器

水蒸气蒸馏装置、甘油浴、分光光度计。

四、操作步骤

1. 样品处理

称取 2~5g 样品(约含 0.40mg BHT)于 100mL 蒸馏烧瓶中，加 16g 无水氯化钙粉末及 10mL 水，当甘油浴温度达到 165℃恒温时，将蒸馏烧瓶浸入甘油浴中，连接好水蒸气发生装置及冷凝管，冷凝管下端浸入盛有 50mL 甲醇的 200mL 容量瓶中，进行蒸馏，蒸馏速度为 1.5~2mL/min，在 50~60min 内收集约 100mL 馏出液(连同原盛有的甲醇共约 150mL，蒸汽压不可过高，以免油滴带出)，以温热的甲醇分次洗涤冷凝管，洗液并入容量瓶中并稀释至刻度。

2. 测定

准确吸取 25mL 上述处理后的样品溶液，移入用黑纸(布)包扎的 100mL。分液漏斗中，另准确吸取 0.0mL、1.0mL、2.0mL、3.0mL、4.0mL、5.0mL BHT 标准使用液（相当于 0μg、10μg、20μg、30μg、40μg、50μg BHT），分别置于黑纸（布）包扎的 60mL 分液漏斗，加入甲醇（50%）至 25mL，分别加入 5mL 邻联二茴香胺溶液，混匀，再各加 2mL 亚硝酸钠溶液（3g/L），振摇 1min，放置 10min，再各加 10mL 三氯甲烷，剧烈振摇 1min，静置 3min 后，将三氯甲烷层分入黑纸（布）包扎钓 10mL 比色管中，管中预先放入 2mL 甲醇，混匀。用 1cm 比色皿，以三氧甲烷调节零点，于波长 520nm 处测吸光度，绘制标准曲线比较。

五、结果计算

$$\omega = \frac{m' \times 10^{-6}}{m \times \frac{V_2}{V_1}}$$

式中：ω — 试样中 BHT 的质量分数；

m' — 测定用样液中 BHT 的质量，μg；

m — 试样质量，g；

V_1 — 蒸馏后样液总体积，mL；

V_2 — 测定用吸取样液的体积，mL。

六、说明及注意事项

在重复性条件下获得的两次独立测定结果的绝对差值不得超过算术平均值的 10%。

任务 3 没食子酸丙酯(PG)的测定

一、原理

试样经石油醚溶解，用乙酸铵水溶解提取后，没食子酸丙酯(PG)与亚铁酒石酸盐起颜色反应，在波长 540nm 处测定吸光度，与标准比较定量。测定试样相当于 2g 时，最低检出浓度为 25mg/kg。

二、仪器

分光光度计。

三、试剂

1. 石油醚

沸程 30℃~60℃。

2. 乙酸铵溶液(100g/L 及 16.7g/L)。

3. 显色剂

取 0.100g 硫酸亚铁 $FeSO_4 \cdot 7H_2O$ 和 0.500g $NaKC_4H_4O_6 \cdot 4H_2O$ 加水溶解、稀释至 100mL 临用前配制。

4. PG 标准溶液

准确称取0.0100g PG溶于水中,移入200mL容量瓶中,并用水稀释至刻度。此溶液每毫升含50.0μg PG。

四、操作步骤

1. 试样处理

称取10.00g试样,用100mL石油醚溶解,移入250mL分液漏斗中,加20mL乙酸铵溶液(16.7g/L),振摇2min,静置分层,将水层放入125mL分液漏斗中(如乳化,连同乳化层一起放下),石油醚层再用20mL乙酸铵溶液(16.7g/L)重复提取两次,合并水层。石油醚层用水振摇洗涤两次,每次15mL,水洗涤并入同一125mL分液漏斗中,振摇静置。将水层通过干燥滤纸滤入100mL容量瓶中,用少量水洗涤滤纸,加2.5mL乙酸铵溶液(100g/L),加水至刻度,摇匀。将此溶液用滤纸过滤,弃去初滤液的20mL,收集滤液供比色测定用。

2. 测定

吸取20.0mL上述处理后的试样提取液于25mL具塞比色管中,加入1mL显色剂,加4mL水,摇匀,另准确吸取0.0mL、1.0mL、2.0mL、4.0mL、6.0mL、8.0mL、10.0mL PG标准溶液(相当于0μg、50μg、100μg、200μg、300μg、400μg、500μg PG)分别置于25mL具塞比色管中,加入2.5mL乙酸铵溶液(100g/L),准确加水至24mL,加入1mL显色剂,摇匀,用1cm比色皿,以空白液调节零点,在波长540nm处测定吸光度,绘制标准曲线比较。

五、结果计算

$$\omega = \frac{m' \times 10^{-6}}{m \times \frac{V_2}{V_1}}$$

式中:ω - 试样中PG的质量分数;

m' - 滴定用样液中PG的质量,μg;

m - 试样质量,g;

V_1 - 提取后样液总体积,mL;

V_2 - 测定用吸取样液的体积,mL。

计算结果精确到小数点后两位,在重复性条件下获得的两次独立测定结果的绝对差值不得超过算术平均值的10%。

项目四 漂白剂和着色剂的测定

任务1 漂白剂的测定

一、知识准备

在食品生产加工过程中,为使食品保持其特有的色泽,常加入漂白剂。漂白剂是破坏或抑制食品的发色因素。使食品褪色或免于褐变的物质。食品中常用的漂白剂大都属于亚硫酸及其盐类，通过其所产生的二氧化硫的还原作用使之褪色，同时还有抑菌及抗氧化等作用，广泛应用于食品的漂白与保藏。

根据食品添加剂的使用标准，漂白剂的使用不应对食品的品质、营养价值及保存期产生不良影响。二氧化硫和亚硫酸盐本身无营养价值，也不是食品的必需成分，而且还有一定的腐蚀性，少量摄取时，经体内代谢成硫酸盐，从尿排出体外，一天摄取 4~6g 可损害肠胃，造成剧烈腹泻，因此对其使用量有严格的限制。如国家标准规定，残留量以 SO_2 计，竹笋、蘑菇残留量不得超过 25mg/kg，饼干、食糖、罐头不得超过 50mg/kg；赤砂糖及其他不得超过 100mg/kg。

二、亚硫酸盐（二氧化硫）的测定

测定二氧化硫和亚硫酸盐的方法有：盐酸副玫瑰苯胺分光光度法、中和滴定法、蒸馏法、高效液相色谱法和极谱法等。本节介绍盐酸副玫瑰苯胺分光光度法。

（一）原理

亚硫酸盐与四氯汞钠反应生成稳定的络合物，再与甲醛及盐酸副玫瑰苯胺作用生成紫红色络合物，与标准系列比较定量。

（二）试剂

1. 四氯汞钠吸收液

称取 13.6g 氯化汞及 6.0g 氯化钠，溶于水中并稀释 1000mL，放置过夜，过滤后备用。

2. 氨基磺酸铵溶液（12g/L）

称取 1.2g 氨基磺酸铵于 50mL 烧杯中，用水转入 100mL 容量瓶中，定容。

3. 甲醛溶液（2g/L）

吸取 0.55mL 无聚合沉淀的甲醛（36%），加水定容至 100mL，混匀。

4. 淀粉指示液

称取 1g 可溶性淀粉，用少许水调成糊状，缓缓倾入 100mL 沸水中，随加随搅拌，煮沸，放冷备用。该指示液临时现配。

5. 亚铁氰化钾溶液

称取 10.6g 亚铁氰化钾 $[K_4Fe(CN)_6 \cdot 3H_2O]$，加水溶解并稀释至 100mL。

6. 乙酸锌溶液

称取 22g 乙酸锌 $[Zn(CH_3COO)_2 \cdot 2H_2O]$ 溶于少量水中，加入 3mL 冰醋酸，加水稀释至 100mL。

7. 盐酸副玫瑰苯胺溶液

称取 0.1g 盐酸副玫瑰苯胺（$C_{19}H_{18}N_2Cl \cdot 4H_2O$）于研钵中，加少量水研磨使溶解并稀释至 100mL。取出 20mL，置于 10mL 容量瓶中，加盐酸（1+1），充分摇匀后使溶液由红变黄，如不变黄再滴加少量盐酸至出现黄色，再加水稀释至刻度，混匀备用（如无盐酸副玫瑰苯胺可用盐酸品红代替）。

盐酸副玫瑰苯胺的精制方法：

称取20g盐酸副玫瑰苯胺于40mL水中,用50mL盐酸(1+5)酸化,徐徐搅拌,加4~5g活性炭,加热煮沸2min。将混合物倒入大漏斗中,过滤(用保温漏斗趁热过滤)。滤液放置过夜,出现结晶,然后再用布氏漏斗抽滤,将结晶再悬浮于1000mL乙醚——乙醇(10:1)的混合液中,振摇3~5min,以布氏漏斗抽滤,再用乙醚反复洗涤至醚层不带色为止,于硫酸干燥器中干燥,研细后储于棕色瓶中保存。

8. 碘溶液 $C(\frac{1}{2}I_2) = 0.100 \text{mol/L}$

称取12.7g碘用水定容至100mL,混匀。

9. 硫代硫酸钠标准溶液 0.1000mol/L

10. 二氧化硫标准溶液

(1)配制

称取0.5g亚硫酸氢钠,溶于200mL四氯汞钠吸收液中,放置过夜。上清液用定量滤纸过滤备用。

(2)标定

吸取10.0mL亚硫酸氢钠——四氯汞钠溶液于250mL碘量瓶中,加100mL水,准确加入20.00mL碘溶液(0.05mol/L)5mL冰醋酸,摇匀,放置于暗处2min后迅速以0.1000mol/L硫代硫酸钠标准溶液滴定至淡黄色,加0.5mL淀粉指示液,继续滴定至无色。

另取100mL水,准确加入0.05mol/L碘溶液20.0mL、5mL冰醋酸,按同一方法作做试剂空白试验。按下式计算二氧化硫标准溶液的浓度。

$$\rho = \frac{(V_2 - V_1)C \times 32.03}{10.00}$$

式中:ρ — 二氧化硫标准溶液的浓度,mg/mL

V_1 — 用亚硫酸氢钠-四氯汞钠溶液消耗硫代硫酸钠标准溶液的体积,mL;

V_2 — 试剂空白消耗硫代硫酸钠标准溶液的体积,mL;

C — 硫代硫酸钠标准溶液的浓度,mol/L;

32.03 —

与每毫升硫代硫酸钠(0.1000mol/L)标准溶液相当的二氧化硫的质量,mg。

11. 二氧化硫使用液

临用前将二氧化硫标准溶液以四氯汞钠的吸收液稀释成每毫升相当于2μg二氧化硫。

12. 氢氧化钠溶液(20g/L)

13. 硫酸(1+71)

(三)仪器

分光光度计。

(四)操作步骤

1. 样品处理

(1)水溶性固体样品

如白砂糖等可称取约10.00g均匀样品(样品量可视二氧化硫含量而定),以少量水溶解,置于100mL容量瓶中,加入4mL氢氧化钠溶液(20g/L),5min后加入4mL硫酸(1+71),然后加入20mL四氯汞钠吸收液,以水稀释至刻度。

(2)其他固体样品

如饼干、粉丝等可称取5.0~10.0g研磨均匀的样品,以少量水湿润并移入100mL容量瓶中,然后加入20mL四氯汞钠吸收液浸泡4h以上,若上层溶液不澄清可加入亚铁氰化钾溶液及乙酸锌溶液各2.5mL,最后加水稀释至100mL刻度,过滤后备用。

(3)液体样品

如葡萄酒等可直接吸取5.0~10.0mL样品,置于100mL容量瓶中,以少量水稀释,加20mL四氯汞钠吸收液摇匀,最后加水至刻度混匀,必要时过滤备用。

2.测定

吸取0.5~5.0mL上述样品处理液于25mL带塞比色管中。另吸取0.00mL、0.20mL、0.40mL、0.60mL、0.80mL、1.00mL、1.50mL、2.00mL二氧化硫标准使用液(相当于0.0μg、0.40μg、0.80μg、1.2μg、1.6μg、2.0μg、3.0μg、4.0μg二氧化硫)分别置于25mL带塞比色管中。于样品及标准管中各加入四氯汞钠吸收液至10mL,然后再加入1mL氨基磺酸铵溶液(12g/L)、1mL甲醛溶液(2g/L)、1mL甲醇溶液(2g/L)及1mL盐酸副玫瑰苯胺溶液摇匀,放置20min。用1cm比色皿,以空白液调节零点,于波长550nm处测吸光度,绘制标准曲线比较。

(五)结果计算

$$\omega = \frac{m' \times 100 \times 10^{-6}}{mV}$$

式中:ω—样品中二氧化硫的质量分数;

m'—测定用样液中二氧化硫的含量,μg;

m—样品质量,g;

V—测定用样液的体积,mL;

任务2 着色剂的测定

一、知识准备

着色剂是使食品着色和改善食品色泽的物质,或称食用色素。食用色素按其来源可分为食用天然色素和食用合成色素两大类。

1.食用天然色素

食用天然色素是从有色的动、植物体内提取,经进一步分离精制而成。国内外使用的食用色素绝大多数都是食用合成色素。

2. 食用合成色素

合成色素因其着色力强、易于调色，在食品加工过程中稳定性能好和价格低廉等优点，在食用色素中占主要地位。合成色素多以煤焦油为起始原料，且在合成过程中可能受铅、砷等有害物质污染，因此在使用的安全性上，其争论要比其他类的食品添加剂更为突出和尖锐。各国对合成色素的研究、开发和使用都极为谨慎。我国许可使用的合成色素有9种：苋菜红、胭脂红、诱惑红、新红、柠檬黄、日落黄、靛蓝、亮蓝、赤藓红。前六种为偶氮类化合物，占绝大多数。表11-2列举了几种常用的食品着色剂。

表11-2 常用食品着色剂的使用卫生标准

名称	使用范围	最大使用量(g/kg)
苋菜红	果汁（味）饮料类、碳酸饮料、配制酒、糖果、糕点上彩装、青梅，山楂制品、渍制小菜	0.05
胭脂红	豆奶饮料	0.025
	红肠肠衣	0.025
	虾（味）片	0.05
	糖果包衣	0.10
	冰激凌	0.025
赤藓红	调味酱	0.05
新红	果汁（味）饮料类、碳酸饮料、配制酒、糖果、糕点上彩装、青梅	0.05
柠檬黄	果汁（味）饮料类、碳酸饮料、配制酒、糖果、糕点上彩装、西瓜酱罐头、青梅，虾（味）片、渍制小菜、红绿丝	0.10
日落黄	果汁（味）饮料类、碳酸饮料、配制酒、糖果、糕点上彩装、西瓜酱罐头、青梅，乳酸菌饮料、植物蛋白饮料、虾（味）片	0.10
亮蓝	果汁（味）饮料类、碳酸饮料、配制酒、糖果、糕点上彩装、染色樱桃罐头（系装饰用）青梅，虾（味）片、冰激凌	0.025
靛蓝	渍制小菜	0.01
红花黄	果汁（味）饮料类、碳酸饮料、配制酒、糖果、糕点上彩装、红绿丝、罐头、青梅、冰激凌、冰棍、果冻、蜜饯	0.20
紫胶红（虫胶红）	果蔬汁饮料类、碳酸饮料、配制酒、糖果、果酱、调味酱	0.50
中绿素铜钠盐	配制酒、糖果、青豌豆罐头、果冻、冰棍、冰激凌、糕点上彩装、雪糕、饼干	0.50
越橘红	果汁（味）饮料类、冰激凌	正常生产需要

二、食用合成色素的测定——高效液相色谱法

（一）原理

食品中人工合成着色剂用聚酰胺吸附法或液——液分配法提取，制成水溶液，注入高效液相色谱仪，经反相色谱分离，根据保留时间定性，与峰面积比较进行定量。

（二）试剂

1. 正己烷

2. 盐酸

3. 乙酸

4. 甲醇

经滤膜(0.5μm)过滤

5. 聚酰胺粉（尼龙6）

过200目筛

6. 乙酸铵溶液(0.02mol/L)

称取1.54g乙酸铵，加水至1000mL溶解，经滤膜(0.45μm)过滤。

7. 氨水

取2mL氨水，加水至100mL混匀。

8. 氨水——乙酸铵溶液(0.02mol/L)

取氨水0.5mL加乙酸铵溶液(0.02mol/L)1000mol混匀。

9. 甲醇——甲酸溶液(6+4)

取甲醇60mL、甲酸40mL混匀。

10. 柠檬酸溶液

取20g柠檬酸($C_6H_8O_7 \cdot H_2O$)加水至100mL，溶解混匀。

11. 无水乙醇－氨水－水溶液(7+2+1)

取无水乙醇70mL、氨水20mL、水10mL混匀。

12. 三正辛胺正丁醇溶液(5%)

取三正辛胺5mL，加正丁醇至100mL混匀。

13. 饱和硫酸钠溶液

14. 硫酸钠溶液(2g/L)

15. pH=6的水

水加柠檬酸溶液调pH=6。

16. 合成着色剂标准溶液

准确称取按其纯度折算为100%质量的柠檬黄、日落黄、苋菜红、胭脂红、新红、赤藓红、亮蓝、靛蓝各0.100g，置于100mL容量瓶中，加pH为6的水至刻度，配成水溶液(1.00mg/mL)。

17.合成着色剂标准使用液

临用时上述溶液加水稀释20倍,经0.45μm滤膜过滤。配成每毫升相当50.0μg的合成着色剂。

(三)仪器

高效液相色谱仪(带紫外检测器,254nm波长)。

(四)操作步骤

1.样品处理

(1)橘子汁、果味水、果子露汽水等

称取20.0～40.0g放入100mL烧杯中,含二氧化碳样品加热驱除二氧化碳。

(2)配制酒类

称取20.0～40.0g放入100mL烧杯中,加入小碎瓷片数片,加热驱除乙醇。

(3)硬糖、蜜饯类、淀粉软糖等

称取5.00～10.00g粉碎样品,放入100mL小烧杯中,加水30mL,温热溶解,若样品溶液pH较高,则用柠檬酸溶液调pH至6左右。

(4)巧克力豆及着色糖衣制品

称取5.00～10.00g试样放入100mL小烧杯中,用水反复洗涤色素,至巧克力豆无色素为止,合并色素漂洗液为样品溶液。

2.色素提取

(1)聚酰胺吸附法

样品溶液加柠檬酸溶液调pH至6,加热至60℃,将1g聚酰胺粉加少许水调成粥状,倒入样品溶液中,搅拌片刻,以G3垂溶漏斗抽滤,用60℃ pH=4的水洗涤3～5次,然后用甲醇-甲酸混合溶液洗涤3～5次(含赤藓红的样品用液——液分配法处理),再用水洗至中性,用乙醇-氨水——水混合溶液解吸3～5次,每次5mL,收集解吸液,加乙酸中和,蒸发至近干,加水溶解,定容至5mL。经滤膜(0.45μm)过滤,取10μL进高效液相色谱仪。

(2)液——液分配法(适用于含赤藓红的样品)

将制备好的样品溶液放入分液漏斗中,加2mL盐酸、三正辛胺正丁醇溶液(5%)10～20mL,振摇提取,分取有机相,重复提取,直到有机相无色,合并有机相,用饱和硫酸钠溶液洗两次,每次10mL,分取有机相放蒸发皿中,水浴加热浓缩至10mL,转移至分液漏斗中,加60mL正己烷,混匀,加氨水提取2～3次,每次5mL,合并氨水溶液层(含水溶性酸性色素),用正己烷洗2次,氨水层加乙酸调成中性,水浴加热蒸发近干,加水定容至5mL。经滤膜(0.45μm)过滤,取10μL进高效液相色谱仪。

3.高效液相色谱参考条件

色谱柱:YWG-C18 10μm不锈钢柱4.6mm(内径)×250mm

流动相：甲醇——0.02mol/L 乙酸铵溶液（pH = 4）

梯度洗脱：甲醇：20%~35%，3%/min；35%~98%，9%/min；98%继续6min。

流速：1 mL/min

紫外检测器：254nm 波长

4. 测定

取相同体积样液和合成着色剂标准使用液分别注入高效液相色谱仪，根据保留时间定性，外标峰面积法定量。

5. 结果计算

$$\omega = \frac{m_1 \times 10^{-6}}{m \times \frac{V_2}{V_1}}$$

式中：—样品中着色剂的质量分数；

m_1 – 样液中着色剂的质量，μg；

V_2 – 进样体积，mL；

V_1 – 样品稀释总体积，mL；

m – 样品质量，g。

思考题

1. 食品添加剂的常规检测项目有哪些？对食品添加剂进行检验的目的是什么？
2. 护色剂在肉制品加工中的主要功能有哪些？
3. 食品防腐剂的定义及原理是什么？
4. 盐酸萘乙二胺比色法测定亚硝酸盐的原理是什么？
5. 抗氧化剂添加到食品中有什么作用？常用的抗氧化剂有哪些？
6. 一般采用什么方法测定抗氧化剂？
7. 怎样用高效液相色谱法完成合成色素的测定？

模块十二 维生素的测定

◆ **基础理论和知识**

1. 掌握食品中维生素 A、维生素 B、维生素 C、维生素 D 的性质。
2. 掌握食品中维生素的测定原理。

◆ **基本技能及要求**

1. 掌握维生素的提取方法。
2. 掌握维生素 A、维生素 B、维生素 C、维生素 D、维生素 E 的测定方法。

◆ **学习重点**

色法。

◆ **学习难点**

样品前期处理。

◆ **导入案例**

日常生活中的饮食，不仅提供大量的碳水化合物、丰富的蛋白质、脂肪等营养物质，还含有各种各样的维生素。食品中既有脂溶性维生素，又有水溶性维生素。脂溶性维生素 A 又名视黄醇，只存在于动物组织中，在植物体内则以胡萝卜素的形式存在。维生素 A 为条状淡黄色晶体，熔点 62℃~64℃，不溶于水，能溶于乙醇、甲醇、氯仿、乙醚和苯等有机溶剂，易被氧化破坏，对酸不稳定。

◆ **讨论**

1. 乳粉中含有哪些维生素？
2. 维生素对人体有哪些生理功能？

项目一 维生素的种类

维生素是维持人体正常生理功能必需的一类天然有机化合物,它们的种类很多,目前经确认的有30多种,其中被认为对维持人体健康和促进发育至关重要的有20余种,维生素对人体的主要功用是通过作为辅酶的成分调节代谢,需要量极少,但绝对不可缺少,维生素一般在体内不能合成或合成数量较少,不能充分满足机体需要,必须经常由食物来供给。

维生素可分为脂溶性维生素和水溶性维生素,脂溶性维生素有维生素A、维生素D、维生素E、维生素K等,水溶性维生素有维生素C和维生素B,在这些维生素中,人体比较容易缺乏而在营养上又较重要的维生素有:维生素A、维生素D、维生素E、维生素B_1、维生素B_2、烟酸、维生素B_6、维生素C。

维生素检验的方法主要有化学分析法及仪器分析法。仪器分析法中紫外、荧光法是多种维生素的标准分析方法,它们灵敏、快速,有较好的选择性。另外,各种色谱法以其独特的高分离效能,在维生素分析方面占有越来越重要的地位。化学分析法中的比色法、滴定法,具有简便、快速、不需特殊仪器等优点,正为广大基层实验室所普遍采用。

项目二 维生素A的测定

任务1 维生素A的性质

维生素A是由β-紫罗酮环与不饱和一元醇所组成的一类化合物及其衍生物的总称,包括维生素A_1和维生素A_2,维生素A即视黄醇,它有多种异构体,维生素A_2即3-脱氢视黄醇,是视黄醇(维生素A)衍生物之一,它也有多种异构体。其化学结构式如下:

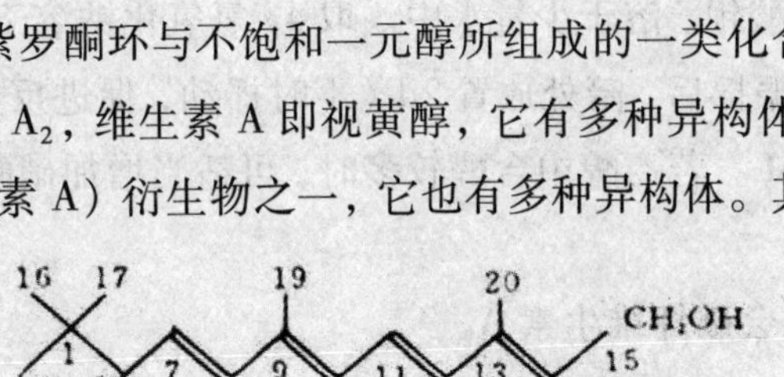

视黄醇(维生素A_1)

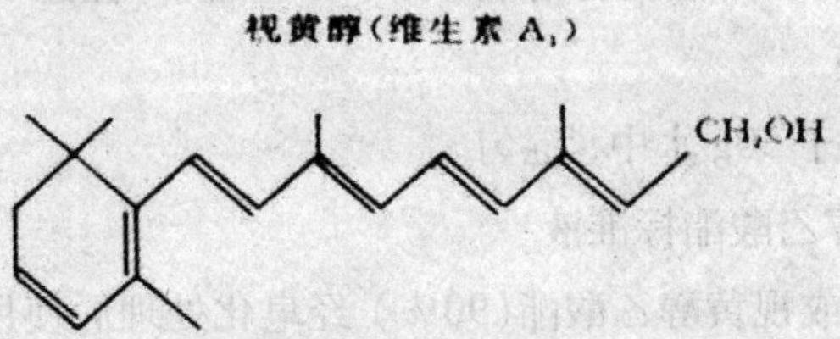

3脱氢视黄醇(维生素A_2)

维生素A_1还有许多种衍生物,包括视黄醛(维生素A末端的—CH_2OH氧化成-

CHO)、视黄酸(—CHO 进一步被氧化成—COOH)、3-脱氢视黄醛、3-脱氢视黄酸及其各类异构体,它们也都具有维生素 A 的作用,总称为类视黄素。

维生素 A 的测定方法有三氯化锑比色法、紫外分光光度法、荧光法、气相色谱法和高效液相色谱法等,其中比色法应用最为广泛。

任务 2 三氯化锑比色法

一、原理

维生素 A 在三氯甲烷中与三氯化锑相互作用,产生蓝色物质,其深浅与溶液中所含维生素 A 的含量成正比。该蓝色物质虽不稳定,但在一定时间内可用分光光度计于 620nm 波长处测定其吸光度。

二、试剂

1. 无水硫酸钠(不吸附维生素 A)
2. 己酸酐
3. 无水乙醚(不含有过氧化物)

检查方法:取 5mL 乙醚加 1mL 10% 碘化钾溶液,振摇 1min,如果含过氧化物则放出游离碘,水层呈黄色;或加入 4 滴 0.5% 淀粉溶液,水层呈蓝色。

去除过氧化物的方法:重蒸乙醚时,弃去 10% 初馏液和 10% 残留液。

4. 无水乙醇(不得含有醛类物质)

检查方法:在盛有 2mL 银氨溶液的小试管中,加入 3~5 滴无水乙醇,摇匀,放置冷却后,若有银镜反应则表示乙醇中含有醛。

脱醛方法:取 2% 硝酸银,溶于少量水中。取 4g 氢氧化钠溶于乙醇中。将两者倾入盛有 1L 乙醇的试剂瓶内,振摇后,暗处放置 2d(不时摇动,促进反应),经过滤,置蒸馏瓶中蒸馏,弃去初馏液 50mL。若乙醇中含醛较多时,可适当增加硝酸银用量。

5. 三氯甲烷

应不含分解物,否则会破坏维生素 A。

6. 250g/L 三氯化锑三氯甲烷溶液

用二氧甲烷配制 250g/L 三氯化锑溶液,储于棕色瓶中(注意勿使吸收水分)。

7. 50% 氢氧化钾溶液

取 50g 氢氧化钾,溶于 50g 水中,混匀。

8. 维生素 A 或视黄醇乙酸酯标准液

视黄醇(纯度 85%)或视黄醇乙酸酯(90%)经皂化处理后使用,用脱醛乙醇溶解维生素 A 标准品,使其浓度大约为 1mL 相当于 1mg 视黄醇,临用前用紫外分光光度法标定其准确浓度。

9. 酚酞指示剂。

用 95 % 乙醇配制 10g/L 溶液。

三、仪器和设备

分光光度计、回流冷凝装置。

四、操作步骤

1. 样品处理

根据样品性质，可采用皂化法或研磨法。

(1)皂化法。适用于维生素 A 含量不高的样品，可减少脂溶性物质的干扰，但全部试验过程费时，且易导致维生素 A 损失。

皂化：根据样品中维生素 A 含量的不同，称取 0.5~5g 样品于锥形瓶中，加入 10mL 氢氧化钾及 20~40mL 乙醇，于电热板上回流 30min 至皂化完全为止。

提取：将皂化瓶内混合物移至分液漏斗中，以 30mL 水洗皂化瓶，洗液并入分液漏斗。如有残渣，可用脱脂棉漏斗滤入分液漏斗内。用 50mL 乙醚分两次洗皂化瓶，洗液并入分液漏斗中。振摇并及时放气，静置分层后，水层放入第二个分液漏斗内。皂化瓶再用约 30mL 乙醚分 2 次冲洗，洗液倾入第二个分液漏斗中。振摇后，静置分层，水层放入锥形瓶中，醚层与第一个分液漏斗合并。重复至水液中无维生素 A 为止。

洗涤：用约 30mL 水加入第一个分液漏斗中，轻轻振摇，静置片刻后，放去水层，加 15~20mL 0.5mo/L 氢氧化钾液于分液漏斗中，轻轻振摇后，弃去下层碱液，去除醚溶性酸皂。继续用水洗涤，每次用水约 30mL 直至洗涤液与酚酞指示剂呈无色为止(大约 3 次)，醚层液静置 10~20min，小心放出析出的水。

浓缩：将醚层液经过无水硫酸钠滤入锥形瓶中，再用约 25mL 乙醚冲洗分液漏斗和硫酸钠 2 次，洗液并入锥形瓶内。置水浴上蒸馏，收回乙醚。待瓶中剩约 5mL 乙醚时取下，用减压抽气法至干，立即加入一定量的三氯甲烷使溶液中维生素 A 含量在适宜浓度范围内 (3~5μg/mL)。

(2)研磨法。适用于每克样品维生素 A 含量大于 5~10μg 样品的测定，如动物肝的检测。步骤简单，省时，结果准确。

研磨：精确称 2~5g 样品，放入盛有 3~5 倍样品质量的无水硫酸钠研钵中，研磨至样品中水分完全被吸收，并均质化。

提取：小心地将全部均质化样品移入带盖的锥形瓶内，准确加入 50~100mL 乙醚。紧压盖子，用力振摇 2min，使样品中维生素 A 完全溶于乙醚中。使其自行澄清(大约需 1~2h)，或离心澄清(因乙醚易挥发，气温高时应在冷水浴中操作。装乙醚的试剂瓶也应事先放入冷水浴中)。

浓缩：取澄清乙醚液 2~5mL 放入比色管中抽气蒸干，立即加入 1mL 三氯甲烷溶解残渣。

2. 测定

（1）标准曲线的制备

准确量取一定量的维生素 A 标准液于 4~5 个容量瓶中，以三氯甲烷配制标准系列。再取相同数量的比色管顺次取 1mL 三氧甲烷和标准系列使用液 1mL，各管加入乙酸酐 1 滴，制成标准比色管序列。于 620nm 波长处，以三氯甲烷调节吸光度至零点，将其标准比色管序列按顺序移入光路前，迅速加入 9mL 三氧化锑——三氯甲烷溶液，于 6s 内测定吸光度，以吸光度为纵坐标，以维生素 A 含量为横坐标，绘制标准曲线。

（2）样品测定

于一比色管中加入 10mL 三氯甲烷，以 1 滴乙酸酐为空白液。另一比色管中加入 1mL 三氯甲烷，其余比色管中分别加入 1mL 样品溶液及 1 滴乙酸酐。其余步骤同标准曲线的制备。

五、计算

$$X = \frac{C}{m} \times V \times \frac{100}{1000}$$

式中：X – 样品中维生素 A 的含量，$\mu g/100g$（或国际单位，每国际单位 = $0.3\mu g$ 维生素 A）；

C – 由标准曲线上查得样品中维生素 A 的含量，$\mu g/mL$；

m – 样品质量，g；

V – 提取后加三氯甲烷定量的体积，mL；

100 – 以每百克样品计。

六、说明及注意事项

1. 本法为国家标准方法，适用于食品中维生素 A 的测定。

2. 乙醚为溶剂的萃取体系，易发生乳化现象。在提取前，洗涤操作中，不要用力过猛，若发生乳化，可加几滴乙醇消除乳化。

3. 所用氯仿中不应含有水分，因三氯化锑遇水会出现沉淀，干扰比色测定。故在每 1mL 氯仿中应加入乙酸酐 1 滴，以保证脱水。

4. 由于三氧化锑与维生素 A 所产生的蓝色物质很不稳定，通常 6s 以后便开始褪色，因此要求反应在比色皿中进行，产生蓝色后立即读取吸光度值。

5. 如果样品中含 β – 胡萝卜素（如奶粉、禽蛋等食品）干扰测定，可将浓缩蒸干的样品用正己烷溶解，以氧化铝为吸附剂，丙酮—己烷混合液为洗脱剂进行柱层析。

6. 三氯化锑腐蚀性强，不能沾在手上，三氯化锑遇水生成白色沉淀，因此用过的仪器要先用稀盐酸浸泡后再进行清洗。

项目三 维生素 D 的测定

任务 1 三氯化锑比色法（AOAC 法）

一、原理

在三氯甲烷溶液中，维生素 D 与三氯化锑结合生成一种橙黄色化合物，呈色强度与维生素 D 的含量成正比。

二、试剂

1. 250g/L 三氯化锑——三氯甲烷溶液

将 25g 干燥的三氯化锑迅速投入装有 100mL 三氯甲烷的棕色试剂瓶中，振摇，便之溶解，再加入无水硫酸钠 10g，用时吸取上层清液。

2. 三氧化锑——三氯甲烷 - 乙酰氯溶液

在试剂 1 中加入为其体积 3% 的乙酰氯，摇匀。

3. 无水乙醚

同比色法测定维生素 A 试剂中 3。

4. 无水乙醇

同比色法测定维生素 A 试剂中 4。

5. 石油醚（沸程 30℃ ~60℃）。

6. 维生素 D 标准溶液

称取 0.25g 维生素 D，用三氯甲烷稀释至 100mL，此液浓度为 2.5mg/mL 临用时以三氯甲烷配制成 0.025 ~2.5μg/mL 的标准使用液。

7. 聚乙二醇 600（PEG - 600）

8. 白色硅藻土 Celite 545（柱层析载体）

9. 氨水

10. 无水硫酸钠

11. 0.5mol/L 氢氧化钾溶液

12. 中性氧化铝。层析用，100 ~2000 目。在 550℃ 灰化炉中活化 5.5h，降温至 300℃ 左右取出后装瓶。冷却后，每 100g 氧化铝加入 4mL 水，用力振摇，使无块状，瓶口封紧储存于干燥器内，16h 后使用。

三、操作步骤

1. 样品处理皂化与提取

步骤同维生素 A 的测定。如果样品中有维生素 A 共存，可用以下方法进行分离纯化。

(1) 分离柱的制备

取一支内径为2.2cm,具有活塞和砂芯板的玻璃层析柱。

第一层:加入1~2g无水硫酸钠,铺平整。

第二层:称取15g Celite 545置于250mL碘量瓶中,加入80mL石油醚,振摇2min,再加入10mL聚乙二醇600,剧烈振摇10min,使其黏合均匀,然后倾入层析柱内。

第三层:加5g中性氧化铝。

第四层:加入2~4g无水硫酸钠。

轻轻地转动层析柱,使第二层的高度保持在12cm左右。

(2) 纯化

先用30~50mL石油醚淋洗分离柱,然后将样品提取液倒入柱内,再用石油醚继续淋洗。弃去10mL最初收集的滤液,再用200mL容量瓶收集淋洗液至刻度。淋洗速度保持在2~3mL/min。

将淋洗液移入500mL分液漏斗中,每次加100~150mL水,洗涤3次(去除残留的聚乙二醇,以免与三氯化锑作用形成浑浊物,影响比色)。

将上述石油醚层通过无水硫酸钠脱水后,置于浓缩器中减压浓缩至干或在水浴上用水泵减压抽干,立即加入5mL三氯甲烷溶解备用。

2. 测定

(1) 标准曲线的绘制

准确吸取维生素D标准使用液(浓度视样品中维生素D含量高低而定)0.0mL、1.0mL、2.0mL、3.0mL、4.0mL、5.0mL于10mL比色管中,用三氯甲烷定容。取上述标准比色液各1mL于1cm比色皿中,立即加入三氯化锑——三氧甲烷乙酰氯溶液3mL,在500nm波长下,于2min内测定吸光度,绘制标准曲线。

(2) 样品测定

吸取样品纯化液1mL于1cm比色皿中,按标准曲线的绘制操作,于500nm处测吸光度,以标准曲线定量。

四、结果计算

根据样品溶液的吸光度值在标准曲线上查出相应的含量,然后按下式计算。

$$X = \frac{CV}{m \times 1000} \times 100$$

式中:X — 样品中维生素D的含量,mg/100g;

C — 标准曲线上查得样品溶液中维生素D的含量,μg/mL(如按国际单位,每国际单位=0.025μg维生素D);

V — 样品提取后用三氯甲烷定容的体积,mL;

m — 样品质量,g。

五、说明及注意事项

1. 食品中维生素 D 的含量一般很低，而维生素 A、维生素 E、胆固醇、谷甾醇等成分的含量往往大大超过维生素 D 的含量，严重干扰维生素 D 的测定，因此测定前必须经柱层析除去这些干扰成分。

2. 操作时加入乙酰氯可以消除温度的影响，可使灵敏度比仅用三氯化锑提高约 3 倍，并可减少部分甾醇的干扰。

3. 此法不能区分维生素 D_2 和维生素 D_3，测定值为两者的总量。

项目四　维生素 E 的测定

食品中维生素 E 的测定方法有比色法、荧光法、气相色谱法和液相色谱法。比色法操作简单，灵敏度较高，但对维生素 E 没有特异的反应，需要采取一些方法消除干扰。荧光法特异性强、干扰少、灵敏、快速、简便。高效液相色谱法具有简便、分辨率高等优点，可在短时间内完成同系物的分离定量，是目前测定维生素 E 最好的分析方法。

任务　比色法

一、原理

维生素 E 能将高价铁离子还原为低价铁离子，低价铁离子与 α,α'-联吡啶发生颜色反应，可以进行比色测定。

二、试剂

1. 乙醚

同比色法测定维生素 A 中试剂 3。

2. 甲醇

3. 无水乙醇

同比色法测定维生素 A 中试剂 4。

4. 20g/L 氢氧化钾溶液

5. 2mol/L 氢氧化钾甲醇溶液

6. 0.5% α,α'-联吡啶无水乙醇溶液

7. 0.2% 三氯化铁无水乙醇溶液

新鲜配制。

8. 吸附剂 FloridinXS

在 50g 吸附剂中加入 100mL 盐酸，置沸水浴上 1h，放置室温，倾出酸液。再加入 100mL 盐酸，搅拌均匀，30min 后将酸弃去，用水洗至中性。然后，用乙醇和苯相继洗涤，

在室温下晾干备用。

9. 维生素 E 标准溶液

α-生育酚(298nm)、γ-生育酚(294nm)、6-生育酚(298nm),纯度皆为 95%。用乙醇分别溶解以上三种维生素 E 标准品,使其浓度大约为 1mg/mL。临用前以紫外分光光度法分别标定其准确浓度。用无水乙醇稀释成浓度为 5μg/mL 的标准使用液。

三、操作步骤

1. 样品处理

(1)皂化。取 1g 脂肪提取液于脂肪瓶中,加入 2mL 2mol/L 氢氧化钾甲醇溶液。连接回流冷凝管,在氮气流中于 72℃~74℃温度下皂化数分钟。皂化液用 8mL 甲醇稀释,并移入分液漏斗中,加 10mL 水。后用乙醚萃取 3 次,每次 30~50mL。合并乙醚液,用 200mL 水分三次洗涤,再用 2% 氢氧化钾洗涤一次,最后用水洗至中性。将乙醚提取液经过无水硫酸钠柱或漏斗脱水,在二氧化碳气流中,减压蒸发至干,遂用 5mL 苯溶解。

(2)纯化。取处理好的吸附剂装满 12mm×30cm 的分离柱,用苯润湿。将上述样液倾入柱中,用苯淋洗至洗出液容积为 25mL。若柱层上出现微蓝绿色带,为类胡萝卜素;出现暗蓝色带,为维生素 A。如果没有类胡萝卜素存在,可直接用 25mL 苯溶解残渣。

2. 样品测定

取适量样液(1~2mL)于 25mL 比色管中。加入 0.2% 三氯化铁乙醇溶液 1mL,摇匀。加 0.5% α,α′-联吡啶的乙醇溶液 1mL,用无水乙醇定容。摇匀,放置 10min 后于 520nm 波长处读取吸光度值,同时做空白试验。

3. 标准曲线的绘制

根据样液浓度,分别吸取一定量的维生素 E 标准使用液配制成标准系列,按样品测定步骤读取吸光度值,绘制标准曲线。

四、计算结果

同维生素 A 的测定。1 国际单位维生素 E 相当于 1.1mg α-维生素 E。

五、说明及注意事项

1. 维生素 E 在碱性条件下与空气接触易被氧化,因此在皂化时,用氮气流保护,也可加入焦性没食子酸作为抗氧化剂,防止维生素 E 的氧化。

2. 此方法的反应没有特异性,当有其他还原性物质存在时,同样能与 Fe^{3+} 反应生成 Fe^{2+},使测定结果偏高,故处理前应将它们除去。

3. 也可采用 4,7-二苯基-1,10-菲啰啉作为发色剂,其灵敏度比 α,α′-联吡啶高 2.4 倍。

4. 维生素 E 的各种异构体与试剂的反应速率、呈色强度各不相同,如 δ-维生素 E 的显色强度比 δ-维生素 E 强 30%。当样品中的维生素 E 主要是 α-维生素 E,其他异构体含量很低时,此法测得的总维生素E量与真值相近,若样品中α-维生素E少,而其他异构体含量较多时,用本法测定的结果与真值往往有差异。特别是会有大量δ-维生素E时,测得值比真值偏高。

5. 由于光能促进维生素E氧化,因此应尽可能避光操作。

项目五 维生素C的测定

任务1 维生素C的性质

维生素C是一种己醛糖醛基酸,有抗坏血病的作用,所以又称作抗坏血酸。维生素C广泛存在于植物组织中,新鲜的水果、蔬菜,特别是枣、辣椒、苦瓜、柿子叶、猕猴桃、柑橘等食品中含量尤为丰富。

维生素C具有较强的还原性,对光敏感,氧化后的产物称为脱氢抗坏血酸,仍然具有生理活性,进一步水解则生成2,3-二酮古乐糖酸,失去生理作用。在食品中这三种形式均有存在,但主要是前两者,因此许多国家的食品成分表均以抗坏血酸和脱氢抗坏血酸的总量表示。

测定维生素C的方法有2,6-二氯靛酚滴定法、2,4-二硝基苯肼比色法、荧光法及高效液相色谱法。2,6-二氯靛酚滴定法测定的是还原型抗坏血酸,该法简便,也较灵敏,但特异性差,样品中的其他还原性物质(如Fe^{2+}、Sn^{2+}、Cu^{2+}等)会干扰测定,使测定值偏高,对深色样液滴定终点不易辨别。2,4-二硝基苯肼比色法和荧光法测得的是抗坏血酸和脱氢抗坏血酸的总量。高效液相色谱法可以同时测得抗坏血酸和脱氢抗坏血酸的含量,具有干扰少,准确度高,重现性好,灵敏、简便,快速等优点,是上述几种方法中最先进、可靠的方法。

任务2 2,4-二硝基苯肼比色法

一、原理

总抗坏血酸包括还原型、脱氢型和二酮古乐糖酸,样品中还原型抗坏血酸经活性炭氧化为脱氢抗坏血酸,再与2,4-二硝基苯肼作用生成红色的脎,根据脎在硫酸溶液中的含量与总抗坏血酸含量成正比,在520nm处进行比色定量。

二、试剂

1. 4.5mol/L H_2SO_4

谨慎地加250mL硫酸(相对密度1.84)于700mL水中,冷却后用水稀释至1000mL。

2. 硫酸(9+1)

谨慎地加 900mL 硫酸(相对密度 1.84)于 100mL 水中。

3.20g/L 2,4-二硝基苯肼溶液

溶解 2.0g 2,4-二硝基苯肼于 100mL 4.5mol/L 硫酸溶液中,过滤。不用时存于冰箱内,每次用前必须过滤。

4.20g/L 草酸溶液

溶解 20g 草酸($H_2C_2O_4$)于 700mL 水中,稀释至 1000mL。

5.10g/L 草酸溶液

稀释 500mL 20g/L 草酸溶液到 1000mL。

6.10g/L 硫脲溶液

溶解 5g 硫脲于 500mL 10g/L 草酸溶液中。

7.20g/L 硫脲溶液

溶解 10g 硫脲于 500mL 10g/L 草酸溶液中。

8.1mol/L HCl

取 100mL 盐酸,加入水中,并稀释至 1200mL。

9.抗坏血酸标准溶液

溶解 100mg 纯抗坏血酸于 100mL 10g/L 草酸中,配成每毫升相当于 1mg 抗坏血酸。

10.活性炭

将 100g 活性炭加到 750mL 1mol/L 盐酸中回流 1~2h,过滤,用水洗数次,至滤液中无铁离子(Fe^{3+})为止后置于 110℃ 烘箱中烘干。

检验铁离子方法:利用普鲁士蓝反应。将 2g/L 亚铁氰化钾与盐酸(1+99)等量混合,将上述洗出滤液滴入,如有铁离子则产生蓝色沉淀。

三、仪器和设备

恒温箱(37±0.5)℃,可见紫外分光光度计、组织捣碎机。

四、操作步骤

1.样品的制备

(1)鲜样的制备

称 100g 鲜样和 100mL 20g/L 草酸溶液,倒入捣碎机中打成匀浆,取 10~40g 匀浆(含 1~2mg 抗坏血酸)倒入 100mL 容量瓶中,用 10g/L 草酸溶液稀释至刻度,混匀。

(2)干样制备

称 1~4 干样(含 1~2mg 抗坏血酸)放入乳钵内,加入 10g/L 草酸溶液磨成匀浆,倒入 100mL 容量瓶内,用 10g/L 草酸溶液稀释至刻度,混匀。

将(1)和(2)液过滤,滤液备用。不易过滤的样品可用离心机沉淀后,倾出上清液,过滤,备用。

2. 氧化处理

取 25mL 上述滤液，加入 2g 活性炭振摇 1min，过滤，弃去最初数毫升滤液。取 10mL 此氧化提取液加入 10mL 20g/L 硫脲溶液，混匀。

3. 呈色反应

(1) 于三个试管中各加入 4mL 经氧化的样品稀释液。一个试管作为空白对照，在其余试管中加入 1.0mL 20g/L 2,4-二硝基苯肼溶液，将所有试管放入 (37±5)℃ 恒温箱或水浴中，保温 3h。

(2) 3h 后取出，除空白管外，将所有试管放入冰水中。空白管取出后使其冷到室温。然后加入 1.0mL 20g/L 2,4-二硝基苯肼溶液，在室温中放置 10~15min 后放入冰水内。其余步骤同样品。

4. 硫酸(9+1)处理

当试管放入冰水后，向每一试管中加入 5mL 硫酸(9+1)，滴加时间至少需要 1min，需边加边摇动试管。将试管自冰水中取出，在室温放置 30min 后比色。

5. 比色

用 1cm 比色皿，以空白液调零点，于 520nm 波长测吸光度值。

6. 标准曲线绘制

(1) 加 2g 活性炭于 50mL 标准溶液中，摇动 1min，过滤。

(2) 取 10mL 滤液放入 500mL 容量瓶中，加 5.0g 硫脲，用 10g/L 草酸溶液稀释至刻度，抗坏血酸浓度为 20μg/mL。

(3) 取 5mL、10mL、20mL、25mL、40mL、50mL、60mL 稀释液，分别放入 7 个 100mL 容量瓶中，用 10g/L 硫脲溶液稀释至刻度，使最后稀释液中抗坏血酸的浓度分别为 1μg/L、2μg/L、4μg/L、6μg/L、8μg/L、10μg/L、12μg/L。

(4) 按样品测定步骤形成脎并比色。

(5) 以吸光度值为纵坐标，以抗坏血酸浓度 (μg/mL) 为横坐标绘制标准曲线。

五、计算

$$X = \frac{CV}{m} \times F \times \frac{100}{1000}$$

式中：X – 总抗坏血酸含量，mg/100g；

C – 由标准曲线查得或由回归方程算得"样品氧化液"中总抗坏血酸的浓度，μg/mL；

V – 试样用 10g/L 草酸溶液定容的体积，mL；

F – 样品氧化处理过程中的稀释倍数；

m – 试样质量，g。

六、说明及注意事项

1. 本法为国家标准方法，适用于蔬菜、水果及其制品中总抗坏血酸的测定。

2. 活性炭对抗坏血酸的氧化作用,是基于其表面吸附的氧进行界面反应,加入量过低,氧化不充分,测定结果偏低;加入量过高,对抗坏血酸有吸附作用,使结果也偏低。

3. 硫脲可防止抗坏血酸继续氧化,同时促进脎的形成。最后溶液中硫脲的浓度要一致,否则影响测定结果。

4. 试管从冰浴中取出后,因糖类的存在造成显色不稳定,颜色会逐渐加深,30s后影响将减小,在加入85%硫酸后0.5min准时比色。

5. 测定波长一般为495~540nm,样品杂质多时在540nm较合适,但灵敏度较最大吸收波长(520nm)下的灵敏度降低30%。

项目六 维生素 B_2 的测定

任务1 维生素 B_2 的性质

维生素 B_2 即核黄素,在食品中以游离形式或磷酸酯等结合形式存在。膳食中的主要来源是各种动物性食品,其中以肝、肾、心、蛋、奶含量最多,其次是植物性食品的豆类和新鲜绿叶蔬菜。

测定维生素 B_2 常用的方法有荧光法和高效液相色谱法。根据核黄素在中性或酸性溶液中经光照射自身可产生黄绿色荧光,而在碱性溶液中经光照射可发生光分解产生强荧光物质。荧光法又分为测定自身荧光的核黄素荧光法和测定光分解产物荧光的光黄素荧光法。核黄素荧光法分析精度不高,适合于测定比较纯的试样。光黄素荧光法灵敏度、精密度都较高,且只要提取完全,可省去将结合型维生素 B_2 转变为游离型的操作。

液相色谱法测定维生素 B_2 具有简便、快速,可同时进行多种水溶性维生素测定等优点,是近几年发展较快的分析方法。这里只介绍核黄素荧光法。

任务2 荧光法

一、原理

样品经酸解、酶解处理使核黄素游离出来,用高锰酸钾和过氧化氢氧化其他色素和杂质,再经硅镁吸附剂进行柱层析,吸附提纯核黄素。在440nm激发波长,525nm发射波长下测定提纯液的荧光强度。之后,试液中加入低亚硫酸钠($Na_2S_2O_4$),将核黄素还原为无荧光物质,再测定残余杂质的荧光强度,荧光值之差与核黄素含量成正比。

二、试剂

1. 硅镁吸附剂:60~80目。
2. 5mol/L 无水乙酸钠溶液

3. 10%木瓜蛋白酶:用2.5mol/L乙酸钠溶液配制,用时现配。

4. 10%淀粉酶:用2.5mol/L乙酸钠溶液配制,用时现配。

5. 0.1mol/L盐酸。

6. 1mol/L氢氧化钠。

7. 0.1mol/L氢氧化钠。

8. 20%低亚硫酸钠溶液:此液用时现配。保存在冰水浴中,4h内有效。

9. 洗脱液:丙酮:冰乙酸:水(5:2:9)。

10. 0.04%溴甲酚绿指示剂:同荧光法测维生素B_2中试剂。

11. 3%高锰酸钾溶液(m/V)。

12. 3%过氧化氢溶液:取10mL 30%过氧化氢用水稀成100mL。

13. 核黄素标准溶液:准确称取50mg经真空干燥或硫酸干燥24h的核黄素标准品,加入2.4mL冰乙酸和1.5L水,在温水浴中溶解,冷却后移入2L棕色容量瓶内定容。加少许甲苯盖于溶液表面,在冰箱中保存。此液每毫升相当于25μg核黄素。取出2.00mL,置于50mL棕色容量瓶内,用水稀释至刻度。避光贮于4℃冰箱,可保存1周。此溶液浓度为1.00μg/mL。

三、操作步骤

1. 样品提取

(1)水解:称取2~10g样品(约含10~200μg核黄素)于100mL三角瓶中,加入50mL 0.1mol/L盐酸,高压水解30min。冷后,滴加1mol/L氢氧化钠,用外指示剂法调pH为4.5。

(2)酶解:对于含有淀粉的水解液如谷物样品,加入3mL 10%淀粉酶溶液;对于含高蛋白的水解液,加入3mL 10%木瓜蛋白酶溶液,分别于37℃~40℃保温16h。然后定容至100.0mL,用干滤纸过滤。

2. 氧化去杂质

根据样品中核黄素的含量,取一定体积的样品提取液及核黄素标准使用液(约含1~10μg核黄素),分别置于20mL的刻度试管中,加水至15mL各管加0.5mL冰乙酸,混匀。加3%高锰酸钾溶液0.5mL(如滤液中含杂质多,可适当增加数量),混匀,放置2min,以氧化滤液中的杂质。再滴加3%过氧化氢溶液数滴(除去多余的高锰酸钾),直至高锰酸钾的颜色褪掉。剧烈振摇试管,逸出多余氧气(如果高锰酸钾过量,出现二氧化锰微粒沉淀,应离心除去)。

3. 核黄素的吸附和洗脱

称硅镁吸附剂1g用湿法装入柱内(占柱长5cm左右),然后,将已经氧化的样液全部通过吸附柱,用约20mL热水洗去杂质。用5.00mL洗脱液洗脱核黄素并收集于带盖10mL刻度试管中,再用水洗吸附柱,收集洗液并定容至10mL。核黄素标准溶液同样按以上方法进行纯化处理。

4. 荧光测定

于激发波长 440nm 发射波长 525nm 测量样品管及标准管的荧光值。然后在各管的剩余液（约 5~7mL）中加 0.1mL 20% 低亚硫酸钠溶液，立即混匀，在 20s 内测出各管的荧光值作为样品空白值和标准空白值。

五、结果计算

$$X = \frac{U - U_b}{S - S_b} \times \frac{C \times V}{m} \times V_1 V_2 \times \frac{100}{1000}$$

式中：X – 样品中核黄素含量，mg/100g；

U – 试样水解后定容之总体积荧光强度；

U_b – 样品空白荧光强度；

S – 标准管荧光值；

S_b – 标准管空白荧光值；

C – 核黄素标准使用液浓度，μg/mL；

V – 用于氧化去杂质操作的核黄素标准使用液之体积，mL；

V_1 – 用于氧化去杂质操作的试样提取液之体积，mL；

V_2 – 试样水解后定容之总体积，mL；

m – 样品质量，g。

六、说明及注意事项

1. 核黄素对光敏感，整个操作应在暗室中进行。
2. 核黄素可被低亚硫酸还原成无荧光型，但摇动后很快就被空气氧化成有荧光物质，所以要立即测定。

思考题

1. 测定维生素 A 时，为什么要先用皂化法处理样品？
2. 维生素 B 和维生素 A 在样品处理及提取时有何不同？为什么？
3. 简要说明测定维生素 E 的原理。
4. 测定维生素 C 时注意哪些问题？
5. 在维生素 D 测定时如何制备标准曲线？

模块十三 食品包装材料及容器的检测

◆ **基础理论和知识**
1. 了解食品包装材料的分类。
2. 了解包装材料中荧光物质的检测方法。

◆ **基本技能及要求**
1. 掌握食品包装用塑料成型品中有害物质的检测方法。
2. 掌握食品用橡胶制品及内壁涂料有害物质的检测技术。

◆ **学习重点**
1. 塑料制品中酚的测定。
2. 橡胶制品中有毒物质的测定。

◆ **学习难点**
样品分析数据的处理。

◆ **导入案例**

宁波市质监局抽查食品用塑料包装膜、袋，发现6批次产品不合格，产品不合格项目为QS标志、苯类溶剂残留量项目。统计显示，一些不合格塑料包装品含有有毒有害物质，如脱色、丙烯腈单体超标等，可能造成食品安全危害。对于合格塑料制品的不当使用，也可能造成食品污染，如使用非耐高温食品级塑料包装用于高温食品或饮料，可能造成有毒物质析出。

国外食品包装的质量也不尽如人意。根据国家质检总局公布的数据，进口食品包装不合格率也在逐年升高。2015年，全国进口食品接触产品检验不合格率达五年来最高，共计检出不合格产品8331批，不合格率达7.71%。主要问题集中在塑料制品脱色、蒸发残渣及丙烯腈单体超标，涂层蒸发残渣超标，纸制品荧光物质等。

◆ **讨论**
1. 食品包装残留的危害物质有哪些？
2. 常用的食品包装材料有哪些？

项目一 概述

食品包装已成为食品生产工业中一个不可缺少的环节,在近20年中随着食品生产的迅猛发展,食品包装也上了一个台阶。然而就在包装工业飞速发展的过程中,很多企业往往把注意力放在规模、产量、物理机械性能、耐高低温要求、抗介质侵蚀这些方面,而对包装材料本身的卫生安全性能却还不够重视。所以,不少生产厂家对原辅材料的采购、使用,到生产条件的完善,直到产成品的检测,都存在着一些不卫生、不安全的隐患。总体上讲,过去大家很少关注包装材料对食品卫生安全以及包装材料对地球环境的潜在影响。因此,我国包装材料的卫生安全质量与世界先进水平相比,还有较大的差距。两三年前开始,国家对食品本身的卫生安全问题进行了监督检查,实施放心食品工程,实行了QS认证和市场准入制度。另外,国家已经成立了食品安全委员会,各省、市、自治区也相继成立了食品安全委员会,不少地方都是由省、市、自治区的主要领导担任该委员会的负责人,表明政府对这个问题的高度重视。

用于食品包装的材料很多,从使用的材料来源和使用用途可分为两大类。

任务1 按包装材料来源分类

一、塑料

1. **可溶性包装**

不必去掉包装材料,一同置入水中溶化。如速溶果汁、速溶咖啡、茶叶等饮料的内包装。

2. **收缩包装**

加热时即自行收缩,裹紧内容物,突出产品轮廓。如常用于腊肠、肉脯等聚乙烯薄膜包装。

3. **吸塑包装**

用真空吸塑热成型的包装。用此法生产成型的两个半圆透明形膜,充满糖果后捏拢呈橄榄形、葡萄形等各种果型,再用塑条贴牢,可悬挂展销。许多糖果采用此种包装。

4. **泡塑包装**

将透明塑料按所需要模式吸塑成型后,罩在食品的硬纸板或塑料板上,可供展示。如糕点、巧克力糖多采用此种包装。

5. **蒙皮包装**

将食品与塑料底板同时用吸塑法成型,在食品上蒙上一层贴体的衣服,它比收缩包装更光滑,内容物轮廓更加突出,清晰可见。如香肠的包装。

6. **拉伸薄膜包装**

将拉伸薄膜依序绕在集装板上垛的纸箱箱外,全部裹紧,以代替集装箱。

7. 镀金属薄膜包装

在空箱内,将气化金属涂覆到薄膜上,性能与铝箔不相上下,造价较低,如罐头的包装及一些饮料的包装。

二、纸与纸板

1. 可供烘烤的纸浆容器

有涂聚乙烯的纸质以及用聚乙烯聚酯涂层的漂白硫酸盐纸制成的容器。这种纸浆容器可在微波炉及常规炉上烘烤加热。

2. 折叠纸盒(箱)

使用前为压有线痕的图案,按线痕折叠后即成纸盒箱,这样方便运输,节省运输费用开支。

3. 包装纸

这种普通的包装纸是流通最多、使用最广泛的,使用时要注意国家规定的卫生标准。

三、金属

1. 马口铁罐

质量较轻,不易破碎,运输方便,但易为酸性食品所腐蚀,故采用镀锡在马口铁面上,注意镀锡的卫生标准。

2. 易开罐及其他易开器

最广泛使用的是拉环式易开罐,还有用手指掀开的液体罐头,罐盖上有两个以金属薄片封闭的小孔。用手指下掀,露出小孔,液体即可以禁中倾出,铝箔封顶的罐,外罩塑料套盖,开启时用三指捏铝箔上突出的箔片,将箔撕掉,塑盖还可以再盖上。出口的饮料常采用此种罐装。

3. 轻质铝罐头

呈长筒形,多用于盛饮料。

任务2 按包装功能分类

一、方便包装

1. 开启后可复闭的容器

如糖果盒上的小漏斗,以便少量取用。大瓶上有水龙头或小口,盖上有筒形的小盖,抽出或竖直即可倾出器内液体,塞进或横置小盖则复闭,粉状食品的塑料袋斜角开一小口,口边黏有一小铝皮,便于捏紧、折合、关闭。

2. 气雾罐

如用盛调味品、香料，同时捏罐即可将调味品喷出。

3. 软管式

如用装果酱、膏、泥状作料，挤出来抹在食品上。将有关联的食品搭配在一起，以便利消费者。如一日三餐包装在一个大盒内，每餐又另开包。

二、展示包装

即便于陈列的包装。如瓦楞箱上部呈梯形，开启后即可显示出内容物。

三、运输包装

有支架的纸箱与塑料箱，便于铲车搬运，堆垛。容器上下墙有供互相衔接的槽，如六角形罐头、有边纸箱等，便于堆高陈列。

四、专用包装

1. 饮料

从目前发展的情况来看趋向于塑料瓶或塑料小桶等。乳制品等饮料多采用砖式铝箔复合纸盒、复合塑料袋等。

2. 鲜肉、鱼、蛋的包装

鲜肉——内有透气薄膜、外用密封薄膜包装；零售展销时，去掉外层包，使空气进入，肉即恢复鲜红色。

活鱼——充氧包装，一般采用空运，使远方消费者也能吃到鲜货。

鲜蛋——充二氧化碳包装，抑制其呼吸作用，延长鲜蛋的保存期。

3. 鲜果

鲜果一般用气调储藏，运输时用保鲜纸或保鲜袋（加入一定的保鲜剂）等包装方法。

项目二 食品包装用塑料成型品的检测

塑料可分为热塑性塑料和热固性塑料。用于食品包装材料及容器的热塑性塑料有聚乙烯（PE）、聚丙烯（PP）、聚苯乙烯（PS）、聚氯乙烯（PVC）、聚碳酸酯（PC）等；热固性塑料有三聚氰胺（蜜胺）及脲醛树脂（电玉）等。本项目主要介绍食品包装用塑料成型品卫生标准和有害物质酚和苯乙烯残留量的检测方法。

任务1 食品包装用塑料成型品卫生标准的检测

一、原理

将食品包装用的各种塑料材料用各种浸泡剂对塑料制品进行溶出试验，然后到其浸泡液中有害成分的迁移量。

二、操作步骤

根据包装材料接触的食品种类而定，中性食品时可选用水作溶剂；酸性食品时4%醋酸作溶剂；碱性食品时用碳酸氢钠作溶剂；油脂食品时用正己烷作溶剂；含酒精的食品时用乙醇作溶剂。

三、测定

实验时测定不同温度、不同浸泡时间浸泡液中的溶出物的总量（以高锰酸钾消耗量计）、重金属、蒸发残渣以及各单体物质、甲醛等的含量。

四、标准

我国制定的常用塑料制品卫生标准见表13-1。

表13-1 我国对几种塑料制品的卫生标准

指标名称	浸泡条件	聚乙烯	聚丙烯	聚苯乙烯	三聚氰胺	聚氯乙烯
单体残留量	—	—	—	—	—	—
蒸发残渣量	4%醋酸	<30	<30	<30	—	<20
	65%乙醇	<30	<30	<30	—	<20
	蒸馏水	—	—	—	<10	<20
	正己烷	<60	<30	—	—	<15
高锰酸钾消耗量	蒸馏水	<10	<10	<10	<10	<10
重金属量	4%醋酸	<1	<1	<1	<1	<1
脱色试验	冷餐具	阴性	阴性	阴性	阴性	阴性
	乙醇	阴性	阴性	阴性	阴性	阴性
	无色油脂	阴性	阴性	阴性	阴性	阴性
甲醛	4%醋酸	—	—	—	—	—

任务2 塑料制品中有害物质的检测

一、酚的测定

1. 原理

在碱性溶液（pH=9~10.5）的条件下，酚类化合物与4-氨基安替吡啉经铁氰化钾氧化，生成红色的安替吡啉染料，颜色的深浅与酚类化合物的含量成正比，与标准比较定量。

2. 操作步骤

（1）标准曲线的绘制

吸取0.1mg/mL苯酚标准各0.1mL、0.2mL、0.4mL、0.8mL、1.0mL、2.0mL和2.5mL分

别置于250mL分液漏斗中，分别加入无酚水至200mL再分别加入1mL硼酸缓冲液（9份1mol/L NaOH溶液和1份1mol/L硼酸溶液配制而成）、1mL 4-氨基安替吡啉溶液（20g/L）、1mL铁氰化钾溶液（80g/L），每加入一种试剂，要充分混匀，在室温下放置10min，各加入10mL三氯甲烷，振摇2min，静置分层后将三氯甲烷层经无水硫酸钠过滤于具塞比色管中，用2cm比色皿，以空白液调节零点，于460nm波长处测定吸光度，绘制标准曲线。

(2) 样品测定

量取250mL样品水浸出液，置于500mL全磨口蒸馏瓶中，加入5mL硫酸铜溶液（100g/L），用磷酸（1:9，体积比）调节pH在4以下，加入少量玻璃珠进行蒸馏，在200mL或250mL容量瓶中预先加入5mL氢氧化钠溶液（4g/L），接收管插入氢氧化钠溶液液面下接收蒸馏液，收集馏出液至200mL。同时用无酚水按上法进行蒸馏，做试剂空白试验。

将上述全部样品蒸馏液及试剂空白蒸馏液分别置于250mL分液漏斗中，按(1)"再分别加入1mL硼酸缓冲液"后的操作进行操作。与标准曲线比较定量。

3. 计算

$$样品水浸出液中酚的含量 w = \frac{C}{V}(\mu g/mL)$$

式中：C - 从标准曲线中查出相当于酚的含量，μg；

V - 测定时样品浸出液的体积，mL。

二、聚苯乙烯塑料制品中苯乙烯的测定

1. 原理

样品经二硫化碳溶解，用甲苯作为内标物。利用有机化合物在氢火焰中的化学电离进行检测，以样品的峰高与标准品峰高相比，计算与样品相当的含量。

2. 色谱条件

检测器：氢火焰离子化检测器。

色谱柱：不锈钢柱，长4m、内径4mm，内装填料1.5% 有机皂土（B-34）+1.5%邻苯甲酸二壬酯混合液于97% Chromosorb WAW DMCS（80~100目）的载体中。

湿度：柱温130℃，检测器为180℃，进样口温度为180℃。

流速：氮气为30mL/min，氢气为40mL/min，空气为300mL/min。

3. 操作步骤

(1) 样品处理

称取样品1.00g，用二硫化碳溶解后，移入25mL容量瓶中，加入内标物甲苯25mg，再以二硫化碳稀释至刻度，摇匀后进行气相色谱测定。

(2) 测定

取不同浓度苯乙烯标准溶液，在上述色谱操作条件下，分别多次进样，量取内标物甲苯与苯、甲苯、正十二烷、乙苯、异丙苯、正丙苯和苯乙烯的峰高，并分别计算其比值，绘制

峰高比值与各组分浓度的标准曲线。

同时取样品处理溶液 0.5μL 注入色谱仪后,待色谱峰流出后,量出被测组分和内标物甲苯的峰高,并计算其比值,按所得峰高比值,由标准曲线上查出各组分的含量。

4.计算

$$苯乙烯单体量(mg/kg) = \frac{H}{H_1} \times \frac{C}{C_1} \times \frac{H_2}{H_0} \times \frac{m_0}{m}$$

式中:H、H_1 — 样品和标准品峰高,mm;

H_2、H_0 — 样品和标准品中内标物的峰高,ng/mL;

C、C_1 — 注入色谱仪的内标溶液中苯乙烯和内标物浓度;

m_0 — 样品质量,g;

m — 样品中内标物质量。

项目三 食品用橡胶制品及容器内壁涂料的检测

橡胶制品常用作瓶盖垫圈及输送食品原料、辅料、水的管道等。食品包装中用的橡胶有天然橡胶和合成橡胶两大类。天然橡胶是以异戊二烯为主要成分的天然高分子化合物,本身既不分解也不被人体吸收,因而一般认为对人体无毒。但由于加工的需要,加入的多种助剂,如促进剂、防老剂、填充剂等,给食品带来了不安全的问题。合成橡胶主要来源于石油化工原料,种类较多,是由单体经过各种工序聚合而成的高分子化合物,在加工时也使用了多种助剂。

橡胶制品在使用时,这些单体和助剂有可能迁移至食品,对人体造成不良影响。有文献报道,异丙烯橡胶和丁腈橡胶的溶出物有麻醉作用,氯二丁烯有致癌可能。丁腈橡胶耐油,其单体丙烯腈毒性较大,大鼠 LD_{50} 为 8~93mg/kg 体重。美国 FDA 1977 年规定丁腈橡胶成品中丙烯腈的溶出量不得超过 0.05mg/kg。

这个项目主要介绍食品用橡胶制品的卫生标准和挥发物、可溶性有机物及重金属的检测方法。

任务1 橡胶制品卫生标准的检测

一、原理

同塑料制品。

二、操作步骤

浸泡条件:4% 乙酸,60℃,保温 0.5h;

水,60℃,保温 0.5h;

20%乙醇，60℃，保温0.5h；

正己烷，水浴加热回流0.5h。

以上浸泡液按接触面积每平方厘米加2mL，无法计算接触面积的按每克样品加20mL其余操作同塑料制品。

三、标准

我国橡胶制品卫生质量建议指标见表13-2。

表13-2 我国橡胶制品卫生质量建议指标

名称	高锰酸钾消耗量	蒸发残渣量	铅含量/(mg/kg)	锌含量/(mg/kg)
奶嘴	≤70	≤40 ≤120	≤1	≤30
高压锅圈	≤40	≤50 ≤800	≤1	≤100
橡胶垫片	≤40	≤40 ≤2000 ≤3500	≤1	≤20

任务2 橡胶制品中有害物质的检测

一、挥发物的测定

1. 原理

样品于138℃~140℃、真空度85.3kPa时，抽空2h。将失去的质量减去干燥失重即为挥发物的质量。

2. 操作步骤

于已干燥准确称量的25mL烧杯内，称取2.00~3.00g、20~60目的样品，加20mL丁酮，用玻璃棒搅拌，使完全溶解后，用电扇加速溶剂的蒸发，待至浓稠状态，将烧杯移入真空干燥箱内，使烧杯搁置成45℃，密闭真空干燥箱，开启真空系，保持温度为138℃~140℃，真空度为85.3kPa，干燥2h后，将烧杯移至干燥器内，冷却30min称量。计算挥发物，减去干燥失重后不得超过1%。

3. 计算

$$X = \frac{m_1 - m_2}{m_1 - m_0} \times 100$$

式中：X-样品于138~140℃、85.3kPa、干燥2h失去的质量，g/100g；

m_1-样品加烧杯的质量，g；

m_2 - 干燥后样品加烧杯的质量，g；

m_0 - 烧杯的质量，g。

$$挥发物含量 = X - X_1 (g/100g)$$

式中：X - 样品于138~140℃、85.3kPa、干燥2h失去的质量，g/100g；

X_1 - 样品的干燥失重，g/100g。

二、可溶性有机物的测定

1. 原理

样品经用浸泡液浸取后，用高锰酸钾氧化浸出液中的有机物，以测定高锰酸钾消耗量来表示样品可溶出有机物质的情况。

2. 操作方步骤

准确吸取100mL水浸泡液，置于锥形瓶中，加入5mL稀硫酸和10mL 0.01mol/L高锰酸钾标准溶液，再加入玻璃珠2粒，准确加热煮沸5min后，趁热加入10mL 0.01mol/L草酸标准溶液，再以0.01mol/L高锰酸钾标准溶液滴定至微红色，记下两次高锰酸钾溶液的滴定量。

另取100mL水作对照，按同样方法作试剂空白试验。

3. 计算

$$高锰酸钾消耗量 = \frac{(V_1 - V_2)C \times 31.6 \times 1000}{100} (mg/L)$$

式中：V_1 - 样品浸泡液滴定时所消耗高锰酸钾的体积，mL；

V_2 - 试剂空白滴定时消耗高锰酸钾的体积，mL；

C - 高锰酸钾标准溶液的浓度，mol/L；

31.6 - 与1mL 0.01mol/L高锰酸钾标准溶液相当的高锰酸钾的质量，mg。

三、重金属的测定

1. 原理

浸泡液中重金属（以铅计）与硫化钠作用，在酸性溶液中形成硫化铅黄棕色溶液与标准比较，不比标准颜色深即表示重金属含量符合标准。

2. 操作步骤

吸取4%乙酸浸泡液20mL置于50mL比色管中，加水至刻度。10μg/mL铅标准溶液2mL，置于50mL比色管中，加入4%乙酸溶液20mL，加水至刻度，混匀。两液中各加入硫化钠溶液2滴，混合后，放置5min，以白色为背景，从上方或侧面观察，样品呈色不能比标准溶液深。

项目四 食品包装用纸的检测

食品包装纸直接与食品接触，是食品行业使用最广泛的包装材料，已引起人们的高度重视。

包装纸的种类很多，大体分内包装和外包装两种。内包装为可直接接触食品的包装，原纸，如咸菜、油糕点、豆制品、熟肉制品等；托蜡纸，如面包、奶油、冰棍、雪糕、糖果等；玻璃纸，如糖果；锡纸，如奶油糖及巧克力糖等。外包装主要为纸板，如糕点盒、点心盒等。另外，还有印刷纸等。

包装纸的卫生问题与纸浆、黏合剂、油墨、溶剂等有关。要求这些材料必须是低毒或无毒，并不得采用社会回收废纸作为原料，禁止添加荧光增白剂等有害助剂，制造托蜡纸的蜡上再应采用食用级石蜡，控制其中多环芳烃含量。用于食品包装纸的印刷油墨、颜料应符合食品卫生要求，石蜡纸及油墨颜料印刷面不得直接与食品接触。食品包装纸还要防止再生产对食品的细菌污染和回收废纸中残留的化学物质对食品的污染。因此，有关食品包装纸的检测主要有以下两个方面：一是卫生指标；二是多氯联苯的检测。

任务 1　包装纸的卫生标准

由于近两年食品包装纸存在的安全问题较多，所以大多数国家均规定了包装用纸材料有害物质的限量标准。我国食品包装用纸材料的卫生标准见表 13 - 3。

表 13 - 3　我国食品包装用纸材料的卫生标准

项目	标准
感官指标	色泽正常、无异物、无污物
铅含量(mg/L)	<5.0
砷含量(mg/L)	<1.0
荧光性物质(波长为365nm及254nm)	不得检出
脱色物质	阴性
致病菌	不得检出
大肠杆菌	<3

任务 2　包装纸中有害物质的检测

一、取样方法

从每批产品中取 20 张(27cm×40cm)，从每张中剪下 $10cm^2$(2cm×5cm)两块，供检验用。分别注明产品名称、批号、日期。其中一半供检验用，另一半保存 2 个月，预留作仲裁分析用。

二、样品处理

浸泡液：4%醋酸试剂溶液。

被检样品置入浸泡液中（以每平方厘米加2mL浸泡液计算，纸条不要重叠），在不低于20℃的常温下浸泡24h。

三、铅、砷含量的检测

见本书模块六。

四、荧光物质的检测

荧光物质检测有薄层色谱法和荧光光度法，本教材介绍荧光光度法。

1. 原理

样品中荧光染料具有不同的发射光谱特性，特性发射光谱图与标准荧光染料对照，可以作定性检测和定量分析。

2. 操作步骤

（1）样品处理

将5cm×5cm纸样置于80mL氨水中（pH=7.5～9.0），加热至沸腾后，继续微沸2h，并不断地补加1%氨水使溶液保持pH=7.5～9.0。用玻璃棉滤入100mL容量瓶中，用水洗涤。如果纸样在紫外灯照射下还有荧光，则再加入50mL氨水，如同上述处理。两次滤液合并，浓缩至100mL，稀释至刻度，混匀。

（2）定性

点样：吸取2～5μL样液在纤维素薄层板上点样，同时分别点取荧光染料VBL标准溶液（2.5μL/mL）和荧光染料BC标准溶液（5μL/mL）各2μL。在此两标准点上再点加标准维生素B_2溶液（10μL/mL）各2μL。

展开：将薄层板放入展开槽中，用10%氨水展至10cm处，取出，自然干燥。

样液点样展开后，接通仪器及记录器电源，光源与仪器稳定后，将薄层板面向下，置于薄层色谱附件装置内的板架上，并固定之。转动手动轮移动板架至激发样点上，激发波长固定在365nm处，选择适当的灵敏度、扫描速度、纸速和狭缝，测定样品点的发射光谱与标准荧光染料发射光谱相对照，鉴定出纸样中荧光染料的类型。

（3）定量

样液经点样、展开，确定其荧光染料种类后，于荧光分光光度计测定发射强度。

仪器操作条件如下：

灵敏度：粗0.1

光电压：700V

发射波长：370～600nm

激发波长：365nm
发射狭缝：10nm
激发狭缝：10nm
扫描速度：1nm/min
纸速：15mm/min

然后由荧光染料 VBL 或 BC 的标准含量测得的发射强度，相应地求出样品中荧光染料 VBL 或 BC 的含量。

五、多氯联苯的检测

1. 原理

多氯联苯具有高度的脂溶性，用有机溶剂萃取进行提取，提取后的多氯联苯经色谱分离后，可用带电子捕获检测器的气相色谱仪分析。

2. 操作步骤

（1）样品处理

①酸水解。将可食部分匀浆，用盐酸（1:1 体积比）回流 30min。酸水解液用乙醚提取原有的脂肪。将提取液在硫酸钠柱上干燥，于旋转式蒸发器上蒸发至干。

②碱水解。称取经提取所得的类脂 0.5g，加入 30mL 2% 乙醇氢氧化钾溶液，在蒸汽浴中回流 30min，水解物用 30mL 水将它转移到分液漏斗中。容器及冷凝器用 10mL 正己烷淋洗三次，将下层的溶液分离到第二分液漏斗中，并用 20mL 正己烷振摇，合并正己烷提取液于第一分液漏斗中，用 20mL 乙醇（1:1，体积比）与水溶液提取合并的正己烷提取液两次，将正己烷溶液在无水硫酸钠柱中干燥，于 60℃下用氮吹浓缩至 1mL。

③氧化。在 1mL 正己烷浓缩液中加入 5~10mL（5:1，体积比）盐酸与过氧化氢溶液，置于蒸汽浴上回流 1h，以稀氢氧化钠溶液中和，用正己烷提取两次，合并正己烷提取液，用水洗涤，并用硫酸钠柱干燥。

④硫酸消解净化。称取 10g 白色硅藻土载体 545（Celite 545）（经 130℃加热过夜），用 6mL 5% 发烟硫酸混合的硫酸液充分研磨，转移至底部有收缩变细的玻璃柱中，此柱需预先用正己烷洗涤过，将已经氧化的正己烷提取液移至柱中，用 50mL 正己烷洗脱，洗脱液用 2% 氢氧化钠溶液中和，在硫酸钠柱上干燥，浓缩至 2mL，放在小型的有 5cm 高的弗罗里硅藻土吸附剂（经 130℃活化过夜）的柱中，用 70mL 已烷洗脱。在用气相色谱测定前，于 60℃温度下吹氮浓缩。

⑤过氯化。将上述正己烷提取液放置于玻璃瓶中，在 50℃蒸汽浴上用氮吹至干，加入五氯化锑 0.3mL，将瓶子封闭，在 170℃下反应 10h，冷却启封，用 5mL 6mol/L 盐酸淋洗，转移至分液漏斗中，正己烷提取液用 20mL 水、20mL 2% 氢氧化钾和水洗涤，然后在无水硫酸钠柱中干燥，通过小型弗罗里硅藻土吸附剂柱，用 70mL 苯正己烷（1:1，体积比）洗脱，洗脱液浓缩至适当体积，注入色谱仪中进行测定。

（2）测定

①色谱条件

色谱柱：硬质玻璃柱，长6m、内径2mm，内充填100~120目Varaport30的2.5% OV-1或2.5% QF-1和2.5% DC-200。

检测器：电子捕获检测器

温度：柱温为275℃，检测器为230℃，进样口分别为205℃、220℃和250℃

氮气流速：60mL/min。

②测定和结果。测定用混合Aroclor1254-1260（1∶1，体积比）作标准，用一定标准量注入色谱仪中，求得标准多氯联苯的标准峰高的平均值，从而计算出样品中多氯联苯的含量。

思考题

1. 简述食品包装材料种类及其特点。
2. 衡量食品包装用塑料成型品的卫生标准有哪些？
3. 塑料包装材料检测过程中溶剂的选择标准是什么？
4. 塑料制品中酚的测定步骤是什么？
5. 简述橡胶制品中挥发性物质的检测方法。
6. 食品包装纸中有哪些有害物质？如何检测？

模块十四 有毒物质的测定

◆ **基础理论和知识**

1. 食品中有机磷农药、兽药。
2. 食品中黄曲霉毒素。

◆ **基本技能及要求**

1. 了解食品中残留农药、兽药的影响及危害。
2. 了解食品中几种常见毒素的种类及危害。
3. 掌握有机磷、氨基甲酸酯类、拟除虫菊酯类农药、抗生素、己烯雌酚的测定方法。
4. 掌握黄曲霉毒素的测定方法。

◆ **学习重点**

样品预处理的方法。

◆ **学习难点**

样品分析数据的处理。

◆ **导入案例**

铅是一种严重危害人类健康的重金属元素，人体摄入铅后，很难代谢排出，在体内长期积累，造成慢性中毒。铅中毒会使人的心血管系统功能发生严重障碍，引发动脉粥样硬化、高血压、心肌损伤及坏死，损害人的神经系统，儿童铅中毒将影响智力发育，甚至导致痴呆。食品中的铅主要来源于食品加工、包装、存放过程中的污染，含铅农药的使用，食品生产加工过程中含铅容器、器具、含铅镀锡管道的使用，陶瓷食具釉料中使用的含铅颜料等，都会直接或间接地造成食品铅污染。

◆ **讨论**

1. 如何检验食品中铅含量呢？
2. 如何防止食品中有毒有害物质过量呢？

食品中有毒有害物质的危害主要集中在以下几个方面：化学性危害、生物毒素、微生物性危害等。随着现代社会的快速发展，在给人们带来丰富、高产的农产品的同时，农产品种植养殖生长过程中使用农药、化肥、兽药等也给食用这些农产品的人类健康造成危害。

据试验，用含有滴滴涕1.0mg/kg以上的饲料喂养乳牛，其分泌的乳汁即可检出滴滴涕的残留。这说明，农药可以通过食物链由土壤进入食物，再进入动物，而最后富集到人体组织中去。为了预防和治疗家畜和养殖鱼患病而大量投入抗生素、磺胺类等化学药物，往往造成药物残留于食品动物组织中，国内外发生的兽药残留不安全引起的消费者中毒事件，增加了消费者对所食用畜产品的担忧和关注。

毒素是目前极为重视的安全问题。毒素主要表现在天然毒素，如贝类毒素和真菌毒素。中毒症状主要表现为突然发病、唇舌麻木、肢端麻痹、头晕恶心、胸闷乏力等，部分病人伴有低烧，重症者则昏迷，呼吸困难，最后因呼吸衰竭窒息而死亡。

黄曲霉毒素常发生在花生、坚果等粮油类食品及其制品中，近年来我国频繁出现"毒大米"事件，即为黄曲霉毒素污染事件。综上所述，对食品中的有害有毒物质的分析检验，可为人们寻找污染源，找出一条有效的治理方案提供依据。对食品中的有害有毒物质，有时须迅速进行鉴别，以便采取针对性的防治措施。由于食品中常见的有毒有害物质通常都是微量存在，一般的化学分析方法灵敏度达不到，目前较多使用仪器分析方法。

项目一　农药

任务1　农药和农药的残留

农药是指用于预防、消灭或者控制危害农业、林业的病、虫、草及其他有害生物，以及有目的地调节植物、昆虫生长的药物的统称。

目前，全世界实际生产和使用的农药有上千种，其中绝大部分为化学合成农药。农药按用途可分为杀虫剂、杀菌剂、除草剂、杀螨剂、植物生长调节剂、昆虫不育剂和杀鼠药等；按化学成分可分为有机磷类、氨基甲酸酯类、有机氯类、拟除虫菊酯类、苯氧乙酸类、有机锡类等；按其毒性可分为高毒、中毒、低毒三类；按杀虫效率可分为高效、中效、低效类；按农药在植物体内残留时间的长短可分为高残留、中残留和低残留类。

农药残留是指农药使用后残存于生物体、食品（农副产品）和环境中的微量农药原体、有毒代谢物、降解物和杂质的总称。残存数量称为残留量，表示单位为mg/kg（食品或食品农作物）。当农药过量或长期施用时，导致食物中农药残存数量超过最大残留限量（MRL）时，将对人和动物产生不良影响，或通过食物链对生态系统中其他生物造成毒害。

我国是世界上农药生产和消费大国，近些年虽然已使用一些高效低存的农药，例如氨基甲酸酯类、拟除虫菊酯类等，但农业生产中农药施用不当仍可污染食品，从而导致农药残留进入人体,引起食物中毒。

任务2 食品中农药残留毒性与限量

由于大量使用有机农药,我国农药中毒人数越来越多,1994年我国农药中毒人数已超过10万人,其中生产性中毒和非生产性中毒比例为1:1,非生产性中毒除了误食农药外,大部分是由于食物农药残留而引起的。

食品中农药残留毒性对人体的危害是多方面的,与农药的种类、摄入量、摄方入式、作用时间等因素有关。例如:通过食品摄入超量的有机磷类和氨基甲酸酯类农药后能迅速抑制胆碱酯酶而阻断胆碱能传递,引起一系列神经症状;某些有机磷农药能对人产生迟发性神经毒性,中毒者常常在急性中毒后7~20d出现肢体麻痹和运动失调,精神障碍等症状。

继FAO/WHO和世界其他国家对食品中农药的最大残留量(MRL)作出规定之后,我国也相继出台了一系列标准(见表14-1)。这些标准的制定对指导农业生产合理使用农药,减少食品中农药残留,维持生态平衡等起了重要作用。

表14-1 我国食品中农药的最大残留量(MRL)限制标准(mg/kg)

食品	滴滴涕	六六六	胺磷	马拉硫磷	对硫磷	敌敌畏	辛硫磷	溴氰菊酯	多菌灵
成品食品	0.2	0.3	0.1	3.0	0.1	0.1	0.05	0.5	—
蔬菜水果	0.1	0.2	×	—	—	0.2	0.05	0.2~0.5	0.5
肉类	0.2	0.4	—	—	—	—	—	—	—
蛋	1.0	1.0	—	—	—	—	—	—	—
鱼	1.0	2.0	—	—	—	—	—	—	—
植物油	—	—	×	0.1	×	—	—	—	—

任务3 有机磷农药残留的测定

一、定性检验速测卡法

本检验方法经国家标准委员会通过,成为国家标准快速检验方法GB/T 5009.199-2003。

1. 原理

胆碱酯酶可催化靛酚乙酸酯(红色)水解为乙酸与靛酚(蓝色),有机磷类或氨基甲酸酯类农药对胆碱酯酶有抑制作用,使催化、水解、变色的过程发生改变,由此可判断出样品中是否含有机磷类或氨基甲酸酯类农药的存在。

2. 试剂

(1)固化有胆碱酯酶和靛酚乙酸酯试剂的纸片(速测卡)

(2)pH=7.5缓冲溶液

分别取15.0g磷酸氢二钠($NaHPO_4 \cdot 12H_2O$)与1.59g无水磷酸二氢钾(KH_2PO_4),用

500mL 蒸馏水溶解。

（3）恒温装置

3. 仪器

常量天平，有条件时配备(37±2)℃恒温装置。

4. 操作步骤

（1）整体测定法

①选取有代表性的蔬菜样品，擦去表面泥土，剪成 $1cm^2$ 左右的碎片，取 5g 放入带盖瓶中，加入 10mL 缓冲溶液，振摇 50 次静置 2min 以上。

②取一片速测卡，用白色药片蘸取提取液，放置 10min 以上进行预反应，有条件时在 37℃恒温装置中放置 10min。预反应后药片表面必须保持湿润。

③将速测卡对折，用手捏 3min 或用恒温装置恒温 3min，使红色药片与白色药片叠合反应。

④每批测定应设一个缓冲液的空白对照卡。

（2）表面测定法（粗筛法）

①擦去蔬菜表面泥土，滴 2～3 滴缓冲溶液在蔬菜表面，用另一片蔬菜在滴液处轻轻摩擦。

②取一片速测卡，将蔬菜上的液滴滴在白色药片上。

③放置 10min 以上进行预反应，有条件时在 37℃恒温装置中放置 10min。预反应后的药片表面必须保持湿润。

④将速测卡对折，用手捏 3min 或用恒温装置恒温 3min，使红色药片与白色药片叠合反应。

⑤每批测定应设一个缓冲液的空白对照卡。

5. 结果判定

结果以酶被有机磷或氨基甲酸酯类农药抑制（为阳性）、未抑制（为阴性）表示。与空白对照卡比较，白色药片不变色或略有浅蓝色均为阳性结果；白色药片变为天蓝色或与空白对照卡相同，为阴性结果。对阳性结果的样品，可用其他分析方法进一步确定具体农药品种和含量。

6. 说明及注意事项

韭菜、生姜、葱、蒜、辣椒、胡萝卜等蔬菜中，含有破坏酶活性或使蓝色产物褪色的物质，处理这类样品时，不要剪得太碎，浸提时间不要太长，必要时可采取整株蔬菜浸提的方法。

二、定量检验

这里只介绍用气相色谱法检测有机磷类农药的残留量。参考 NY/T 761-2008。

1. 原理

样品中有机磷类农药经乙腈提取，提取溶液经净化、浓缩后，用双塔自动进样器同时注入气相色谱的两个进样口，样品中组分经不同极性的两根毛细管柱分离，火焰光度检测器（FPD）检测。当含有机磷样品于检测器中的富氢火焰上燃烧时，以HPO碎片的形式，放射出波长为526mm的特征光，这种光通过滤光片选择后，由光电倍增管接收，转换成电信号，经微电流放大器放大后，由记录仪记录下色谱峰。通过比较样品的峰高和标准品的峰高，计算出样品中有机磷农药的残留量。

2. 仪器和试剂

（1）仪器

旋涡混合器、匀浆机、氮吹仪、气相色谱仪（带有双火焰光度检测器、双塔自动进样器、双毛细管进样口）。

（2）试剂

乙腈；丙酮，重蒸；氯化钠，140℃烘烤4h；滤膜，0.2μm；铝箔；另外方法所用试剂，凡未指明规格者均为分析纯，水为蒸馏水。

农药标准品：敌敌畏99%，速灭磷顺式60%，反式40%，久效磷99%，甲拌磷98%，巴胺磷99%，二嗪农98%，乙嘧硫磷97%，甲基嘧啶硫磷99%，甲基对硫磷99%，稻瘟净99%，水胺硫磷99%，氧化喹硫磷99%，稻丰散99.6%，甲喹硫磷99.6%，克线磷99.9%，乙硫磷95%，乐果99.0%，喹硫磷98.2%，对硫磷99.0%，杀螟硫磷98.5%。

3. 操作步骤

（1）农药标准溶液配制

准确称取一定量某农药标准品，用丙酮稀释，逐一配制成浓度为1000mg/L的单一农药标准储备液，储存在-18℃以下冰箱中。使用时根据各农药在对应检测器上的响应值，吸取适量的标准储备液，用丙酮稀释配制成所需的标准工作液。

（2）试样制备

取不少于1000g蔬菜水果样品，取可食部分，用干净纱布轻轻擦去样品表面的附着物，采用对角线分割法，取对角部分，将其切碎，充分混匀放入食品加工器粉碎，制成待测样，放入分装容器中备用。

（3）提取

准确称取25.0g试样放入匀浆机中，加入50.0mL乙腈，在匀浆机中高速匀浆2min后用滤纸过滤，滤液收集到装有5~7g氯化钠的100mL具塞量筒中，收集滤液使乙腈相和水相分层。

（4）净化

从100mL具塞量筒中吸取10.00mL乙腈溶液，放入150mL烧杯中。将烧杯放在80℃水浴锅上加热，杯内缓缓通入氮气或空气流，蒸发近干，加入2.0mL丙酮，盖上铝箔待测。

4. 测定

色谱参考条件。

(1)预柱

1.0m，0.53mm 内径，脱活石英毛细管柱。

(2)色谱柱

A 柱：50%聚苯基甲基硅氧烷柱(DB-17 或 HP-50$^+$)，30m×0.53mm×1.0μm；

B 柱：100%聚甲基硅氧烷(DB-1 或 HP-1)柱，30m×0.53mm×1.50μm。

(3)温度

进样口温度，220℃；

检测温度，250℃；

柱温，150℃(保持 2min)8℃/min 250℃(保持 12min)。

(4)气体及流量

载气：氮气，纯度≥99.999%，流速为 10mL/min；

燃气：氢气，纯度≥99.999%，流速为 75mL/min；

助燃气：空气，流速为 100mL/min。

(5)进样方式

不分流进样。样品一式两份，由双塔自动进样器同时进样。

(6)色谱分析

由自动进样器吸取 1.0μL 标准混合溶液(或净化后的样品)注入色谱仪中，以双柱保留时间定性，以分析柱 B 获得的样品溶液峰面积与标准溶液峰面积比较定量。

5.计算

$$W = V_1 \times A \times V_3 V_2 \times As \times m \times \varphi$$

式中：W－样品中被测农药残留量，mg/kg；

φ－标准溶液中农药的含量，mg/L；

A－样品中被测农药的峰面积；

As－农药标准溶液中被测农药的峰面积；

V_1－提取溶剂总体积；

V_2－吸取出用于检测的提取液溶液的体积；

V_3－样品定容体积；

m－样品的质量。

计算结果保留三位有效数字。

任务4 氨基甲酸酯类农药残留的测定

一、定性检验

氨基甲酸酯类农药残留的检验同样可用前面介绍的速测卡法。

二、定量检验

氨基甲酸酯类农药用得较多的是甲萘威(西维因)，因为它低毒及广谱性，所以使用面较广。

1. 原理

含有甲萘威的食品经提取、弗罗里硅土净化后，浓缩、定容作为测定溶液。取一定量注入高效液相色谱仪，经分离用紫外280nm检测器检测，与标准系列比较定量。

2. 试剂

甲萘威标准溶液，准确称取甲萘威标准品，用甲醇溶解稀释成并配制成10.0mg/mL的标准储备液，储存于冰箱中，使用时用甲醇稀释成10μg/mL的标准溶液。

3. 操作步骤

(1) 提取

称取20.00g经粉碎过20目筛的粮食试样于250mL具塞锥形瓶中，准确加入50mL苯，浸泡过夜，次日振荡提取1h，提取液过滤。

(2) 净化

取直径1.5cm层析柱，先装脱脂棉少许(柱两头装2cm高的无水硫酸钠，中间装6g弗罗里硅土)，装好的柱先用20mL二氯甲烷预淋，弃去预淋液，然后将5~10mL样品提取液倒入层析柱，用70mL二氯甲烷少量多次淋洗，收集全部淋洗液，用K-D浓缩器进行浓缩至近干(水浴温度30℃)，然后用甲醇溶解残余物，并定容至5mL。定容后用0.5μm滤纸借助于注射器过滤，取10μL过滤注入高效色谱仪进行分离、检测。

4. 测定

(1) 色谱参考条件

色谱柱：不锈钢柱，BONAPAKC$_{18}$ 3.9mm×30cm。

检测器：紫外检测器，波长280μm，灵敏度0.01~0.02。

流动相：乙腈——水(55+45，体积比)混合溶剂，流速1mL/min。

温度：柱温，检测器均为室温。

(2) 测定

吸取10μL标准溶液及样品液注入色谱仪，以保留时间定性，用标准曲线法定量。

5. 计算

$$甲萘威含量 = V_2 V_1 A \times 1000 m_1 \times 1000 \ (mg/kg)$$

式中：A – 从标准曲线求出样液中甲萘威的含量，μg；

V_1 – 样液定容的体积，m；

V_2 – 注入色谱的体积，mL；

m_1 – 样品的质量，g。

任务5 拟除虫菊酯类农药残留的测定

一、定性检验

在拟除虫菊酯农药中溴氰菊酯应用较多,因此下面介绍溴氰菊酯的两种定性检验法。

1. 碱性对硝基苯甲醛法

(1) 原理

溴氰菊酯碱性环境下可分解放出氰离子。并与对硝基甲醛反应,最后生成紫红色的4,4-二硝基安息香酯式盐。

(2) 试剂

丙酮、硫酸钠、活性炭、对硝基苯甲醛、无水碳酸钾、碳酸钠。

(3) 操作步骤

①样品用丙酮浸泡提取样品中溴氰菊脂,用硫酸钠脱水、活性炭脱色,然后在水浴上浓缩,备用。

②将对硝基苯甲醛与无水碳酸钾、碳酸钠(1:1,质量比)的混合物分装在两个容器中,测定时1:30混合使用。

③取上述混合物0.2~0.5g于白瓷凹板中,滴加1~2滴被检液,立即出现紫红色,表示有溴氰菊酯存在。

2. 普鲁士蓝法

(1) 原理

溴氰菊酯在碱性环境中,分解出氰离子,再与亚铁离子生成亚铁氰离子,亚铁氰离子在酸性溶液中与高铁离子作用,生成普鲁士蓝。

(2) 试剂

丙酮、硫酸钠、活性炭、10%氢氧化钠溶液、10%硫酸亚铁溶液、10%硫酸溶液。

(3) 操作步骤

①用丙酮浸泡提取样品中溴氰菊酯,用硫酸钠脱水、活性炭脱色,然后在水浴上浓缩,备用。

②取待检液1~2mL,用10%氢氧化钠溶液调成碱性,加3~4滴10%硫酸亚铁溶液混匀后再加10%硫酸溶液调成酸性,如有溴氰菊酯存在,则出现蓝色。

(4) 说明及注意事项

①硫酸亚铁溶液中亚铁离子不稳定,存放过程中总有部分变为高铁离子,所以不必再另加高铁离子。

②在上述两个检验中,氧化物和亚铁氰化物等呈正干扰,所以在上述两个实验为阳性的情况下,要作鉴别反应。

二、定量检验

1. 原理

将样品中的氯氰菊酯、氰戊菊酯和溴氰菊酯经提取、净化、浓缩后,经色谱柱分离进入电子捕获检测器,通过放大电信号,用记录仪记下峰高或峰面积,再与标准品比较,便可分别测其含量。

2. 操作步骤

(1) 提取

对于谷类样品,应先粉碎,然后称取 10g 置于 100mL 具塞锥形瓶中,加 20mL 石油醚,摇匀,振荡 30min 或浸泡过夜,取出上层清液 2~4mL(相当于 1~2g 样品),待净化。

蔬菜类样品应先经匀浆处理,再称取 20g,置于 250mL 具塞锥形瓶中,加 40mL 丙酮,摇匀,振荡 30min 后分层,取出上层清液 4mL(相当于 2g 样品),待净化。

(2) 净化

对于谷物中的大米样品提取液,应先用内径 1.5cm、长 25~30cm 的玻璃层析柱,底端塞以处理过的脱脂棉,再依次从下至上加入 1cm 的无水硫酸钠、3cm 的中性氧化铝(层析用)、2cm 的无水硫酸钠,然后以 10mL 石油醚淋洗柱子。弃去淋洗液,待石油醚层下降至无水硫酸钠层时,迅速加入样品提取液,待其下降至无水硫酸钠层时加入 25~30mL 石油醚淋洗液淋洗,收集滤液,浓缩定容至 1mL,供气相色谱分析用。

对于面粉、玉米粉样品提取液,所用净化柱与大米基本相同,只需在中性氧化铝层上再加 0.01g 层析活性炭粉末,以进行脱色净化。

蔬菜类样品提取液的净化需在中性氧化铝层上再加 0.02~0.03g 层析活性炭粉末,以进行脱色。石油醚淋洗液用量为 30~35mL。其余操作与大米样品提取液的净化方法相同。

3. 测定

(1) 色谱参考条件

色谱柱:3mm×1500mm,内装填 3% OV–101/Chromosorb Waw DMCS,80~100 目。

检测器:电子捕获检测器。

流动相:载气(氮气)140mL/min(GC–5A 型色谱仪),其他仪器自选流速。

温度:柱温 245℃,进样口和检测器温度 260℃。

(2) 测定

将各浓度的标准混合液 2~5μL 分别注入气相色谱仪中,在色谱分析条件下可测得不同浓度的各拟除虫菊酯标准溶液的峰高,以峰高为纵坐标,农药浓度为横坐标,分别绘制各拟除虫菊酯标准农药的标准曲线。

同时取样品溶液 2~5μL,注入气相色谱仪中,测得峰高,并从对应的标准曲线上查出相应的含量。

4. 计算

$$X = H_1 \ C_s \ Q_s \ V_1 \ h_s \ M \ Q_1$$

式中：X—样品中拟除虫菊酯农药残留的含量，mg/kg；

H_1—样品的定容体积，mL；

C_s—标准溶液的浓度，mm；

Q_s—标准溶液进样量，μL；

V_1—样品的定容体积，mL；

h_s—标准溶液峰高；

M—样品质量，g；

Q_1—样品溶液进样量，μL。

项目二 兽药

任务1 概述

习惯上，将用于预防和治疗畜禽疾病的药物称为兽药。但是，随着集约化养殖生产开展，一些化学的、生物的药用成分被开发成具有某些功效的动物保健品或饲料添加剂，也属于兽药的范畴。

FAO/WHO 联合组织的食品中兽药残留立法委员会对兽药残留定义为：兽药残留是指动物产品的任何可食部分所含兽药的母体化合物或其代谢物，以及与兽药有关的杂质的残留。综上所述，兽药残留既包括原药，也包括药物在动物体内的代谢产物。

兽药主要分为抗生素类、磺胺类、呋喃药类、抗球虫药、激素药类和驱虫药类。磺胺类药物残留主要是磺胺嘧啶、磺胺甲基嘧啶、磺胺二甲嘧啶，激素类药物残留主要是己烯雌酚、己烷雌酚、双烯雌酚和雌二酚。

兽药的最高残留限量（MRLVDS）是指由于使用某种兽药而在食物中或食物表面产生的此兽药残留的最高允许浓度（以鲜重计表示为 mg/kg 或 μg/kg）。休药期指畜禽停止给药到允许屠宰或动物性产品（肉、蛋、奶等）允许上市的间隔时间。休药期过短，就会造成动物性食品兽药残留过量，危害消费者健康。

食用含有兽药的动物性食品后，一般人不会马上中毒，但是兽药残留引起各种组织器官发生病变，甚至癌变。因此学习兽药残留的检测是必要的。

任务2 抗生素残留量的测定

用色谱法测定抗生素残留量是目前较为常用的检测方法。下面以肉中四环素族药物残留量的检测为例。

一、原理

样品经提取,微孔滤膜过滤后直接进样,用反相色谱分离,紫外检测器检测,与标准比较定量,出峰顺序为土霉素、四环素、金霉素等。

二、试剂

混合标准溶液:分别吸取1.0mg/mL土霉素、四环素的0.01mol/L盐酸溶液各1mL,1.0mg/mL金霉素水溶液2mL,置于10mL容量瓶中,加蒸馏水至刻度。此溶液每毫升含土霉素、四环素各0.1mg,金霉素0.2mg,临用时现配。

三、操作步骤

1. 样品制取

称取5.00g(±0.01g)切碎的肉样(<5mm),置于50mL锥形瓶中,加入5%高氯酸25.0mL,于振荡器上振荡提取10min,移入离心管中,以2000/min离心3min,取上清液经0.45μm滤膜过滤,备用。

2. 色谱条件

检测器:紫外检测器,波长为355nm,灵敏度为0.002AUFS

色谱柱:ODS - C185μm,6.2mm×15cm。

流动相:乙腈 - 0.01mol/L磷酸二氰钠溶液(用30%硝酸溶液调节pH2.5;35 + 65体积比)。

温度:柱温为室温。

流速:1.0mL/min,进样量为10μL。

3. 工作曲线绘制

分别称取7份切碎的肉样,每份5.00g(±0.01g)分别加入混合标准溶液0.0μL、0.25μL、50μL、100μL、150μL、200μL、250μL(含土霉素、四环素各为0.0μL、2.5μL、5.0μL、10.0μL、15.0μL、20.0μL、25.0μL,含金霉素0μg、5.0μg、10.0μg、20.0μg、30.0μg、40.0μg、50.0μg)置于50mL锥形瓶中,加入5%高氯酸25.0mL,于振荡器上振荡提取10min,移入离心管中,以2000r/min离心3min,取上清液经0.45μm滤膜过滤,取10μL滤液进样,以峰高为纵坐标,以抗生素含量为横坐标,绘制标准曲线。

4. 计算

$$抗生素含量 = A \times 1000m \, (mg/kg)$$

式中:A - 样品溶液测得抗生素质量,mg;
　　　m - 样品质量,g。

任务3 己烯雌酚残留量的测定(GB/T 5009.108-2003)

一、原理

样品匀浆后,经甲醇提取过滤,注入 HPLC 柱中,经紫外检测器于波长 230nm 处测定吸光度,同条件下绘制工作曲线,己烯雌酚含量与吸光度值在一定浓度范围内成正比,样品与工作曲线比较定量。

二、仪器和试剂

1. 仪器

高效液相色谱仪(具紫外检测器)、小型绞肉机、小型粉碎机、电动振荡机、离心机。

2. 试剂

使用的试剂一般系分析纯,有机溶剂需过 $0.5\mu m$ 滤膜,无机试剂需过 $0.45\mu m$ 滤膜。

(1) 甲醇、0.043mol/L 磷酸二氢钠($NaH_2PO_4 \cdot 2H_2O$)、磷酸。

(2) 己烯雌酚(DES)标准储备液。精密称取 100mg 己烯雌酚溶于甲醇,移入 100mL 容量瓶加甲醇至刻度,混匀,每毫升含 DES 1.0mg。

(3) 己烯雌酚(DES)标准使用液。吸取 10.00mL DES 储备液,移入 100mL 容量瓶中,加甲醇至刻度,混匀,每毫升含 DES $100\mu g$。

三、操作步骤

1. 提取及净化

称取 5g(±0.1g)绞碎肉样品(小于5mm),放入 50mL 具塞离心管中,加 10.00mL 甲醇,充分搅拌,振荡 20min,于 3000r/min 离心 10min,将上清液移出,残渣中再加 10.00mL 甲醇,混匀后振荡 20min,于 3000r/min 离心 10min,合并上清液,此时出现浑浊,需再离心 10min,取上清液过 $0.5\mu m$ 滤膜,备用。

2. 色谱条件

紫外检测器:检测波长 230nm。

灵敏度:0.04AUFS。

流动相:甲醇-0.043mol/L 磷酸二氢钠(70/30)用磷酸调 pH=5,其中 $NaH_2PO_4 \cdot 2H_2O$ 水溶液需过 $0.45\mu m$ 滤膜)。

流速:1mL/min。

进样量:$20\mu L$。

色谱柱:$CLC-ODS-C_{18}(5\mu m)$ 6.2mm×150mm 不锈钢柱。

柱温:室温。

3. 标准曲线的绘制

称取 5 份(每份5.0g)绞碎的肉样品,放入 50mL 具塞离心管中分别加入不同浓度的标准液(6.0μg/mL、2.0μg/mL、18.0μg/mL、24.0μg/mL)各1.0mL,同时做空白对照。其中甲醇总量为20.00mL,使其测定浓度为0.00μg/mL、0.30μg/mL、0.60μg/mL、0.90μg/mL、1.20μg/mL,混匀后振荡20min,于3000r/min离心10min,合并上清液,此时出现浑浊,需再离心10min,取上清液过0.5pm滤膜,备用。以下按4进行操作绘制标准曲线。

4. 测定

分别取样20μL,注入HPLC柱中,可测得不同浓度DES标准溶液峰高,以DES浓度对峰高绘制工作曲线,同时取样液20μL,注入HPLC柱中,测得的峰高从工作曲线中查出相应含量,$R_t = 8.235$。

四、计算

$$X = \frac{A \times 1000}{m \times \frac{V_2}{V_1}}$$

式中:X – 样品中己烯雌酚含量,mg/kg;

A – 进样体积中己烯雌酚含量,ng;

m – 样品的质量,g;

V_2 – 进样体积,mL;

V_1 – 样品甲醇提取液总体积,mL。

项目三 毒素

自然界中动植物千奇百怪,有些动植物被人食入会引起中毒,有些还是人们餐桌上的美食,因误食而引起中毒的事件时有发生,因此探讨生物毒素的检测方法是一个热门话题。另外,食品中的毒素除了生物体自身产生的以外,还有一类真菌毒素,例如,黄曲霉毒素、赭曲霉毒素等。

由于真菌毒素对人体的危害,因此其快速检测方法迅速得到发展,特别是生物化学方法、色谱法和酶联免疫吸附测定法。在进行真菌毒素的检测时,大部分的毒素不仅很毒,而且非常难以得到,所以无毒素标准的方法适应了这种需求,如黄曲霉毒素荧光仪的使用。但是,由于毒素的分析属于痕量分析,因此在仲裁中最终必须通过气相色谱方法或液相色谱方法进行准确定量。

任务 食品中黄曲霉毒素的测定

一、概述

黄曲霉毒素(Aflatoxins,简写 AFT)是黄曲霉、寄生曲霉及温热曲霉等产毒菌株的代谢产物(后者产量较少),是一群结构类似的化合物。目前已发现17种黄曲霉毒素,根据其在波长为365nm紫外光下呈现不同颜色的荧光而分为B和G两大类,其中B大类在氧化铝薄层板上于紫外光照射下呈现蓝色荧光;而G大类则呈绿色荧光(高纯的G类中也有个别例外而呈蓝色荧光)。

AFT主要来源于污染粮油及其制品,如花生、花生油、玉米、大米、棉籽等被污染严重;此外各种植物性与动物性食品也能被广泛污染,如在胡桃、杏仁、高粱、小麦、豆类、土豆、皮蛋、奶与奶制品、干咸鱼及辣椒中均有AFT污染。其污染程度与各种作物生物学特性和化学组成以及成熟期所处的气候条件有很大关系。一般来说,富含脂肪的粮食易产生AFT。此外,收获季节高温、高湿,也造成AFT的污染。

二、薄层色谱法测定食品中黄曲霉毒素B

1. 原理

样品中AFT经有机溶剂提取、净化、浓缩并经薄层色谱分离后,在波长365nm紫外光下产生蓝紫色荧光,根据其在薄层板上显示荧光的最低检出量来测定AFT含量。

2. 特点及适用范围

本法采用单向展开分离,测定比较样品与标准的AFT斑点荧光强度来定量,灵敏度可达 1~5ppb,回收率在75%以上,适用于各类食品中AFT的测定。

3. 仪器和试剂

(1) 仪器

①10目圆孔筛。

②小型粉碎机。

③玻璃板:5cm×20cm。

④展开槽:长25cm,宽6cm,高4cm。

⑤紫外灯:100~125W,带365nm滤光片。

⑥微量注射器。

(2) 试剂

①甲醇,分析纯;

石油醚,分析纯;

三氯甲烷,分析纯;

无水硫酸钠,分析纯;

异丙醇,分析纯;

氯化钠及氯化钠溶液(40g/L);

硫酸(1+3)。

②硅胶G:色谱用。

③玻璃砂:用酸处理后洗净干燥,约相当于20目。

④黄曲霉毒素 ML 标准溶液：用三氯甲烷配制成每毫升相当于 10μg 的黄曲霉毒素 M_1 标准溶液。以三氯甲烷作空白试剂，黄曲霉毒素 M_1 的紫外最大吸收峰的波长应接近 357nm，摩尔吸光系数为 19950 避光，置于 4℃ 冰箱中保存。

⑤黄曲霉毒素 M_1 与黄曲霉毒素 B1 混合标准使用液：用三氯甲烷配制成每毫升相当于各含 0.04μg 黄曲霉毒素 M_1 与黄曲霉毒素 B 的混合溶液。避光，置于 4℃ 冰箱中保存。

4. 操作步骤

(1) 提取

整个操作需在暗室条件下进行。提取样品提取制备，见表 14-2。

表 14-2 试样制备

样品名称	称样量	加水量	加甲醇量	提取液量	加 40g/L 氯化钠溶液量	浓缩体积	滴加体积	方法灵敏度
牛乳	30	0	90	62	25	0.4	100	0.1
奶油	5	45	55	80	0	0.4	40	0.5
猪瘦肉	30	0	90	58	29	0.4	50	0.2

因各提取液中含 48mL 甲醇，需 39mL 水才能调到甲醇与水的体积比为 (55 + 45)，因此加入 40g/L 的氯化钠于甲醇和水的总体积 (87mL) 减去提取液的体积。

①乳与炼乳。称取 30.00g 混匀的样品。置于小烧杯中，再分别用 90mL 甲醇移于 300mL 具塞锥形瓶中，盖严防漏。振荡 30min，用折叠式快速滤纸滤于 100mL 具塞量筒中按表 14-2 收集 62mL 乳与 52mL 炼乳 (各相当于 16g 样品) 提取液。

②新鲜猪组织。取新鲜或冷冻保存的猪组织样品 (包括肝、肾、血、瘦肉) 置于小乳钵中，先切细，混匀后称取 30.00g，加玻璃砂少许磨细，新鲜全血用打碎机打匀，或用玻璃珠振摇抗凝。混匀后称取 30.00g，将各样品置于 300mL 具塞锥形瓶中，加入 90mL 甲醇 (各相当于 16g 样品)。

(2) 净化

①用石油醚分配净化。将以上收集的提取液移入 250mL 分液漏斗中，再按各种食品加入一定体积的氯化钠溶液 (40g/L) (见表 14-2)。再加入 40mL 石油醚，振摇 2min，待分层后将下层甲醇——氯化钠水层移入原量筒中，将上层石油醚溶液从分液漏斗上口倒出，弃去。再将量筒中溶液转移入原分液漏斗中。再重复用石油醚提取两次，每次 30mL，最后将量筒中溶液仍移于分液漏斗中。奶油样液总共用石油醚提取两次，每次 40mL。

②用三氯甲烷分配提取。于原量筒中加入 20mL 三氯甲烷，摇匀后，再倒入原分液漏

斗中，振摇 2min。待分层后，将下层三氯甲烷移于原量筒中，再重复用三氯甲烷提取两次，每次 10mL 合并于原量筒中。弃去上层甲醇水溶液。

（3）测定

①硅胶 G 薄层板的制备。薄层板厚度为 0.3mm，105℃ 活化 2h，在干燥器内可保存 1~2d。

②点板。取薄层板（5cm×20cm）两块，距板下端 3cm 的基线上各滴加两点，在距第一与第二板的左边缘 0.8~1cm 处各滴加 10μL 黄曲霉毒素 M_1 与黄曲霉毒素 B_1 混合标准使用液，在距各板左边缘 2.8~3cm 处各滴加同一样液点（各种食品的滴加体积见表 14-2），第二板的第 2 点上再滴加 10μL 黄曲霉毒素 M_1 与黄曲霉毒素 B_1 混合标准使用液。一般可将薄层板放在盛有干燥硅胶的展开槽内进行滴加，边加边用冷风机冷风吹干。

③展开。

a. 横展。在槽内加入 15mL 事先用无水硫酸钠脱水的无水乙醚（每 500mL 无水乙醚加 20g 无水硫酸钠）。将薄层板靠近标准点的长边置于槽内，展至板端后，取出挥干，再同上继续展开一次。

b. 纵展。将横展两次挥干后的薄层板再用异丙醇——丙酮——苯正己烷——石油醚（沸 60~90℃）-三氯甲烷混合展开剂纵展至前沿距原点距离为 10~12cm 取出挥干。

（4）观察与评定结果

①在紫外灯下将第一、二板相互比较观察，若第二板的第二点在黄曲霉毒素 M_1 与黄曲霉毒素 B_1 标准点的相应处出现最低检出量（黄曲霉毒素 M_1 与黄曲霉毒素 B_1 的比移值依次为 0.25 和 0.43），而在第一板相同位置上未出现荧光点，则样品中黄曲霉毒素 M_1 与黄曲霉毒素 B_1 含量在其所定的方法灵敏度以下（见表 14-2）。

②如果第一板的相同位置上出现黄曲霉毒素 M_1 与黄曲霉毒素 B_1 的荧光点，则第二板第二点的样液点是否各与滴加的标准点重叠，如果重叠，再进行以下的定量与确证试验。

（5）稀释定量

样液中的黄曲霉毒素 M_1 与黄曲霉毒素 B_1 荧光点的荧光强度与黄曲霉毒素 M_1 与黄曲霉毒素 B_1 的最低检出量（0.0004μg）的荧光强度一致，则乳、炼乳、乳粉、干酪与奶油样品中黄曲霉毒素 M_1 与黄曲霉毒素 B_1 的含量依次为 0.1μg/kg、0.2μg/kg、0.5μg/kg、0.5μg/kg 及 0.5μg/kg；新鲜猪组织（肝、肾、血、瘦肉）样品均为 2μg/kg（见表 14-2）。如样液中黄曲霉毒素 M_1 与黄曲霉毒素 B_1 荧光强度比最低检出量强，则根据其强度逐一进行测定，估计减少滴加体积或经稀释后再滴加不同体积，直至样液点的荧光强度与最低检出量点的荧光强度一致为止。

（6）确证试验

在做完定性或定量的薄层板上，将要确证的黄曲霉毒素 M_1 和黄曲霉毒素 B_1 的点用大头针圈出。喷以硫酸溶液（1+3），放置 5min 后，在紫外灯下观察，若样液中黄曲霉毒素

M_1 和黄曲霉毒素 B_1 点与标准点一样均变为黄色荧光,则进一步确证检出的荧光点是黄曲霉毒素 M_1 和黄曲霉毒素 B_1。

(7) 计算黄曲霉毒素 M_1 或黄曲霉毒素 B_1 的含量按下式进行计算：

$$X = 0.0004 \times V_1/V_2 \times D \times 1000/m$$

式中：X – 黄曲霉毒素 M_1 或黄曲霉毒素 B_1 含量,μg/kg；

V_1 – 样液浓缩后体积,mL；

V_2 – 出现最低荧光样液的滴加体积,mL；

D – 浓缩样液的总稀释倍数；

m – 浓缩样液中所相当的试样质量,g；

0.0004 – 黄曲霉毒素 M_1 或黄曲霉毒素 B_1 的最低检出量,μg。

思考题

1. 食品中常见的有毒有害物质有哪些？
2. 食品中农药残留的快速检测方法有哪些？请简要说明。
3. 用速测卡测农药残留的具体步骤是什么？应注意什么？
4. 简述拟除虫菊酯类农药残留的测定原理。
5. 简述酶联免疫吸附剂试剂盒的测定步骤。
6. 色谱法检测肉中四环素族药物残留量的原理及步骤是什么？
7. 通过查阅资料概括食品中天然毒素的种类及其特点。
8. 简述花生中黄曲霉毒素提取的过程。

模块十五 实验

实验一 乳粉中水分含量的测定

（常压干燥法）

一、实验目的

1. 了解水分测定的意义。
2. 掌握直接干燥法测定水分的方法。
3. 掌握恒温干燥箱的正确使用方法。

二、实验原理

在一定温度（100℃~105℃）和压力（常压）下，将样品放在烘箱中加热，样品中的水分受热以后，产生的蒸汽压高于空气在恒温干燥箱中的分压，使水分蒸发出来，同时，由于不断加热和排走水蒸气，将样品完全干燥，干燥前后样品质量之差即为样品的水分量，以此计算样品水分含量。

三、实验仪器

1. 常压恒温干燥箱
2. 玻璃称量皿或带盖铝皿
3. 电子天平（万分之一）
4. 干燥器

四、实验步骤

1. 将称量皿洗净、烘干，置于干燥器内冷却，再称重，重复上述步骤至前后两次称量之差小于2mg。记录空皿中 m_1。

2. 称取2.00~10.00g乳粉于已恒量的称量皿中，加盖，准确称重，记录重量 m_2。

3. 将盛有乳粉的称量皿置于100℃~105℃的常压恒温干燥箱中，盖斜倚在称量皿边上，干燥2h（在干燥温度达到100℃以后开始计时）。

4. 在干燥箱内加盖，取出称量皿，置于干燥器内冷却0.5h，立即称重。

5. 重复步骤3、4，直至前后两次称量之差小于2mg。记录重量 m_3。

五、结果处理

实验记录

称量瓶的质量/g	称量瓶加奶粉的质量/g	称量瓶加奶粉干燥后的质量/g

$$乳粉中水分含量\% = \frac{m_1 - m_2}{m_1 - m_3} \times 100$$

式中：m_1 — 干燥前样品与称量皿（或蒸发皿加海砂、玻璃棒）的质量，g；

m_2 — 干燥后样品与称量皿（或蒸发皿加海砂、玻璃棒）的质量，g；

m_3 — 称量皿（或蒸发皿加海砂、玻璃棒）的质量，g。

六、注意事项

1. 固态样品必须磨碎，全部经过20~40目筛，混合均匀后方可测定。水分含量高的样品要采用两步干燥法进行测定。

2. 本法测得的水分包括微量的芳香油、醇、有机酸等挥发物质。

实验二　面粉中灰分含量的测定

一、实验目的

1. 了解灰分测定的意义和原理。
2. 掌握面粉中灰分测定的方法和操作技能。
3. 掌握马弗炉的使用方法。

二、实验原理

一定量的样品炭化后放入高温炉内灼烧，使有机物质被氧化分解成二氧化碳、氮的氧化物及水等形式逸出，剩下的残留物即为灰分，称量残留物的质量即得总灰分的含量。

三、仪器与试剂

1. 实验仪器

（1）电子天平。　　　　　（2）高温炉。

（3）电炉。　　　　　　　（4）坩埚。

(5)坩埚钳。　　　　　　　　　(6)干燥器。

2. 实验试剂

(1)1:4盐酸溶液。　　　　　　(2)6mol/L硝酸溶液。

(3)36%过氧化氢。　　　　　　(4)0.5%三氯化铁溶液和等量蓝墨水的混合液。

(5)辛醇或纯植物油。

四、实验步骤

1. 瓷坩埚的准备

将坩埚用盐酸(1:4)煮1~2h,洗净、晾干,用三氯化铁与蓝墨水的混合液在坩埚外壁及盖上写编号,置于500℃~550℃高温炉中灼烧1h,于干燥器内冷却至室温,称量,反复灼烧、冷却、称量,直至两次称量之差小于0.5mg,记录重量m_1。

2. 准确称取2~3g面粉于坩埚内,并记录重量m_2。

3. 炭化

将盛有样品的坩埚放在电炉上小火加热炭化至无黑烟产生。

4. 灰化

将炭化好的坩埚慢慢移入高温炉(500~600℃),盖斜倚在坩埚上,灼烧2~5h,直至残留物呈灰白色为止。冷却至200℃以下时,再放入干燥器冷却,称重。反复灼烧、冷却、称重,直至恒量(两次称量之差小于0.5mg),记录重量m_3。

五、结果处理

数据处理

坩埚质量/g	坩埚加面粉的质量/g	坩埚加灰分的质量/g

$$灰分含量(\%) = \frac{m_3 - m_1}{m_2 - m_1} \times 100$$

式中:m_1—空坩埚的质量,g;

　　　m_2—面粉+坩埚的质量,g;

　　　m_3—残灰+坩埚的质量,g。

六、注意事项

1. 炭化一般在电炉上进行,半盖坩埚盖,为防止其发泡溢出,炭化前可加数滴辛醇或植物油。

2. 把坩埚放入或取出高温炉时,在炉口停留片刻,防止因温度剧变使坩埚破裂。

3. 在移入干燥器前,最好将坩埚冷却至200℃以下,取坩埚时要缓缓让空气流入,防止形成真空对残灰的影响。

4. 灼烧温度不能超过600℃,否则会造成钾、钠、氯等易挥发成分的损失。

实验三 木耳中铁的测定

（邻二氮菲比色法）

一、实验目的
1. 了解邻二氮菲比色法测定铁的原理。
2. 掌握邻二氮菲比色法测定铁的方法。

二、实验原理
在 pH 值为 2～9 的溶液中，邻二氮菲（又称邻菲罗啉）能与二价铁离子生成稳定的橙红色络合物，在波长 λ=510nm 处有最大吸收，其吸光度与铁含量成正比，可用比色法测定。在显色前，可用盐酸羟胺把 Fe^{3+} 还原为 Fe^{2+} 后再作反应。

三、仪器与试剂
1. 仪器

分光光度计。

2. 试剂

（1）10% 盐酸羟胺溶液，用前配制。

（2）浓硫酸。

（3）1mol/L 盐酸溶液。

（4）10% 乙酸钠溶液。

（5）2% 高锰酸钾溶液。

（6）0.12% 邻二氮菲水溶液（新鲜配制）：称取 0.12 g 邻二氮菲于烧杯中，加 60 mL 水加热至 80℃溶解，冷却后移入 100mL 容量瓶定容。

（7）铁标准贮备液：准确称取 0.4979 g 硫酸亚铁溶于 100mL 水中，加入 5mL 浓硫酸微热，溶解后随即逐滴加入 2% 高锰酸钾溶液，至最后一滴红色不褪色为止，用水定容至 1000mL，此溶液每毫升含 Fe^{3+} 100μg。

（8）铁标准使用液：使用前将标准工作液准确稀释 10 倍，此溶液每毫升含 Fe^{3+} 10μg。

四、实验步骤
1. 样品处理

称取称取木耳 10.0g，干法灰化后，加 2mL（1∶1）盐酸于水浴上蒸干，再加 5mL 蒸馏水，加热煮沸，冷却，移入 100mL 容量瓶用水定容，摇匀。

2. 标准曲线绘制

准确吸取上述铁标准使用液 0.0mL，1.0mL，2.0mL，3.0mL，4.0mL，5.0mL，分别置

于 50mL 容量瓶中，加入 1mol/L 盐酸 1mL，10% 盐酸羟胺 1mL，0.12% 邻二氮菲 1mL，10% 乙酸钠 5mL，然后用水稀释至刻度摇匀。10min 后，用 1cm 比色皿，以不加铁标的试剂空白作参比，在 510nm 波长处测定各溶液的吸光度，以含铁量为横坐标，吸光度值为纵坐标，绘制标准曲线。

3. 样品测定

准确吸取样液 5~10mL（视铁含量的高低）于 50mL 容量瓶中，按标准曲线的制作步骤，加入各种试剂，测定吸光度，在标准曲线上查出相对应的铁含量（μg）。

五、结果计算

1. 数据记录

样液 mL			吸光度 A			标准曲线对应的铁含量 μg		
1	2	3	1	2	3	1	2	3

$$铁含量 = \frac{C \times V_2}{m \times V_1} \times 100 (\mu g/100g)$$

式中：C - 从标准曲线上查得测定用样液相应的铁含量，μg；

V_1 - 测定用样液体积，mL；

V_2 - 样液总体积，mL；

m - 样品质量，g。

六、说明及注意事项

1. Cu^{2+}、Ni^{2+}、Co^{2+}、Zn^{2+}、Hg^{2+}、Cd^{2+}、Mn^{2+} 等离子也能与邻二氮菲生成稳定的络合物，少量时不影响测定，量大时可用 EDTA 掩蔽或预先分离。

2. 加入试剂的顺序不能任意改变，否则会因为 Fe^{3+} 水解等原因造成较大误差。

3. 微量元素分析的制备过程中要注意防止各种污染，所用各种设备必须是不锈钢制品，所用容器必须是玻璃或聚乙烯制品。

4. 加入 10% 乙酸钠的目的是调节溶液 pH 值至 3~5，使二价铁更能与邻二氮菲定量地络合，发色较为完全。

实验四　汽水中总酸度的测定

一、实验目的

1. 了解总酸度测定的原理及意义。
2. 掌握汽水中测定总酸度的方法。

二、实验原理

除去汽水中有机酸,用已知浓度的标准碱溶液滴定时中和生成盐类。用酚酞作指示剂时,当滴定至终点(pH=8.2,指示剂显红色)时,30s 不褪色,根据标准碱的消耗量,计算出样品的含酸量。

三、试剂

1. 0.1mol/L NaOH 标准溶液
2. 1% 酚酞乙醇溶液

四、实验步骤

1. 取汽水 100mL,置锥形瓶中,放入水浴锅中加热煮沸 10min(逐出 CO_2),取出自然冷却至室温用蒸馏水补足至 100mL,待用。

2. 吸取 10mL 样液于锥形瓶中,加蒸馏水 50mL,置电炉上加热至沸,取下放冷后加入酚酞指示剂 2 滴,用 0.1mol/L NaOH 标准溶液滴定至粉红色,持续 30 秒不褪色为终点,记录氢氧化钠溶液消耗量。每个样品重复滴定 3 次,取其平均值。同时做空白实验。

五、结果处理

1. 数据记录

NaOH 标准溶液浓度/mol/L	NaOH 标准溶液的用量/mL				pH		
	1	2	3	平均	1	2	平均

2. 计算

$$总酸度(以柠檬酸计) = \frac{C \times V \times 0.064}{10} \times 100\% \quad (g, mL)$$

式中:C - NaOH 标准溶液的浓度,mol/L;

　　　V - 滴定时消耗氢氧化钠溶液用量,mL;

　　　V_2 - 样品稀释液总体积,mL。

六、说明及注意事项

1. 食品中的酸是多种有机弱酸的混合物,用强碱进行滴定时,滴定突跃不够明显。特别是某些食品本身具有较深的颜色,使终点颜色变化不明显,影响滴定终点的判断。此时可通过加水稀释,用活性炭脱色等处理,或用原试样溶液对照进行终点判断,以减少干扰,或者用电位滴定法进行测定。

2. 样品浸渍、稀释用蒸馏水中不能含有 CO_2。

实验五　牛乳中脂肪的测定

（罗紫——哥特里法）

一、实验目的

1. 了解罗紫——哥特里法测定脂肪的原理。
2. 掌握罗紫——哥特里法测定脂肪的方法。

二、实验原理

利用氨——乙醇溶液破坏乳的胶体性状及脂肪球膜，使非脂成分溶解于氨——乙醇溶液中，而脂肪游离出来，再用乙醚——石油醚提取出脂肪，蒸馏去除溶剂后，残留物即为乳脂肪。

三、仪器与试剂

仪器：抽脂瓶。

试剂：(1)25%氨水（相对密度0.91）；(2)96%乙醇；(3)乙醚（不含过氧化物）；(4)石油醚（沸程30℃~60℃）。

四、实验步骤

取一定量样品（牛奶吸取10.00mL；乳粉精密称取约1g，用10mL60℃水，分数次溶解）于抽脂瓶中，加入1.25mL氨水，充分混匀，置60℃水浴中加热5min，再振摇2min，加入10mL乙醇，充分摇匀，于冷水中冷却后加入25mL乙醚，振摇半分钟，加入25mL石油醚，再振摇半分钟，静置30min，待上层液澄清时，读取醚层体积，放出一定体积醚层于一已恒重的烧瓶中，蒸馏回收乙醚和石油醚，挥干残余醚后放入100℃~105℃烘箱中干燥1.5h，取出放入干燥器中冷却至室温后称重，重复操作直至恒重。

五、数据记录

1. 数据记录

烧瓶质量/g	样品的质量/g	烧瓶加脂肪的质量/g	醚层总体积1mL	取醚层的体积1mL

2. 计算

$$脂肪(\%) = \frac{m_2 - m_1}{m \times \frac{V_1}{V} \times 100}$$

式中：m_2 - 烧瓶和脂肪质量，g；
　　　m_1 - 烧瓶质量，g；

m — 样品质量，g（或毫升×相对密度）；
V — 读取醚层总体积，mL；
V_1 — 测定时所取醚层体积，mL。

六、说明与注意事项

1. 乳类脂肪虽然也属游离脂肪，但因脂肪球被乳中酪蛋白钙盐包裹，又处于高度分散的胶体分散系中，所以不能直接被乙醚、石油醚提取，需预先用氨水处理。故此法也称为碱性乙醚提取法。

2. 本法适用于各种液状乳（生乳、加工乳、部分脱脂乳、脱脂乳等），各种炼乳、奶粉、奶油及冰激凌等能在碱性溶液中溶解的乳制品，也适用于豆乳或加水呈乳状的食品。

3. 若无抽脂瓶时，可用容积 100mL 的具塞量筒替用，待分层后读数，用移液管吸出一定量醚层。

4. 加氨水后，要充分混匀，否则会影响下步醚对脂肪的提取。

5. 操作时加入乙醇的作用是沉淀蛋白质以防止乳化，并溶解醇溶性物质，使其留在水中，避免进入醚层，影响结果。

6. 加入石油醚的作用是降低乙醚极性，使乙醚与水不混溶，只抽提出脂肪，并可使分层清晰。

7. 对已结块的乳粉，用本法测定脂肪，其结果往往偏低。

实验六　水果硬糖中还原糖的测定

（直接滴定法）

一、实验目的

1. 了解斐林试剂热滴定测定还原糖的原理。
2. 能够准确测定水果糖中还原糖的含量。

二、实验原理

还原糖是指含有自由醛基或酮基的单糖和某些二糖。在碱性溶液中，还原糖将 Cu^{2+}、Hg^{2+}、Fe^{3+}、Ag^+ 等金属离子还原，而糖本身被氧化和降解。

斐林试剂是氧化剂，由甲、乙两种溶液组成。甲液含硫酸铜和亚甲基蓝（氧化还原指示剂）；乙液含氢氧化钠，酒石酸钾钠和亚铁氰化钾。将一定量的甲液和乙液等体积混合，生成可溶性的络合物酒石酸钾钠铜；在加热条件下，用样液滴定，样液中的还原糖与酒石酸钾钠铜反应，生成红色的氧化亚铜沉淀，氧化亚铜沉淀再与试剂中的亚铁氰化钾反应生成可溶性无色化合物，便于观察滴定终点。

滴定时以亚甲基蓝为氧化——还原指示剂。亚甲基蓝氧化能力比二价铜弱,待二价铜离子全部被还原后,稍过量的还原糖可使蓝色的氧化型亚甲基蓝还原为无色的还原型亚甲基蓝,即达滴定终点。根据消耗样液量可计算出还原糖含量。

三、试剂

1. 碱性酒石酸铜甲液:称取15g硫酸铜($CuSO_4 \cdot 5H_2O$)及0.05g次甲基蓝,溶于水中并稀释到1000mL。

2. 碱性酒石酸铜乙液:称取50g酒石酸钾钠及75g氢氧化钠,溶于水中,再加入4g亚铁氰化钾,完全溶解后,用水稀释至1000mL,贮存于橡皮塞玻璃瓶中。

3. 乙酸锌溶液:称取21.9g乙酸锌,加3mL冰醋酸,加水溶解并稀释到100mL。

4. 10.6%亚铁氰化钾溶液:称10.6g亚铁氰化钾溶于水并稀释至100mL。

5. 葡萄糖标准溶液:准确称取1.0000g经过98℃~100℃干燥至恒重的无水葡萄糖,加水溶解后加入5mL盐酸(防止微生物生长),移入1000mL容量瓶中,用水稀释到1000mL。

6. 1 mol/L NaOH 标准溶液。

7. 15% Na_2CO_3 溶液:称15g碳酸钠溶于水并稀释至100mL。

8. 10% $Pb(Ac)_2$ 溶液:称取10g醋酸铅溶于水并稀释至100mL。

9. 10% Na_2SO_4 溶液:称10g硫酸钠溶于水并稀释至100mL。

四、试验步骤

1. 样品处理

准确称取样品置于250mL容量瓶中加水溶解定容,摇匀,即为样液。

2. 碱性酒石酸铜溶液的标定

准确吸取碱性酒石酸铜甲液和乙液各5mL,置于250mL锥形瓶中,加水10mL,加玻璃珠3粒。从滴定管滴加约9mL葡萄糖标准溶液,加热使其在2min内沸腾,准确沸腾30s,趁热以每2s1滴的速度继续滴加葡萄糖标准溶液,直至溶液蓝色刚好褪去为终点。记录消耗葡萄糖标准溶液的总体积。平行操作3次,取其平均值,按下式计算。

$$F = C \cdot V$$

式中:F-10mL碱性酒石酸铜溶液相当于葡萄糖的质量,mg;

　　　C-葡萄糖标准溶液的浓度,mg/mL;

　　　V-标定时消耗葡萄糖标准溶液的总体积,mL。

3. 样品溶液预测

准确吸取碱性酒石酸铜甲液及乙液各5mL,置于250mL锥形瓶中,加水10mL,加玻璃珠3粒,加热使其在2min内至沸,准确沸腾30s,趁热以先快后慢的速度从滴定管中滴加样品溶液,滴定时要始终保持溶液呈沸腾状态。待溶液蓝色变浅时,以每2s1滴的速度滴定,直至溶液蓝色刚好褪去为终点。记录样品溶液消耗的体积。

4. 样品溶液测定

准确吸取碱性酒石酸铜甲液及乙液各5mL，置于250mL锥形瓶中，加水10mL，加玻璃珠3粒，从滴定管中加入比预测时样品溶液消耗总体积少1mL的样品溶液，加热使其在2min内沸腾，准确沸腾30s，趁热以每2s 1滴的速度继续滴加样液，直至蓝色刚好褪去为终点。记录消耗样品溶液的总体积。同法平行操作3次，取平均值。

五、结果计算

1. 数据记录

标定10mL碱性酒石酸铜液消耗葡萄糖液用量/mL	10mL碱性酒石酸铜液相当于葡萄糖液的质量/mg	测定时消耗样品溶液用量/mL			
		1	2	3	平均

2. 结果计算

$$还原糖（以葡萄糖计\%） = \frac{F}{m \times \dfrac{V}{250} \times 1000} \times 100$$

式中：m — 样品质量，g；

F — 10mL碱性酒石酸铜溶液相当于葡萄糖的质量，mg；

V — 测定时平均消耗样品溶液的体积，mL；

250 — 样品溶液的总体积，mL。

六、注意事项

1. 斐林试剂甲液和乙液应分别贮存，用时才混合，否则酒石酸钾钠铜络合物长期在碱性条件下会慢慢分解析出氧化亚铜沉淀，使试剂有效浓度降低。

2. 滴定必须是在沸腾条件下进行，保持反应液沸腾可防止空气进入，也可加快还原糖与Cu^{2+}的反应速度。

3. 滴定时不能随意摇动锥形瓶，更不能把锥形瓶从热源上取下来滴定，以防止空气进入反应溶液中。

实验七 豆乳饮料中蛋白质的测定

（微量凯氏定氮法）

一、实验目的

1. 掌握微量凯式定氮法测定蛋白质的方法。
2. 了解微量定氮装置的原理及应用。

二、实验原理

样品与浓硫酸和催化剂一同加热消化，使蛋白质分解，其中碳和氢被氧化为二氧化碳和水逸出，而样品中的有机氮转化为氨与硫酸结合成硫酸铵。硫酸氨用氢氧化钠中和生成氢氧化铵，加热又分解为氨，用硼酸吸收。吸收氨后的硼酸再以标准盐酸或硫酸溶液滴定，根据标准酸消耗量可计算出蛋白质的含量。

三、仪器与试剂

1. 仪器

凯式烧瓶、微量凯式定氮装置，如下页图所示。

2. 试剂

(1) 4%硼酸吸收液：20g 硼酸（化学纯）溶解于500mL 热水中，摇匀备用。

(2) 甲基红——溴甲酚绿混合指示剂：5 份 0.2% 溴甲酚绿95%乙醇溶液与1 份0.2%甲基红乙醇溶液混合。

(3) 40%氢氧化钠溶液。

(4) 浓硫酸。

(5) 硫酸钾。

(6) 硫酸铜。

(7) 0.01000mol/L 盐酸标准溶液

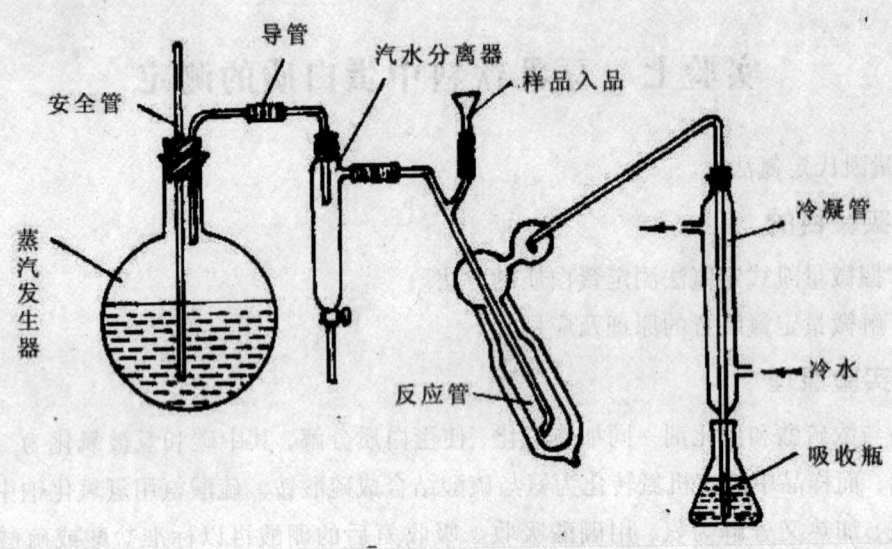

微量凯氏定氮蒸馏装置

四、实验步骤

准确称取 20mL 豆乳样品,小心移入干燥洁净的 500mL 凯氏烧瓶中,然后加入研细的硫酸铜 0.5g、硫酸钾 10g 和浓硫酸 20mL,轻轻摇匀后,用电炉以小火加热,待泡沫停止产生后,加大火力,至液体变蓝绿色透明后,再继续加热微沸 30min。

消化液待冷却后用水移入 100mL 容量瓶中,加水至刻度。按图装好微量定氮装置,准确移取消化液 10mL 于反应管内,再加入 10mL 氢氧化钠溶液使呈强碱性,用少量蒸馏水洗漏斗数次,夹好漏斗夹,进行水蒸气蒸馏。冷凝管下端预先插入盛有 10mL4% 硼酸吸收液(加有混合指示剂)锥形瓶的液面下。蒸馏至吸收液中所加的混合指示剂变为绿色开始计时,继续蒸馏 5min,将冷凝管尖端提离液面再蒸馏 1min,用蒸馏水冲洗冷凝管尖端后停止蒸馏。

馏出液立即用 0.01000mol/L 盐酸标准溶液滴定至灰红色为终点,记录盐酸溶液用量。同时作空白试验(除不加样品外,从消化开始操作完全相同),记录空白实验盐酸溶液用量。

五、结果处理

1. 结果记录

盐酸标准溶液浓度/mol/L	样品滴定消耗盐酸的量/mL			空白滴定消耗盐酸量/mL		
	1	2	平均	1	2	平均

2. 结果计算

$$蛋白质(\%) = C \times \frac{(V_1 - V_2) \times \dfrac{M_{氮}}{1000}}{m} \times F \times 100$$

式中：C – 盐酸标准溶液的浓度，mol/L；

V_1 – 滴定样液时消耗盐酸标准溶液体积，mL；

V_2 – 滴定空白时消耗盐酸标准溶液体积，mL；

m – 样品质量，g；

$M_氮$ – 氮的摩尔质量，14.01g/mol；

F – 氮换算为蛋白质的系数。

六、注意事项

1. 消化过程中应不时转动凯式烧瓶，以便利用冷凝酸液将附在瓶壁上的固体残渣洗下来并促进消化。

2. 蒸馏前给水蒸气发生器内装水至2/3容积处，加数毫升稀硫酸及数滴甲基橙指示剂以使其始终保持酸性，水应呈橙红色。如变黄色时，要补加酸，这样可以避免在碱性时水中的游离氨被蒸出而影响测定结果。

3. 在蒸馏时，蒸汽发生要均匀充足，蒸馏过程中不得停火断汽，否则将发生倒吸。

4. 加碱要足量，操作要迅速；漏斗应采用水封措施，以免气逸出损失。

实验八 酱油中氨基酸态氮含量的测定

一、实验目的

1. 了解电位滴定法测定氨基酸态氮含量的原理。

2. 学会电位滴定法

二、实验原理

氨基酸含有酸性的—COOH，也含有碱性的—NH_2，它们互相作用使氨基酸成为中性的内盐。加入甲醛溶液时，—NH_2 与甲醛结合，其碱性消失，这样就可以用碱来滴定—COOH，并用间接的方法测定氨基酸的含量。用碱完全中和—COOH时的pH值约为8.5～9.5，可以利用酸度计来指示终点。

三、仪器与试剂

1. 仪器

酸度计、复合玻璃电极、磁力搅拌器。

2. 试剂

（1）20%中性甲醛。

（2）0.05mol/L氢氧化钠标准溶液。

四、实验步骤

吸取含氨基酸约 20mg 的酱油 5.0mL 于 100mL 容量瓶中，加水至标线，混匀后吸取 20.0mL 置于 200mL 烧杯中，加水 60mL，开动磁力搅拌器，用 0.05mol/L 氢氧化钠标准溶液滴定至酸度计指示 pH8.2，记录消耗的氢氧化钠标准溶液的体积。

加入 10.0mL 甲醛溶液，混匀。再用 0.05mol/L 的氢氧化钠标准溶液继续滴定至 pH9.2，记录消耗氢氧化钠标准溶液的体积(V_1)。

同时取 80mL 蒸馏水置于另一 200mL 烧杯中，先用 0.05mol/L 氢氧化钠标准溶液滴至 pH8.2（此时不记碱耗量），再加入 10.0mL 甲醛溶液，混匀。用 0.05mol/L 的氢氧化钠标准溶液继续滴定至 pH9.2，作为空白试验。记录消耗氢氧化钠标准溶液的体积(V_2)。

五、结果处理

结果计算

项 目	加甲醛前 NaOH 量/mL	加甲醛后 NaOH 量/mL	NaOH 标准溶液浓度/mol/L
1			
2			
3			
平均			
空白滴定			

$$氨基酸态氮(\%) = \frac{(V_1 - V_2)C \times 0.0141}{5 \times \frac{V_3}{100}} \times 100$$

式中：V_1 — 样品稀释液在加入甲醛后滴定至终点（pH 9.2）所消耗的氢氧化钠标准溶液的体积，mL；

V_2 — 空白实验在加入甲醛后滴定至终点（pH9.2）所消耗的氢氧化钠标准溶液的体积，mL；

C — 氢氧化钠标准溶液的浓度，mol/L；

0.014 — 氮的毫摩尔质量，mg/mol。

六、注意事项

1. 本法准确快速，可用于各类样品中氨基酸含量的测定。

2. 酱油中游离氨基酸有 18 种，谷氨酸和天冬氨酸占的比例最多，这两种氨基酸含量越高，酱油的鲜味越强。

实验九　果蔬中维生素 C 含量的测定

(2,6-二氯靛酚滴定法)

一、实验目的

1. 了解测定维生素 C 的意义。
2. 掌握测定维生素 C 的方法和原理。

二、实验原理

还原型维生素 C 可以还原 2,6-二氯靛酚染料。该染料在酸性介质中呈浅红色，被还原后红色消失。还原型维生素 C 还原染料后，本身被氧化成脱氢抗坏血酸。在无杂质干扰时，一定量的样品提取液还原染料的量与样品中所含还原型抗坏血酸的量成正比，根据染料用量就可计算样品中还原型抗坏血酸含量。

三、仪器与试剂

1. 仪器

高速组织捣碎机、分析天平。

2. 试剂

(1) 1% 草酸溶液：称取 10g 草酸 ($C_2H_2O_4 \cdot 2H_2O$) 溶解于水并稀释至 1L。

(2) 2% 草酸溶液：称取 20g 草酸溶解于水并稀释至 1L。

(3) 1% 淀粉溶液：称 1g 淀粉溶解于 100mL 水中加热煮沸，边加热边搅拌。

(4) 6% 碘化钾溶液：称 6g 碘化钾溶解于 100mL 水中。

(5) 0.001 mol/L 碘酸钾标准溶液：精确称取干燥的碘酸钾 0.3567g，用水稀释至 100mL，取出 1mL，用水稀释至 100mL，此溶液 1mL 相当于抗坏血酸 0.088mg。

(6) 抗坏血酸标准溶液。

①配制：准确称取 20mg 抗坏血酸，溶于 1% 草酸中并定容至 100mL，置冰箱中保存。用时取出 5mL，置于 50 mL 容量瓶中，用 1% 草酸溶液定容，配成 0.02mg/mL 的标准使用液。

②标定：吸取标准使用液 5mL 于三角瓶中，加入 6% 的碘化钾溶液 0.5mL，1% 淀粉溶液 3 滴，再以 0.001 mol/L 碘酸钾标准溶液滴定，终点为淡蓝色。

$$C = V_1 \times \frac{0.088}{V_2}$$

式中：C-抗坏血酸标准溶液的浓度，mg/mL；

V_1-滴定时消耗 0.001 mol/L 碘酸钾标准溶液的体积，mL；

V_2-滴定时所取抗坏血酸标准溶液的体积，mL；

0.088 – 1 mL 0.001 mol/L 碘酸钾标准溶液相当于抗坏血酸的量，mg/mL。

(7) 2,6 – 二氯靛酚钠溶液：

①配制：先称取 52mg 碳酸氢钠（$NaHCO_3$）溶解在 200mL 沸水中，然后再称取 50mg 2,6 – 二氯靛酚钠溶于上述碳酸氢钠溶液中。冷却，保存在冰箱中过夜。次日过滤于 250mL 棕色容量瓶中，定容。

②标定：吸取 5mL 抗坏血酸标准溶液，加 1% 草酸溶液 5mL，摇匀，用 2,6 – 二氯靛酚钠溶液滴定至溶液呈粉红色 15s 不褪色为止。

$$T = \frac{C \times V_1}{V_2}$$

式中：T – 每毫升 2,6 – 二氯靛酚钠溶液相当于抗坏血酸的毫克数，mg/mL；

　　　C – 抗坏酸的浓度，mg/mL；

　　　V_1 – 抗坏血酸标准溶液的体积，mL；

　　　V_2 – 消耗 2,6 – 二氯靛酚钠的体积，mL。

四、实验步骤

1. 样液制备

(1) 鲜样制备：称 100g 鲜样，放入组织捣碎机中，加 2% 草酸 100mL 迅速捣成匀浆。取 10~40g 匀浆，用 2% 草酸定容至 100mL 容量瓶中（若有泡沫可加入 2 滴辛醇除去），摇匀放置 10min 过滤。若滤液有色，可按每克样品加 0.4g 白陶土脱色后再过滤。

(2) 多汁果蔬样品制备：榨汁后，用棉花快速过滤，直接量取 10~20mL 汁液（含抗坏血酸 1~5mg），立即用 2% 草酸浸提剂定容至 100mL，待测。

2. 测定

吸取 5mL 或 10mL 滤液于 100mL 三角瓶中，用已标定过的 2,6 – 二氯靛酚钠溶液滴定，直到溶液呈粉红色 15s 不褪色为止。同时做空白试验。

五、结果计算

1. 数据记录

滴定样液时消耗染料的体积/mL				滴定空白时消耗染料的体积/mL			
1	2	3	平均	1	2	3	平均

2. 结果计算

$$X = \frac{T(V - V_0)}{m} \times 100$$

式中：X – 样品中维生素 C 的含量，mg/100g；

V – 滴定样液时消耗染料溶液的体积，mL；

V_0 – 滴定空白时消耗染料溶液的体积，mL；

T – 1 mL 染料溶液相当于抗坏血酸溶液的量，mg/mL；

m – 滴定时所取滤液中含有样品的质量，g。

六、注意事项

1. 本方法适用于水果、蔬菜及其加工制品中还原型抗坏血酸的测定（不含二价铁、二价锡、二价铜、亚硫酸盐或硫代硫酸盐）。

2. 动物性样品，须用 10% 三氯醋酸代替草酸溶液提取。

3. 2,6 – 二氯靛酚钠溶液应贮于棕色瓶中冷藏，每星期应标定一次。

实验十 番茄酱中番茄红素的测定

一、实验目的

1. 了解番茄红素的提取及其测定方法。

2. 熟练使用分光光度计。

二、实验原理

用甲醇提取出黄色素，再用苯（或甲苯）提取出番茄红素，其在 487nm 处有最大吸收值，可以测定。因番茄红素不稳定，故可以用苏丹 1 号色素代替制作标准曲线。

三、实验仪器与试剂

分光光度计、苏丹 1 号色素。

四、实验步骤

1. 标准曲线制作（用苏丹 1 号色素代替番茄红素）

准确称取苏丹 1 号色素 25mg，用无水乙醇溶解并定容至 50mL，摇匀。吸取 0.24mL、0.485mL、0.725mL、0.97mL、1.25mL 分别注入 50mL 容量瓶中，用无水乙醇稀释至刻度，摇匀后，即得相当于 0.5μg/mL、1.0μg/mL、1.5μg/mL、2.0μg/mL、2.5μg/mL 番茄红素的苏丹 1 号色素标准溶液。在 487nm 下测定消光值，绘出标准曲线。

2. 样品测定

准确称取番茄酱 0.5g，加入少量无水甲醇，迅速调匀（防止结块），抽提黄色素，过滤。反复用无水甲醇抽提，直至滤液无色为止（滤液弃去）。换一干燥的 25mL 容量瓶承接，用甲苯洗涤残渣，直至残渣无色为止。滤液移至 50mL 容量瓶中，加苯至刻度，摇匀。

吸取5mL注入具塞刻度试管中,加苯至20mL,混匀。用甲苯作空白实验,在最大吸收波长487nm下测定消光值,从标准曲线上查得相应的C值。

五、结果处理

1. 数据记录

样品的吸光度对应的 C/(μg/mL)				空白试剂的吸光度对应的 C/(μg/mL)		
1	2	3	平均	1	2	平均

2. 结果计算

$$番茄红素含量(mg/100g) = \frac{C \times 50}{m \times 1000} \times 100$$

式中:C - 从标准曲线上查得番茄红素的量,μg/mL;
   m - 样品的重量,g。

六、说明

合成色素虽较稳定,但存放时间长的合成色素仍会有轻微褪色,应与标准番茄红素作对照,以确定其相应浓度。

实验十一　咸肉中亚硝酸盐的测定

(盐酸萘乙二胺法)

一、实验目的

1. 了解亚硝酸盐测定的原理和意义。
2. 掌握亚硝酸盐测定的方法。

二、实验原理

亚硝酸盐在酸性条件下,与对氨基苯磺酸发生重氮化反应生成重氮盐,此重氮盐再与盐酸萘乙二胺发生偶合反应,生成紫红色偶氮化合物。在550nm处有最大吸收,其颜色深浅与亚硝酸含量成正比,故可比色测定。

三、实验仪器与试剂

1. 仪器

分光光度计、组织捣碎机。

2. 试剂

(1)饱和硼砂溶液:5g硼酸钠($Na_2B_4O_7 \cdot 10H_2O$)溶于100 mL热的重蒸水中,冷却备用。

(2)亚铁氰化钾溶液:称取 106 g 亚铁氰化钾溶于水,并稀释至 1000 mL。

(3)乙酸锌溶液:称取 220 g 乙酸锌,加 30 mL 冰醋酸溶于水,并稀释至 1000 mL。

(4)果蔬抽提液:溶解 50 g 氯化汞($HgCl_2$)和 50 g 氯化钡($BaCl_2$)于 1000 mL 重蒸水中,用浓盐酸调整 pH 值为 1。

(5)氢氧化铝乳液:溶解 125 g 硫酸铝于 1000 mL 重蒸水中,滴加氨水使氢氧化铝全部沉淀(使溶液呈微碱性)。用蒸馏水反复洗涤,真空抽滤,直至洗液分别用氯化钡、硝酸银溶液检验不发生混浊。取下沉淀物,加适量重蒸水使之呈薄糊状,搅拌均匀备用。

(6)0.4% 对氨基苯磺酸溶液:称取 0.4 g 对氨基苯磺酸,溶于 100 mL 20% 的盐酸溶液中,避光保存。

(7)0.2% 盐酸萘乙二胺溶液:称取 0.2 g 盐酸萘乙二胺,溶于 100 mL 重蒸水中。

(8)亚硝酸钠标准溶液(5μg/mL):精确称取 0.1000 g 亚硝酸钠(优级纯),以重蒸水定容到 500 mL。再吸取此溶液 25 mL,以重蒸水定容到 1 000 mL,此工作液每毫升含亚硝酸钠 5μg。

四、实验步骤

1. 样品处理

称取经搅拌混合均匀的样品 5 g 于 50 mL 烧杯中,加入硼砂饱和溶液 12.5 mL,以玻璃棒搅拌,然后以 70℃ 左右的重蒸水 300 mL,将其冲洗入 500 mL 容量瓶,置沸水浴中加热 15 min,取出,加入 5 mL 亚铁氰化钾溶液,摇匀,再加 5 mL 乙酸锌溶液,以沉淀蛋白质。冷却到室温后用重蒸馏水定容到刻度,摇匀,放置片刻,除去上层脂肪,清液用滤纸过滤,滤液必须清澈,供测定用。

2. 亚硝酸钠标准曲线的绘制

精确吸取亚硝酸钠标准液(5μg/mL) 0.0 mL, 0.2 mL, 0.4 mL, 0.6 mL, 0.8 mL, 1.0 mL, 1.5 mL, 2.0 mL, 2.5 mL(各含 0μg, 1μg, 3μg, 4μg, 5μg, 7.5μg, 10μg, 12.5μg 亚硝酸钠)于一组 50 mL 容量瓶中,各加水至 25 mL,分别加 2 mL 0.4% 对氨基苯磺酸溶液,摇匀。静置 3~5 min 后,加入 1 mL 0.2% 盐酸萘乙胺溶液,并用重蒸水定容到 50 mL,摇匀,静置 15 min 后,用 20mm 比色皿,在 540 nm 波长下测定吸光度,以蒸馏水为空白试验。以测得的各比色液的吸光度对应的亚硝酸浓度作曲线。

3. 亚硝酸盐的测定

取 40 mL 待测样液于 50 mL 容量瓶中,加 2 mL 0.4% 对氨基苯磺酸溶液,摇匀。静置 3~5 min 后,加入 1 mL 0.2% 盐酸萘乙胺溶液,比色测定,记录吸光度。从标准曲线上查得相应的亚硝酸钠浓度,μg/mL,计算试样中亚硝酸盐(以亚硝酸钠计)的含量。

五、结果计算

1. 数据处理

比色管号	亚硝酸标准液量/mL	亚硝酸钠含量/(μg/50mL)	吸光度		
			1	2	平均
0	0.0	0			
1	0.2	1			
2	0.4	3			
3	0.6	4			
4	0.8	5			
5	1.0	7.5			
6	1.5	10			
7	2.0	12.5			
样液					

2. 结果计算

$$\text{肉制品中亚硝酸盐含量} = \frac{X \times \frac{1}{1000} \times 1000}{m \times \frac{40}{500} \times \frac{1}{50}} (\text{mg/kg})$$

式中:X – 测得的吸光度值在标准曲线上对应的亚硝酸钠质量浓度,μg/mL;

m – 样品质量,g。

附录

附录1　标准滴定溶液的配制及标定

1.1mol/L盐酸标准滴定溶液

（1）配制

量取90mL HCl，加适量水稀释至1000 mL。

（2）标定

精密称取约1.5g在270℃～300℃干燥至恒量的基准无水碳酸钠，加50mL水使之溶解。加10滴溴甲酚绿——甲基红指示液，用盐酸标准溶液滴定至溶液由绿色转为暗紫色。同时做试剂空白试验。

溴甲酚绿——甲基红指示剂：0.2%溴甲酚绿乙醇溶液30 mL，加入0.1%甲基红乙醇溶液20 mL。

（3）计算

$$C = \frac{m}{(V_1 - V_2) \times 0.0530}$$

式中：C - 盐酸标准溶液的实际浓度；

　　　m - 基准无水碳酸钠的质量；

　　　V_1 - 盐酸标准溶液的用量；

　　　V_2 - 空白试验消耗盐酸标准溶液的用量；

　　　0.0530 - 与1 mL盐酸标准滴定溶液相当的无水碳酸钠的质量。

2.1mol/L硫酸标准滴定溶液

（1）配制

量取30mL硫酸，缓缓注入适量水中，冷却至室温后用水稀释到1000mL，混匀。

（2）标定

精密称取约1.5g在270℃～300℃干燥至恒量的基准无水碳酸钠，加50mL水使之溶解。加10滴溴甲酚绿——甲基红指示液，用硫酸标准溶液滴定至溶液由绿色转为暗紫色。同时做试剂空白试验。

溴甲酚绿——甲基红指示剂：0.2%溴甲酚绿乙醇溶液30 mL，加入0.1%甲基红乙醇溶液20 mL。

（3）计算

$$C = \frac{m}{(V_1 - V_2) \times 0.0530}$$

式中：$C(\frac{1}{2}H_2SO_4)$ — 硫酸标准滴定溶液的实际浓度，mol/L；

$\quad$ m — 基准无水碳酸钠的质量，g；

$\quad V_1$ — 硫酸标准滴定溶液用量，mL；

$\quad V_2$ — 试剂空白试验中硫酸标准滴定溶液用量，mL；

$\quad$ 0.0530 — 与1 mL硫酸标准滴定溶液相当的无水碳酸钠的质量，g。

3．1mol/L氢氧化钠标准滴定溶液

（1）配制

氢氧化钠饱和溶液：称取120g氢氧化钠，加100mL水，振摇使之溶解成饱和溶液，冷却后置于聚乙烯塑料瓶中，密塞，放置数日，澄清后备用。

氢氧化钠标准溶液：量取56mL澄清的氢氧化钠饱和溶液，加适量新煮沸过的冷水至1000mL，摇匀。

酚酞指示液：10g/L乙醇溶液。

（2）标定

精密称取约6g在105℃~110℃干燥至恒量的基准邻苯二甲酸氢钾，加80mL新煮沸过的冷水，使之尽量溶解。加2滴酚酞指示液，用本溶液滴定至溶液呈粉红色，0.5min不褪色。同时做空白试验。

（3）计算

$$C = \frac{m}{(V_1 - V_2) \times 0.2042}$$

式中：C(NaOH) — 氢氧化钠标准滴定溶液的实际浓度，mol/L；

$\quad$ m — 基准邻苯二甲酸氢钾的质量，g；

$\quad V_1$ — 氢氧化钠标准滴定溶液用量，mL；

$\quad V_2$ — 空白试验中氢氧化钠标准滴定溶液用量，mL；

$\quad$ 0.2042 — 与1.00mL氢氧化钠标准滴定溶液相当的邻苯二甲酸氢钾的质量，g。

4．0.1mol/L氢氧化钾标准滴定溶液

（1）配制

称取6g氢氧化钾，加入新煮沸过的冷水溶解，并稀释至1 000mL，混匀。

（2）标定

精密称取约0.6g在105℃~110℃干燥至恒量的基准邻苯二甲酸氢钾，加50mL新煮沸过的冷水，溶解。加2滴酚酞指示液，用本溶液滴定至溶液呈粉红色，0.5min不褪色。同时做空白试验。

（3）计算

$$C(KOH) = \frac{m}{(V_1 - V_2) \times 0.2042}$$

式中：C(KOH)－氢氧化钾标准滴定溶液的实际浓度，mol/L；

V_1－氢氧化钾标准滴定溶液用量，mL；

V_2－试剂空白试验中氢氧化钾标准滴定溶液用量，mL；

0.2042－与1.00mL氢氧化钾标准滴定溶液[C(KOH)=1.000mol/L]相当的邻苯二甲酸氢钾质量，g。

5. 0.1mol/L高锰酸钾标准滴定溶液

(1)配制

称取约3.3g高锰酸钾，加1000mL水，煮沸15min，加塞静置2d以上，用垂融漏斗过滤，置于具玻璃塞的棕色瓶中密塞保存。

(2)标定

精密称取约0.2g在110℃干燥至恒量的基准草酸钠，加入250mL新煮沸过的冷水，10mL硫酸，搅拌使之溶解。迅速加入约25mL高锰酸钾溶液，待褪色后，加热至65℃，继续用高锰酸钾溶液滴定至溶液呈微红色，保持30s不褪色。在滴定终了时，溶液温度不低于55℃。同时做空白试验。

(3)计算

$$C(\frac{1}{5}KMnO_4) = \frac{m}{(V_1-V_2) \times 0.067}$$

式中：$C(\frac{1}{5}KMnO_4)$－高锰酸钾标准滴定溶液的实际浓度，mol/L；

m－基准草酸钠的质量，g；

V_1－高锰酸钾标准滴定溶液用量，mL；

V_2－试剂空白试验中高锰酸钾标准滴定溶液用量，mL；

0.067－与1.00mL高锰酸钾标准滴定溶液[$c(\frac{1}{5}KMnO_4)=1.000mol/L$]相当的草酸钠的质量，g。

6. 0.1mol/L硝酸银标准滴定溶液

(1)配制

称取17.5g硝酸银，加入适量水使之溶解，并稀释至1 000mL，混匀，避光保存。

5g/L淀粉指示液：称取0.5g可溶性淀粉，加入5mL水，搅匀后缓缓倾入95mL沸水中，随加随搅拌，煮沸2min，放冷，稀释至100mL备用。此指示液应临用时新制。

荧光黄指示液：5g/L乙醇溶液。

(2)标定

精密称取约0.2g在270℃干燥至恒量的基准氯化钠，加入50mL水使之溶解。加入淀粉指示液5mL，边摇动边用硝酸银标准滴定溶液避光滴定，近终点时，加入3滴荧光黄指示液，继续滴定至混浊液由黄色变为粉红色。

(3)计算:

$$C(AgNO_3) = \frac{m}{V \times 0.05844}$$

式中:C - 硝酸银标准滴定溶液的实际浓度,mol/L;

m - 基准氯化钠的质量,g;

V - 硝酸银标准滴定溶液的体积,mL;

0.05844 - 与1.00mL硝酸银标准滴定溶液相当的氯化钠的质量,g。

7. 0.1mol/L碘标准滴定溶液

(1)配制

称取13.5g碘,加36g碘化钾、50mL水,溶解后加入3滴盐酸及适量水稀释至1000mL。用垂融漏斗过滤,置于阴凉处,密闭、避光保存。

酚酞指示液:10g/L乙醇溶液。

淀粉指示液:同6。

(2)标定

精密称取约0.15g在105℃干燥1h的基准三氧化二砷,加入1mol/L氢氧化钠溶液10mL,微热使之溶解。加入20mL水及2滴酚酞指示液,加入适量1mol/L硫酸溶液至红色消失,再加2g碳酸氢钠、50mL水及2mL淀粉指示液,用碘标准溶液滴定至溶液显浅蓝色。同时做空白试验。

(3)计算

$$C = \frac{m}{(V_1 - V_2) \times 0.04946}$$

式中:C - 碘标准滴定溶液的实际浓度,mol/L;

m - 基准三氧化二砷的质量,g;

V_1 - 碘标准滴定溶液用量,mL;

V_2 - 空白试验碘标准滴定溶液用量,mL;

0.04946 - 与1.00mL碘标准滴定溶液相当的三氧化二砷的质量,g。

8. 0.1mol/L硫代硫酸钠标准滴定溶液

(1)配制

称取26g硫代硫酸钠及0.2g碳酸钠,加入适量新煮沸过的冷水使之溶解,并稀释至1000mL,混匀,放置一个月后过滤备用。

5g/L淀粉指示液:同6。

硫酸(1+8):量取10mL硫酸,慢慢倒入80mL水中。

(2)标定

精密称取约0.15g在120℃干燥至恒重的基准重铬酸钾,置于500mL碘量瓶中,加入

50mL水使之溶解。加入2g碘化钾,轻轻振摇使之溶解。再加入(1+8)硫酸20mL,密塞,摇匀,放置暗处10min后用250mL水稀释。用硫代硫酸钠标准滴定溶液滴至溶液呈浅黄绿色,再加入淀粉指示液3mL,继续滴定至蓝色消失而显亮绿色。反应液及稀释用水的温度不应高于20℃。同时做试剂空白试验。

(3)计算

$$C(Na_2S_2O_3 \cdot 5H_2O) = \frac{m}{(V_1 - V_2) \times 0.04903}$$

式中:$C(Na_2S_2O_3 \cdot 5H_2O)$ - 硫代硫酸钠标准滴定溶液的实际浓度,mol/L;

m - 基准重铬酸钾的质量,g;

V_1 - 硫代硫酸钠标准滴定溶液用量,mL;

V_2 - 试剂空白试验中硫代硫酸钠标准滴定溶液用量,mL;

0.04903 - 与1.00mL硫代硫酸钠标准溶液[$C(Na_2S_2O_3 \cdot 5H_2O) = 1.000$ mol/L]相当的重铬酸钾的质量,g。

附录2　常用洗涤液的配制

已经使用过的器皿，弄脏以后应用下面的洗涤液处理：

1. 铬酸洗涤液

在粗天平上称取研细了的重铬酸钾20g，置于500mL烧杯中，加水40mL，加热使其溶解，待冷却后，再徐徐注入350mL浓硫酸（边搅拌边加）即成。配好的洗液应为深褐色，贮于细口瓶中备用，经多次使用后至效力缺乏时，加入适量的高锰酸钾粉末即可再生，用时防止它被水稀释。

2. 氢氧化钠的高锰酸钾洗涤液

称取高锰酸钾4g，溶于少量水中，向该溶液中徐徐注入100mL10%氢氧化钠溶液即成。该溶液用于洗涤油腻及有机物，洗涤后玻璃器皿上残存的二氧化锰沉淀可用浓硫酸或硫酸溶液将它洗去。

3. 肥皂液及碱液洗涤液

当器皿被油脂弄脏有时用浓的碱液（30%~40%）处理或用热肥皂溶液洗涤，认真洗涤后用热水和蒸馏水清洗。

4. 硝酸洗涤液

把市售和搪瓷器皿中的污垢，用5%~10%硝酸除去，酸宜分批加入，每次都要在气体停止后加入。

5. 合成洗涤剂洗液

把市场合成洗涤剂粉末用热水冲成浓溶液，洗时放入少量溶液（最好加热），振荡后用水冲洗，这种洗涤液用于常规洗涤。

器皿清洗用自来水后用蒸馏水冲洗，如果器皿是清洁的，壁上便留有一层均匀的薄水膜。

附录3　常用指示剂的配制与变色范围

指示剂名称	pH 范围	颜色变化	配制方法 0.1g指示剂应加0.01N NaOH溶液体积(mL)	溶液浓度
苦味酸	0.6~1.3	无色~黄		
百里酚蓝	1.2~2.8	红~黄	21.5	0.04%水溶液
二硝基酚	2.4~4.0	无色~黄		0.1%乙醇溶液
溴酚蓝	3.0~4.6	黄~蓝	14.9	0.04%水溶液
甲基橙	3.1~4.4	红~橙		0.1%水溶液
溴甲酚绿	3.8~5.4	黄~蓝	14.3	0.1%水溶液
甲基红	4.2~6.3	红~黄	37	0.01%,用60%乙醇配
氯酚红	4.8~6.4	黄~红	23.6	0.04%水溶液
溴甲酚紫	5.2~6.8	黄~紫	18.5	0.04%水溶液
溴百里酚蓝	6.1~7.6	黄~蓝	16	0.05%水溶液
酚红	6.8~8.4	黄~红	28.2	0.05%水溶液
百里酚蓝	8.0~9.6	黄~蓝	21.5	0.04%水溶液
酚酞	8.3~10.0	无色~淡紫		0.05%,用50%乙醇配
百里酚酞	9.3~10.5	无色~蓝		0.04%,用50%乙醇配
茜素黄GG	10.0~12.0	无色~黄		0.1%乙醇溶液
硝胺	10.8~13.0	无色~橙		0.01%水溶液

附录4 常用酸、碱的浓度表

试剂名称	近似值				制备1L1N溶液时所需体积
	重量(%)	比重(d)	摩尔数(M)	克当量数(N)	
硝酸(HNO_3)	70	1.42	16.0	16.0	63
盐酸(HCl)	36.5	1.19	11.9	11.9	84
硫酸(H_2SO_4)	96	1.84	18.0	36.0	28
过氯酸($HClO_4$)	70	1.66	11.6	11.6	86
氢氟酸(HF)	47	1.15	27.0	27.0	44
磷酸(H_3PO_4)	85	1.69	14.6	44.0	23
冰醋酸(CH_3COOH)	99.5	1.05	17.4	17.4	58
醋酸(CH_3COOH)	35	1.05		6.0	
氢溴酸(HBr)	48	1.49		9.0	
氢碘酸(HI)	57	1.70		7.0	
氨水($NH_3 \cdot H_2O$)	27(NH_3)	0.90	14.3	14.3	70

附表

附表1 随机数表

	00 04	05 09	10 14	15 19	20 24	25 29	30 34	35 39	40 44	45 49
00	39591	66082	48626	95780	55228	87189	75717	97042	19696	48613
01	46304	97377	43462	21739	14566	72533	60671	29024	77581	72760
02	99547	60779	22734	23678	44895	89767	18249	41702	35850	40543
03	06743	63537	24553	77225	94743	79448	12753	95986	78088	48019
04	69568	65496	49033	88577	98606	92156	08846	54912	12691	13170
05	68198	69571	34349	73141	42640	44721	30462	35075	33475	47407
06	27974	12609	77429	64441	49008	60489	66780	55499	80842	57706
07	50552	20688	02769	63037	15494	71784	70559	58158	53437	46216
08	74687	02033	98290	62635	88877	28599	63682	35566	03271	05651
09	49303	76629	718987	50990	62923	36686	96167	11492	90333	84501
10	89734	39183	52026	14997	15140	18250	62831	51236	61236	09179
11	74042	40747	02617	11346	01884	82066	55913	72422	13971	64209
12	84706	31375	67053	73367	95349	31074	36908	42782	89690	48002
13	83664	21365	28882	48926	45435	60577	85270	02777	06878	27561
14	47813	74854	73388	11385	99108	97878	32858	17473	07672	20166
15	00371	56525	38880	53702	09517	47281	15995	98350	25233	79718
16	81182	48434	27431	55806	25389	40774	72978	16835	65066	28732
17	75242	35904	73077	24537	81354	48902	03478	42867	04552	66034
18	96239	80246	07000	09555	55050	49596	44629	88225	28195	44598
19	82988	17440	85311	03360	38176	51462	86070	03924	84413	92363
20	77599	29143	89088	57593	60036	17297	30923	36224	46327	96266
21	61433	33118	53488	82981	44709	63655	64388	00498	14135	57514
22	76008	15045	45440	84062	52363	18079	33726	44301	86246	99727
23	26494	76598	85834	18844	56300	02244	72118	66510	98388	80161
24	46570	88558	77533	33359	07830	84752	53260	46755	36881	98535
25	73995	41532	87933	79930	14310	64333	49020	70067	99726	97007
26	53901	38276	75544	19675	82899	11365	22896	42118	77165	08734
27	41925	28215	40966	93501	45446	27913	21708	01788	81404	15119
28	80720	02782	24326	41328	10357	86883	80086	77138	67072	12100
29	92596	39416	50362	04423	04561	58179	54188	44978	14322	97056
30	39693	58559	45839	47278	38548	38885	19875	26829	86711	57005
31	86923	37863	14340	30929	04079	71026	03030	15106	09362	82972
32	99700	79237	18172	58879	56221	65644	33331	87502	32961	40996
33	60248	21953	52321	16984	03252	80433	97304	50181	71026	01946
34	29136	71987	03992	67025	31070	78348	47823	11033	13037	47732
35	57471	42913	85212	42319	92901	97727	04775	94396	38154	25238
36	577424	93847	03269	56096	95028	14036	76128	63747	27301	65529
37	56768	41694	03361	80836	30841	71875	40944	54827	01887	54822
38	70400	81534	02148	41441	26582	27481	84262	14084	42409	62950
39	05454	88418	48646	99565	36635	85496	18894	717271	26894	00889
40	80934	56136	47063	96311	19067	59790	08752	68040	85685	83076
41	06919	46237	50676	11238	75637	43086	95323	52867	06891	32089
42	00152	23997	41751	74756	50975	75365	70158	67663	51431	46375
43	88505	74625	71783	82511	13661	63178	39291	76796	74736	10980
44	64514	80967	33545	09582	86329	58152	05931	35961	70069	12142
45	25280	53007	99651	96366	49378	80971	10419	12981	70572	11575
46	71292	63716	93210	59312	38493	24252	54849	29754	41497	79228
47	49734	50598	08974	05904	68172	02864	10994	22482	12912	17920
48	43075	09754	71880	92614	99928	94424	86353	87549	94499	11459
49	15116	16643	03981	06566	14050	33671	03814	48856	41267	76252

附表2 对比、配对差别试验统计概率表

1	2	3	4	5	6	7	8	9	10	11	12	13	14	15	16
1	969	812	500	188	031										
2	984	891	666	344	109	016									
3	992	938	773	500	227	026	008								
4	996	965	856	637	363	145	035	004							
5	998	980	910	746	500	254	090	020	002						
6	999	989	945	878	623	377	172	055	011	001					
7		994	967	887	726	500	274	113	033	006					
8		997	981	927	806	613	387	194	073	019	003				
9		998	989	954	867	709	500	291	133	048	011	002			
10		999	994	971	910	796	605	395	212	090	029	006	001		
11			996	982	941	849	696	500	304	151	059	018	004		
12			998	989	962	895	73	598	402	227	105	038	011	002	
13			998	994	975	928	834	685	500	315	166	072	025	006	001
14			999	996	986	952	811	760	593	407	240	119	048	015	004	001
15				998	990	968	916	820	676	500	324	190	084	032	010	002
16				999	994	979	942	868	748	586	412	252	132	058	021	006
17				999	996	987	961	905	808	688	500	332	192	095	089	013
18					998	992	974	933	857	738	544	416	262	143	067	026
19					999	996	983	953	896	796	661	500	339	202	105	047
20					999	997	989	968	924	846	729	581	419	271	154	076
21						998	993	978	944	888	788	665	500	349	212	116
22						998	996	986	952	916	837	721	577	423	279	163
23						999	997	990	974	939	876	779	649	500	351	221
24							998	994	982	964	908	828	714	575	425	286
25							998	996	988	969	932	868	771	644	500	364
26							999	997	992	979	961	900	819	704	572	426
27								998	996	989	966	925	859	763	640	500
28								999	997	990	975	945	892	811	702	570
29									999	998	993	982	960	919	852	757	636
30										999	996	988	971	939	886	804	696
31										999	997	992	980	955	912	846	750
32											999	998	994	984	967	934	879	797
33												999	996	990	976	961	906	838
34												999	997	993	983	964	928	872
35													999	998	995	988	973	944	900
36													999	997	992	981	960	923
37														999	998	994	986	970	941
38														999	996	900	978	956
39														999	997	993	984	967
40														999	998	995	988	978
41															999	997	992	982
42															999	998	994	987
43															999	998	996	991
44																999	997	993
45																999	998	995
46																	999	997

附表2 续表

001															
004	001														
008	002														
017	005	001													
032	011	003	001												
064	022	007	002												
084	034	014	006	001											
124	061	026	010	003	001										
172	092	044	018	006	002										
229	132	066	031	012	004	001									
292	181	100	049	021	008	003	001								
340	237	141	075	035	015	006	002								
430	294	189	108	065	025	010	004	001							
500	364	243	148	091	040	018	007	002							
548	432	304	196	115	061	029	012	005	002						
632	500	368	250	155	088	045	020	008	003	001					
691	566	434	309	203	121	066	033	014	004	002	001				
744	629	500	371	256	162	094	049	024	010	004	001				
791	664	564	436	314	209	129	077	036	017	007	003	001			
832	739	625	500	375	261	168	100	064	027	012	004	002	001		
866	785	662	563	437	318	215	134	077	040	019	006	003	001		
894	826	734	622	500	378	266	174	104	064	030	014	004	002	001	
918	860	780	678	561	439	322	220	140	087	044	022	010	004	002	
937	889	820	729	620	500	390	271	180	111	063	033	016	007	003	001
952	913	854	774	674	580	440	326	226	146	097	046	024	011	006	002 001
964	923	884	814	724	617	500	383	276	186	116	068	036	018	009	003 001
973	945	906	849	765	671	566	442	329	231	151	092	052	027	013	006 002
980	961	928	879	803	720	615	500	385	280	191	121	072	039	020	009 004
985	970	944	903	844	765	647	557	443	333	235	154	097	054	030	015 007
989	978	957	924	874	804	716	612	500	388	284	196	126	076	043	022 012
992	984	986	941	899	839	760	660	566	444	334	240	151	101	069	032 016

附表3 三角形差别实验统计概率表

n\x	1	2	3	4	5	6	7	8	9	10	11	12	13	14
1	868	539	210	045	004									
2	912	649	320	100	018	001								
3	941	737	429	173	045	007								
4	961	805	532	259	088	020	003							
5	974	857	623	350	145	042	008	001						
6	983	896	701	441	213	077	020	003						
7	988	925	766	527	289	122	039	009	001					
8	992	946	819	607	368	178	066	019	004	001				
9	995	961	861	678	448	241	104	035	009	002				
10	997	973	895	739	524	310	149	058	017	004	001			
11	998	981	921	791	596	382	203	088	031	008	002			
12	998	986	941	834	661	453	263	126	050	016	004	001		
13	999	990	956	870	719	522	326	172	075	027	008	002		
14	999	993	967	898	769	588	391	223	108	043	014	004	001	
15		996	976	921	812	648	457	279	146	065	024	007	002	
16		997	982	940	848	703	521	339	191	092	038	013	004	001
17		998	987	954	879	751	581	399	240	125	056	021	007	002
18		998	991	965	904	794	638	460	293	163	079	033	012	003
19		999	993	974	924	831	690	519	349	206	107	048	019	006
20		999	995	980	941	862	737	576	406	254	140	068	028	010
21		999	996	985	954	888	778	630	462	304	178	092	042	016
22			997	989	964	910	815	679	518	357	220	121	068	025
23			998	992	972	928	847	725	572	411	266	154	079	036
24			999	994	979	943	874	765	623	464	314	191	104	050
25			999	996	984	955	897	801	670	517	364	232	133	068
26			999	997	988	965	916	833	714	568	415	276	166	090
27				998	991	972	932	861	754	617	466	322	203	115
28				998	993	978	946	885	789	662	516	370	243	144
29				999	995	983	957	905	821	705	565	419	285	177
30				999	996	987	965	922	849	744	612	468	330	213
31				999	997	990	973	937	873	779	656	516	376	252
32					998	992	978	949	895	810	697	562	422	293
33					998	994	963	959	913	838	735	607	469	336
34					999	996	987	967	928	863	769	650	515	381
35					999	997	990	973	941	885	800	689	560	425
36						999	997	992	979	952	903	829	726	603	470
37						998	994	983	961	920	854	761	644	515
38						999	995	987	968	933	876	791	683	558
39						999	996	990	974	945	895	820	719	600
40							999	997	992	980	955	912	845	753	639
41							999	998	994	984	963	926	867	783	677
42								998	995	987	970	938	887	811	713
43								999	996	990	976	949	904	836	745
44								999	997	992	980	958	919	859	776
45									999	998	994	984	965	932	879	803
46									999	998	995	987	972	943	896	829

附表3　续表

001													
002													
003	001												
006	002												
009	003	001											
014	005	002											
022	008	003	001										
031	013	005	001										
043	019	007	002	001									
059	027	011	004	001									
078	038	016	006	002	001								
100	051	023	010	004	001								
126	067	033	014	006	002	001							
155	087	044	020	009	003	001							
187	109	058	028	012	005	002	001						
223	135	075	038	018	007	003	001						
261	164	095	051	025	011	004	002	001					
301	196	118	066	033	016	007	003	001					
342	231	144	083	044	021	010	004	001					
385	268	173	104	057	029	014	006	002	001				
428	307	205	127	073	038	019	008	003	001				
471	347	239	153	091	050	025	012	005	002	001			
514	389	275	182	111	063	033	016	007	003	001			
556	430	317	213	135	079	043	022	010	004	002	001		
596	472	352	246	161	098	055	029	014	006	003	001		
635	514	392	282	189	119	070	038	019	009	004	002	001	
672	554	433	318	220	142	086	048	025	012	006	002	001	
706	593	473	356	253	168	105	061	033	017	008	003	001	
739	631	513	395	287	196	126	076	042	022	011	005	002	001

附表4 排序试验统计表

A. 5%水平

试验次数	样品数										
	2	3	4	5	6	7	8	9	10	11	12
2	—	—	—	—	—	—	—	—	—	—	—
	—	—	—	3~9	3~11	3~13	4~14	4~16	4~18	5~19	5~21
3	—	—	—	4~14	4~17	4~20	4~23	5~25	5~25	5~31	5~34
	—	4~8	4~11	5~13	6~15	6~18	7~20	8~22	8~25	9~27	10~29
4	—	5~11	5~15	6~18	6~22	7~25	7~29	8~32	8~36	8~39	9~43
	—	6~14	6~14	7~17	8~20	9~23	10~26	11~29	13~31	14~34	15~37
5	—	7~13	7~18	8~22	9~26	9~31	10~35	11~39	12~43	12~48	13~52
	6~9	8~16	8~17	10~20	11~24	13~27	14~31	15~35	17~38	18~42	20~45
6	7~11	9~15	9~21	10~26	11~31	12~36	13~31	14~46	15~51	17~55	18~60
	7~11	10~18	11~19	12~24	14~38	16~32	18~36	20~40	21~45	23~49	25~53
7	8~13	10~18	11~24	12~30	14~35	15~41	17~46	18~52	19~58	21~63	22~69
	8~13	11~21	13~22	15~27	17~32	19~37	22~41	24~46	26~51	28~56	30~61
8	9~15	12~20	13~27	15~33	17~39	18~46	20~52	22~58	24~64	25~71	27~77
	10~14	13~23	15~25	17~31	20~36	23~41	25~47	28~52	31~57	33~63	36~68
9	11~16	14~22	15~30	17~37	19~44	22~50	24~57	26~64	28~71	30~78	32~85
	11~16	15~25	17~28	20~34	23~44	26~46	29~52	32~58	35~64	38~70	41~76
10	12~18	16~24	17~33	20~40	22~48	25~25	27~63	30~70	32~78	35~85	37~93
	12~18	16~28	19~31	23~37	26~44	30~50	34~56	37~63	40~70	44~76	47~83
11	13~20	18~26	19~36	22~44	25~32	28~60	31~68	34~76	36~85	39~93	42~101
	14~19	18~30	21~34	25~41	29~48	33~55	37~62	41~69	45~76	49~83	53~90
12	15~21	19~29	21~39	25~47	28~56	31~65	34~74	38~82	41~91	44~100	47~109
	15~21	19~29	24~36	28~44	32~52	37~59	41~67	45~75	50~82	54~90	58~98
13	16~23	20~32	24~41	27~55	31~60	35~68	38~79	42~88	45~98	49~107	52~117
	17~22	21~31	26~39	31~47	35~56	40~64	45~72	50~80	54~89	59~97	64~105
14	17~25	22~34	26~44	30~54	34~46	38~64	42~84	46~94	50~104	54~114	57~125
	18~24	23~35	28~42	33~51	83~60	44~68	49~77	54~86	59~95	65~103	70~112
15	19~26	23~37	28~47	32~58	37~68	41~79	46~89	50~100	54~111	58~122	63~132
	19~26	25~35	30~45	36~54	42~63	47~73	53~82	59~91	64~101	70~110	75~120
16	20~28	25~39	30~50	35~61	40~72	45~83	49~95	54~106	59~117	63~129	68~140
	21~27	27~37	33~47	39~57	45~67	51~77	57~87	62~98	69~107	75~117	81~127
17	22~29	27~41	32~57	38~64	43~76	48~88	53~100	58~112	63~124	68~136	73~148
	22~29	28~40	35~50	41~61	48~71	54~82	61~92	67~103	74~113	81~123	87~134
18	23~31	29~43	34~56	40~68	46~80	52~92	57~105	61~118	68~130	73~143	79~155
	24~30	30~42	37~53	44~64	51~75	58~86	65~97	72~108	79~119	86~130	93~141
19	24~33	30~46	37~58	43~71	49~84	55~97	61~110	67~123	73~136	78~150	84~163
	25~32	32~44	39~56	47~67	54~79	62~90	69~102	76~114	84~125	91~137	99~148
20	26~34	32~48	39~61	45~75	52~88	58~102	62~115	71~129	77~143	83~157	90~170
	26~34	34~46	42~58	50~70	57~83	65~95	73~107	81~119	89~131	97~143	105~155

B.1% 水平

试验次数	样品数										
	2	3	4	5	6	7	8	9	10	11	12
2	—	—	—	—	—	—	—	—	—	—	—
	—	—	—	—	—	—	—	—	3~19	3~21	3~23
3	—	—	—	—	—	—	—	—	4~29	4~32	4~35
	—	—	—	4~14	4~17	4~20	5~22	5~25	6~27	6~30	6~33
4	—	—	—	5~19	5~32	5~27	6~30	6~34	6~38	6~42	7~45
	—	—	5~15	6~18	6~22	7~25	8~28	8~23	9~35	10~38	10~42
5	—	—	6~19	7~23	7~28	8~23	8~37	9~41	9~46	10~50	10~55
	—	6~14	7~18	8~22	9~26	10~30	11~34	12~38	13~42	14~46	15~50
6	—	7~17	8~22	9~27	9~33	10~38	11~43	12~48	13~53	13~59	14~64
	—	8~16	9~21	10~26	12~30	13~35	14~40	6~44	17~49	18~54	20~58
7	—	8~20	10~25	11~31	12~37	13~43	14~49	15~55	16~61	17~67	18~73
	8~13	9~19	11~24	12~30	14~35	16~40	18~45	19~51	21~56	23~61	25~66
8	9~15	10~22	11~29	13~35	14~42	16~48	17~55	19~61	20~68	21~75	23~81
	9~15	11~21	13~27	15~33	17~39	19~45	21~51	23~57	25~63	28~68	30~74
9	10~17	12~24	13~32	15~39	17~46	19~53	21~60	22~68	24~75	26~82	27~90
	10~17	12~24	15~30	17~37	20~43	22~50	25~56	27~63	30~69	32~76	35~82
10	11~19	13~27	15~35	18~42	20~50	22~58	24~66	26~74	28~82	30~90	32~98
	11~19	14~26	17~33	20~40	23~47	25~55	28~62	31~69	34~76	37~83	40~90
11	12~21	15~29	17~38	20~46	22~55	25~63	27~72	30~80	32~89	34~98	37~106
	13~20	16~28	19~36	22~44	25~52	29~59	32~67	33~75	39~82	42~90	45~98
12	14~22	17~31	19~41	22~50	25~59	28~68	31~77	33~87	36~96	39~105	42~114
	14~22	18~30	21~39	25~47	28~56	32~64	36~72	39~81	43~89	47~97	50~106
13	15~24	18~34	21~44	25~53	28~63	31~73	34~83	37~93	40~103	43~113	46~123
	15~24	19~33	23~2	27~57	31~60	35~69	39~78	44~86	48~95	52~104	56~113
14	16~26	20~36	24~46	27~57	31~67	34~78	38~88	41~98	45~100	48~120	51~131
	17~25	21~35	22~45	30~54	34~64	39~73	43~83	48~92	52~102	57~121	61~121
15	18~27	22~38	26~49	30~60	34~71	37~83	41~94	45~105	49~116	53~127	56~139
	18~27	23~37	28~47	32~58	37~68	42~78	47~88	52~98	570~108	62~118	67~128
16	19~29	23~41	28~52	32~64	36~76	41~87	45~99	49~111	53~123	57~135	62~146
	19~29	25~39	30~50	35~61	40~69	46~72	51~93	56~104	61~115	67~125	72~136
17	20~31	25~43	30~55	35~67	39~80	44~92	49~104	53~117	58~129	62~112	67~154
	21~30	26~42	32~53	38~64	43~76	49~87	66~98	60~110	66~121	72~132	78~43
18	22~32	27~45	32~58	37~71	42~84	47~97	52~110	57~123	62~136	67~149	78~143
	22~32	28~44	34~56	40~68	46~80	52~92	57~105	62~118	68~130	73~143	79~155
19	23~34	29~47	34~61	40~74	45~88	52~102	56~115	61~129	67~142	72~156	77~170
	24~33	30~46	36~59	43~71	49~84	56~96	62~109	69~121	76~133	82~146	82~158
20	24~36	30~50	36~64	42~78	48~92	54~106	60~120	65~135	71~149	77~163	82~178
	25~35	32~48	38~62	45~75	52~88	59~101	66~114	73~127	80~140	87~153	94~166

附表5 观测锤度温度改正表(标准温度20℃)

温度/℃	0	1	2	3	4	5	6	7	8	9	10	11	12	13	14	15	16	17	18	19	20	21	22	23	24	25	30
	温度低于20℃时读数应减之数																											
0	0.30	0.34	0.36	0.41	0.45	0.49	0.52	0.55	0.59	0.62	0.65	0.67	0.70	0.72	0.75	0.77	0.79	0.82	0.84	0.87	0.89	0.91	0.93	0.95	0.97	0.99	1.08
5	0.36	0.38	0.40	0.43	0.45	0.47	0.49	0.51	0.52	0.54	0.56	0.58	0.60	0.61	0.63	0.65	0.68	0.70	0.71	0.73	0.74	0.75	0.76	0.77	0.80	0.86	
10	0.32	0.33	0.34	0.36	0.37	0.38	0.39	0.40	0.41	0.42	0.43	0.44	0.45	0.46	0.47	0.48	0.49	0.50	0.50	0.51	0.52	0.53	0.54	0.55	0.56	0.57	0.60
1/2	0.31	0.32	0.33	0.34	0.35	0.36	0.37	0.38	0.39	0.40	0.41	0.42	0.43	0.44	0.45	0.46	0.47	0.48	0.48	0.49	0.50	0.51	0.52	0.52	0.53	0.54	0.57
11	0.31	0.32	0.33	0.33	0.34	0.35	0.36	0.37	0.38	0.39	0.40	0.41	0.42	0.42	0.443	0.44	0.45	0.46	0.46	0.47	0.48	0.49	0.49	0.50	0.50	0.51	0.55
1/2	0.30	0.31	0.31	0.32	0.32	0.33	0.34	0.35	0.36	0.37	0.38	0.39	0.40	0.40	0.41	0.42	0.43	0.43	0.44	0.44	0.45	0.46	0.46	0.47	0.47	0.48	0.52
12	0.29	0.30	0.30	0.31	0.31	0.32	0.33	0.34	0.34	0.35	0.36	0.37	0.38	0.38	0.39	0.40	0.41	0.42	0.42	0.43	0.44	0.44	0.45	0.45	0.46	0.46	0.50
1/2	0.27	0.28	0.28	0.29	0.29	0.30	0.31	0.32	0.32	0.33	0.34	0.35	0.35	0.36	0.36	0.37	0.38	0.38	0.39	0.39	0.40	0.41	0.41	0.42	0.42	0.43	0.47
13	0.26	0.27	0.27	0.28	0.28	0.29	0.30	0.30	0.31	0.31	0.32	0.33	0.33	0.34	0.34	0.35	0.36	0.36	0.37	0.37	0.38	0.39	0.39	0.40	0.40	0.41	0.44
1/2	0.25	0.25	0.25	0.25	0.26	0.27	0.28	0.28	0.29	0.29	0.31	0.31	0.31	0.32	0.32	0.33	0.34	0.34	0.35	0.35	0.36	0.36	0.37	0.37	0.38	0.38	0.41
14	0.24	0.24	0.24	0.24	0.25	0.26	0.27	0.27	0.28	0.28	0.29	0.30	0.30	0.31	0.31	0.32	0.32	0.33	0.33	0.34	0.35	0.35	0.35	0.36	0.36	0.36	0.38
1/2	0.22	0.22	0.22	0.22	0.23	0.24	0.24	0.25	0.25	0.26	0.26	0.26	0.27	0.27	0.28	0.28	0.29	0.29	0.30	0.30	0.31	0.31	0.32	0.32	0.33	0.33	0.35
15	0.20	0.20	0.20	0.20	0.21	0.22	0.22	0.23	0.23	0.24	0.24	0.24	0.25	0.25	0.26	0.26	0.27	0.27	0.28	0.28	0.29	0.29	0.30	0.30	0.30	0.30	0.32
1/2	0.18	0.18	0.18	0.18	0.19	0.20	0.20	0.21	0.21	0.22	0.22	0.23	0.23	0.24	0.24	0.24	0.25	0.25	0.25	0.26	0.26	0.26	0.27	0.27	0.27	0.27	0.29
16	0.17	0.17	0.17	0.18	0.18	0.18	0.18	0.19	0.19	0.20	0.20	0.20	0.21	0.21	0.22	0.22	0.22	0.22	0.23	0.23	0.23	0.23	0.24	0.24	0.25	0.25	0.26
1/2	0.15	0.15	0.15	0.16	0.16	0.16	0.16	0.16	0.17	0.17	0.17	0.18	0.18	0.19	0.19	0.19	0.19	0.20	0.20	0.20	0.21	0.21	0.22	0.22	0.22	0.22	0.23
17	0.13	0.13	0.13	0.14	0.14	0.14	0.14	0.14	0.15	0.15	0.15	0.16	0.16	0.16	0.16	0.16	0.16	0.17	0.18	0.18	0.18	0.18	0.19	0.19	0.19	0.19	0.20
1/2	0.11	0.11	0.11	0.12	0.12	0.12	0.12	0.12	0.12	0.12	0.12	0.12	0.13	0.13	0.13	0.13	0.14	0.14	0.15	0.15	0.15	0.16	0.16	0.16	0.16	0.16	0.16
18	0.09	0.09	0.09	0.10	0.10	0.10	0.10	0.10	0.10	0.10	0.10	0.10	0.11	0.11	0.11	0.11	0.11	0.12	0.12	0.12	0.12	0.13	0.13	0.13	0.13	0.13	0.13
1/2	0.07	0	0	0.07	0.07	0.07	0.07	0.07	0.07	0.07	0.07	0.07	0.08	0.08	0.08	0.08	0.08	0.08	0.09	0.09	0.09	0.09	0.09	0.09	0.09	0.09	0.09
19	0.05	0.05	0.05	0.05	0.05	0.05	0.05	0.05	0.05	0.05	0.05	0.05	0.06	0.06	0.06	0.06	0.06	0.06	0.06	0.06	0.06	0.06	0.06	0.06	0.06	0.06	0.06
1/2	0.03	0.03	0.03	0.03	0.03	0.03	0.03	0.03	0.03	0.03	0.03	0.03	0.03	0.03	0.03	0.03	0.03	0.03	0.03	0.03	0.03	0.03	0.03	0.03	0.03	0.03	0.03
20	0	0	0	0	0	0	0	0	0	0	0	0	0	0	0	0	0	0	0	0	0	0	0	0	0	0	0
	温度高于20℃时读数应加之数																											
1/2	0.02	0.02	0.02	0.03	0.03	0.03	0.03	0.03	0.03	0.03	0.03	0.03	0.03	0.03	0.03	0.03	0.03	0.03	0.03	0.03	0.03	0.03	0.03	0.03	0.04	0.04	0.04
21	0.04	0.04	0.04	0.05	0.05	0.05	0.05	0.05	0.05	0.06	0.06	0.06	0.06	0.06	0.06	0.06	0.06	0.06	0.06	0.06	0.06	0.06	0.06	0.07	0.07	0.07	0.07
1/2	0.07	0.07	0.07	0.08	0.08	0.08	0.08	0.08	0.09	0.09	0.09	0.09	0.09	0.09	0.09	0.09	0.09	0.09	0.09	0.09	0.09	0.09	0.09	0.10	0.10	0.10	0.11
22	0.1	0.1	0.1	0.1	0.1	0.1	0.1	0.11	0.11	0.11	0.11	0.11	0.12	0.12	0.12	0.12	0.12	0.12	0.12	0.12	0.12	0.12	0.12	0.13	0.13	0.13	0.14

温度/℃	观测锤度																										
	0	1	2	3	4	5	6	7	8	9	10	11	12	13	14	15	16	17	18	19	20	21	22	23	24	25	30
温度高于20℃读数应加之数																											
1/2	0.13	0.13	0.13	0.13	0.13	0.13	0.13	0.14	0.14	0.14	0.14	0.14	0.15	0.15	0.15	0.15	0.16	0.16	0.16	0.16	0.16	0.17	0.17	0.17	0.17	0.17	0.18
23	0.16	0.16	0.16	0.16	0.16	0.16	0.16	0.17	0.17	0.17	0.17	0.17	0.17	0.17	0.18	0.18	0.18	0.19	0.19	0.19	0.19	0.20	0.20	0.20	0.20	0.20	0.21
1/2	0.19	0.19	0.19	0.19	0.19	0.19	0.19	0.20	0.20	0.20	0.20	0.20	0.21	0.21	0.21	0.22	0.22	0.23	0.23	0.23	0.24	0.24	0.24	0.24	0.24	0.25	
24	0.21	0.21	0.21	0.22	0.22	0.22	0.22	0.23	0.23	0.23	0.23	0.23	0.24	0.24	0.24	0.24	0.25	0.25	0.26	0.26	0.26	0.26	0.27	0.27	0.27	0.28	
1/2	0.24	0.24	0.24	0.25	0.25	0.26	0.26	0.26	0.26	0.27	0.27	0.27	0.28	0.28	0.28	0.28	0.29	0.29	0.29	0.29	0.30	0.30	0.31	0.31	0.32		
25	0.27	0.27	0.27	0.28	0.28	0.28	0.28	0.29	0.29	0.30	0.30	0.30	0.30	0.31	0.31	0.31	0.31	0.32	0.32	0.32	0.32	0.33	0.33	0.33	0.34	0.35	
1/2	0.30	0.30	0.30	0.31	0.31	0.31	0.31	0.32	0.32	0.33	0.33	0.33	0.33	0.34	0.34	0.34	0.34	0.35	0.35	0.36	0.36	0.36	0.36	0.37	0.37	0.37	0.39
26	0.33	0.33	0.33	0.34	0.34	0.34	0.34	0.35	0.35	0.36	0.36	0.36	0.36	0.37	0.37	0.38	0.38	0.39	0.39	0.40	0.40	0.40	0.40	0.40	0.42		
1/2	0.37	0.37	0.37	0.38	0.38	0.38	0.38	0.39	0.39	0.39	0.39	0.40	0.40	0.41	0.41	0.41	0.42	0.42	0.43	0.43	0.43	0.43	0.44	0.44	0.43	0.46	
27	0.40	0.40	0.40	0.41	0.41	0.41	0.41	0.42	0.42	0.42	0.42	0.43	0.43	0.44	0.44	0.44	0.45	0.45	0.46	0.46	0.46	0.47	0.47	0.48	0.48	0.50	
1/2	0.43	0.43	0.43	0.44	0.44	0.44	0.44	0.45	0.45	0.46	0.46	0.46	0.47	0.47	0.48	0.48	0.49	0.49	0.50	0.50	0.50	0.51	0.51	0.52	0.52	0.54	
28	0.46	0.46	0.46	0.47	0.47	0.47	0.47	0.48	0.48	0.49	0.49	0.49	0.50	0.50	0.51	0.51	0.52	0.52	0.53	0.54	0.54	0.55	0.55	0.56	0.56	0.58	
1/2	0.50	0.50	0.50	0.51	0.51	0.51	0.51	0.52	0.52	0.53	0.53	0.54	0.54	0.55	0.55	0.56	0.56	0.57	0.57	0.58	0.58	0.59	0.59	0.60	0.60	0.62	
29	0.54	0.54	0.54	0.55	0.55	0.55	0.55	0.55	0.56	0.56	0.56	0.57	0.57	0.58	0.58	0.59	0.59	0.60	0.60	0.61	0.61	0.62	0.62	0.63	0.63	0.66	
1/2	0.58	0.58	0.58	0.59	0.59	0.59	0.59	0.59	0.60	0.60	0.60	0.61	0.61	0.62	0.62	0.63	0.63	0.64	0.64	0.65	0.65	0.65	0.66	0.66	0.67	0.67	0.70
30	0.61	0.61	0.61	0.62	0.62	0.62	0.62	0.63	0.63	0.63	0.64	0.64	0.65	0.65	0.66	0.66	0.67	0.67	0.68	0.68	0.68	0.69	0.69	0.70	0.70	0.73	
1/2	0.65	0.65	0.65	0.66	0.66	0.66	0.66	0.66	0.67	0.67	0.67	0.68	0.68	0.69	0.69	0.70	0.70	0.71	0.72	0.72	0.73	0.73	0.74	0.74	0.75	0.78	
31	0.69	0.69	0.66	0.70	0.60	0.70	0.70	0.70	0.71	0.71	0.71	0.72	0.72	0.73	0.73	0.74	0.74	0.75	0.75	0.76	0.77	0.77	0.78	0.78	0.79	0.82	
1/2	0.73	0.73	0.73	0.74	0.74	0.74	0.74	0.75	0.75	0.75	0.76	0.76	0.77	0.77	0.78	0.79	0.79	0.80	0.80	0.81	0.81	0.82	0.82	0.83	0.83	0.86	
32	0.76	0.76	0.77	0.77	0.78	0.78	0.78	0.78	0.79	0.79	0.80	0.80	0.81	0.81	0.82	0.83	0.83	0.84	0.84	0.85	0.85	0.86	0.86	0.87	0.87	0.90	
1/2	0.80	0.80	0.81	0.81	0.82	0.82	0.82	0.83	0.83	0.83	0.83	0.84	0.84	0.85	0.85	0.86	0.87	0.87	0.88	0.88	0.89	0.90	0.90	0.91	0.92	0.95	
33	0.84	0.84	0.85	0.85	0.85	0.85	0.85	0.86	0.86	0.86	0.87	0.87	0.88	0.89	0.90	0.91	0.91	0.92	0.92	0.93	0.94	0.94	0.95	0.95	0.96	0.99	
1/2	0.88	0.88	0.88	0.89	0.89	0.89	0.89	0.90	0.90	0.90	0.91	0.92	0.93	0.94	0.95	0.95	0.96	0.97	0.98	0.98	0.99	0.99	1.00	1.00	1.03		
34	0.91	0.91	0.92	0.92	0.93	0.93	0.93	0.93	0.94	0.94	0.95	0.95	0.95	0.96	0.97	0.98	0.99	1.00	1.00	1.01	1.02	1.02	1.03	1.03	1.04	1.04	1.07
1/2	0.95	0.95	0.96	0.96	0.97	0.97	0.97	0.97	0.98	0.98	0.98	0.99	0.99	1.00	1.01	1.02	1.03	1.04	1.04	1.05	1.06	1.07	1.07	1.08	1.08	1.09	1.12
35	0.99	0.99	1.00	1.00	1.01	1.01	1.01	1.01	1.02	1.02	1.03	1.03	1.03	1.05	1.05	1.06	1.08	1.08	1.09	1.10	1.11	1.11	1.12	1.12	1.13	1.16	
40	1.42	1.43	1.43	1.44	1.44	1.45	1.45	1.46	1.47	1.47	1.47	1.48	1.49	1.50	1.50	1.51	1.52	1.53	1.53	1.54	1.54	1.55	1.55	1.56	1.56	1.57	1.62

附表6 乳稠计读数变为15℃时的度数换算表

乳稠计读数 \ 鲜乳温度/℃	8	9	10	11	12	13	14	15	16	17	18	19	20	21	22
15	14.2	14.3	14.4	14.5	14.6	14.7	14.8	15.0	15.1	15.2	15.4	15.6	15.8	16.0	16.2
16	15.2	15.3	15.4	15.5	15.6	15.7	15.8	16.0	16.1	16.3	16.5	16.7	16.9	17.1	17.3
17	16.2	16.3	16.4	16.5	16.6	16.7	16.8	17.0	17.1	17.3	17.3	17.7	17.9	18.1	18.3
18	17.2	17.3	17.4	17.5	17.6	17.7	17.8	18.0	18.1	18.3	18.5	18.7	18.9	19.1	19.5
19	18.2	18.3	18.4	18.5	18.6	18.7	18.8	19.0	19.0	19.3	19.5	19.7	19.9	20.1	20.3
20	9.1	19.2	19.3	19.4	19.5	19.6	19.8	20.0	20.1	20.3	20.5	20.7	20.9	21.1	21.3
21	20.1	20.2	20.3	20.4	20.5	20.6	20.8	21.0	21.2	21.4	21.6	21.8	22.0	22.2	22.4
22	21.1	21.2	21.3	21.4	21.5	21.6	21.8	22.0	22.2	22.4	22.6	22.8	23.0	23.4	23.4
23	22.1	22.2	22.3	22.4	22.5	22.6	22.8	23.0	23.2	23.4	23.6	23.8	24.0	24.2	24.4
24	23.1	23.2	23.3	23.4	23.5	23.6	23.8	24.0	24.2	24.4	24.6	24.8	25.0	25.2	25.5
25	24.0	24.1	24.2	24.3	24.5	24.6	25.0	25.2	25.4	25.6	25.8	26.0	26.2	26.4
26	25.0	25.1	25.2	25.3	25.5	25.6	25.8	26.0	26.2	26.4	26.6	26.9	27.1	27.3	27.5
27	26.0	26.1	26.2	26.3	26.4	26.6	26.8	27.0	27.2	27.4	27.6	27.9	28.1	28.4	28.6
28	26.9	27.0	27.1	27.2	27.4	27.6	27.8	28.0	28.2	28.4	28.6	28.9	29.2	29.4	29.6
29	27.8	27.9	28.1	28.2	28.4	28.6	28.8	29.0	29.2	29.4	29.6	29.9	30.2	30.4	30.6
30	28.7	28.9	29.0	29.2	29.4	29.6	29.8	30.0	30.2	30.4	30.6	30.9	31.2	31.4	31.6
31	29.7	29.8	30.0	30.2	30.4	30.6	30.8	31.0	31.2	31.4	31.6	32.0	32.2	32.5	32.7
32	30.6	20.8	31.0	31.2	31.4	31.6	31.8	32.0	32.2	32.4	32.7	33.0	33.3	33.6	33.8
33	31.6	31.8	32.2	32.4	32.6	32.8	33.0	33.2	33.4	33.7	34.0	34.3	34.6	34.8
34	32.6	32.8	32.8	33.1	33.3	33.6	33.8	34.0	34.2	34.4	34.7	35.0	35.3	35.6	35.9
35	33.6	33.7	33.8	34.0	34.2	34.4	34.8	35.0	35.2	35.4	35.7	36.0	36.3	36.6	36.9

附表7 糖液折光锤度温度改正表(20℃)

温度/℃ \ 锤度	0	5	10	15	20	25	30	35	40	45	50	55	60	66	70
10	0.50	0.54	0.58	0.61	0.64	0.66	0.68	0.70	0.72	0.73	0.74	0.75	0.76	0.78	0.79
11	0.46	0.49	0.53	0.55	0.58	0.60	0.62	0.64	0.65	0.66	0.67	0.68	0.69	0.70	0.71
12	0.42	0.45	0.48	0.50	0.52	0.54	0.56	0.57	0.58	0.59	0.60	0.61	0.61	0.63	0.63
13	0.37	0.40	0.42	0.44	0.46	0.48	0.49	0.50	0.51	0.52	0.53	0.54	0.54	0.55	0.55
14	0.33	0.35	0.37	0.39	0.40	0.41	0.42	0.43	0.44	0.45	45.0	0.46	0.46	0.47	0.48
15	0.27	0.29	0.31	0.33	0.34	0.34	0.35	0.36	0.37	0.37	0.38	0.39	0.39	0.40	0.40
16	0.22	0.24	0.25	0.26	0.27	0.28	0.28	0.29	0.30	0.30	0.30	0.31	0.31	0.32	0.32
17	0.17	0.18	0.19	0.20	0.21	0.21	0.21	0.22	0.22	0.23	0.23	0.23	0.23	0.24	0.24
18	0.12	0.13	0.13	0.14	0.14	0.14	0.14	0.15	0.15	0.15	0.15	0.16	0.16	0.16	0.16
19	0.06	0.06	0.06	0.07	0.07	0.07	0.07	0.08	0.08	0.08	0.08	0.08	0.08	0.08	0.08
21	0.06	0.07	0.07	0.07	0.07	0.08	0.08	0.08	0.08	0.08	0.08	0.08	0.08	0.08	0.08
22	0.13	0.13	0.14	0.14	0.15	0.15	0.15	0.15	0.15	0.15	0.15	0.16	0.16	0.16	0.16
23	0.19	0.20	0.21	0.22	0.22	0.23	0.23	0.23	0.23	0.24	0.24	0.24	0.24	0.24	0.24
24	0.26	0.27	0.28	0.29	0.30	0.30	0.31	0.31	0.31	0.31	0.32	0.32	0.32	0.32	0.32
25	0.33	0.35	0.35	0.37	0.38	0.38	0.39	0.40	0.40	0.40	0.40	0.40	0.40	0.40	0.40
26	0.40	0.42	0.43	0.44	0.45	0.46	0.47	0.48	0.48	0.48	0.48	0.48	0.48	0.48	0.48
27	0.48	0.50	0.52	0.53	0.54	0.55	0.55	0.56	0.56	0.56	0.56	0.56	0.56	0.56	0.56
28	0.56	0.57	0.60	0.61	0.62	0.63	0.64	0.64	0.64	0.64	0.64	0.64	0.64	0.64	0.64
29	0.64	0.66	0.68	0.69	0.71	0.72	0.72	0.73	0.73	0.73	0.73	0.73	0.73	0.73	0.73
30	0.72	0.74	0.77	0.78	0.79	0.80	0.80	0.81	0.81	0.81	0.81	0.81	0.81	0.81	0.81

注:20℃时,为标准数值不用校正。

附表8 碳酸气吸收系数表

压力/9.8 +10⁴Pa 温度/℃	0	0.1	0.2	0.3	0.4	0.5	0.6	0.7	0.8	0.9	1	1.1	1.2	1.3	1.4	1.5	1.6	1.7	1.8	1.9	2	2.1	2.2	2.3	2.4
0	1.713	1.88	2.04	2.21	2.38	2.54	2.71	2.87	3.04	3.21	3.37	3.54	3.70	3.87	4.03	4.20	4.37	4.53	4.70	4.86	5.03	5.19	5.36	5.53	5.69
1	1.645	1.81	1.96	2.12	2.28	2.44	2.60	2.76	2.92	3.08	3.24	3.46	3.56	3.72	3.88	4.04	4.19	4.35	4.51	4.67	4.83	4.99	5.15	5.31	5.47
2	1.584	1.74	1.89	2.04	2.20	2.35	2.50	2.66	2.81	2.96	3.12	3.27	3.42	3.58	3.73	3.88	4.04	4.19	4.34	4.50	4.65	4.80	4.96	5.11	5.26
3	1.527	1.67	1.82	1.97	2.12	2.27	2.41	2.56	2.71	2.86	3.00	3.15	3.30	3.45	3.60	3.74	3.89	4.04	4.19	4.33	4.48	4.63	4.78	4.93	5.07
4	1.473	1.62	1.76	1.9	2.04	2.19	2.33	2.47	2.61	2.76	2.90	3.04	3.18	3.33	3.47	3.61	3.75	3.95	4.04	4.18	4.32	4.47	4.61	4.75	4.89
5	1.424	1.56	1.70	1.84	1.98	2.11	2.25	2.39	2.53	2.66	2.80	2.94	3.08	3.22	3.35	3.49	3.63	3.77	3.90	4.04	4.18	4.32	4.46	4.59	4.73
6	1.377	1.51	1.64	1.78	1.91	2.04	2.18	2.31	2.44	2.58	2.71	2.84	2.98	3.11	3.24	3.38	3.51	3.64	3.78	3.91	4.04	4.18	4.31	4.44	4.58
7	1.331	1.46	1.59	1.72	1.85	1.98	2.10	2.23	2.36	2.49	2.62	2.75	2.88	3.01	3.13	3.26	3.39	3.52	3.65	3.78	3.91	4.04	4.17	4.29	4.42
8	1.282	1.41	1.53	1.65	1.78	1.90	2.03	2.15	2.27	2.40	2.52	2.65	2.77	2.90	3.02	3.14	3.27	3.39	3.52	3.64	3.76	3.89	4.01	4.14	4.26
9	1.237	1.36	1.48	1.60	1.72	1.84	1.96	2.08	2.19	2.31	2.43	2.55	2.67	2.79	2.91	3.03	3.15	3.27	3.39	3.51	3.63	3.75	3.87	3.99	4.11
10	1.194	1.31	1.43	1.54	1.66	1.77	1.89	2.00	2.12	2.23	2.35	2.47	2.58	2.70	2.81	2.93	3.04	3.16	3.27	3.39	3.51	3.62	3.74	3.85	3.97
11	1.154	1.27	1.38	1.49	1.60	1.71	1.82	1.94	2.05	2.16	2.27	2.38	2.49	2.61	2.83	2.94	3.05	3.16	3.28	3.39	3.51	3.61	3.72	3.83	
12	1.117	1.23	1.33	1.44	1.55	1.66	1.77	1.87	1.98	2.09	2.20	2.31	2.41	2.52	2.63	2.74	2.85	2.95	3.06	3.17	3.28	3.39	3.50	3.60	3.71
13	1.083	1.19	1.29	1.40	1.50	1.61	1.71	1.82	1.92	2.03	2.13	2.24	2.34	2.45	2.55	2.66	2.76	2.86	2.97	3.07	3.18	3.28	3.39	3.49	3.60
14	1.050	1.51	1.25	1.35	1.46	1.56	1.66	1.76	1.86	1.96	2.07	2.17	2.27	2.37	2.47	2.57	2.68	2.78	2.88	2.98	3.08	3.18	3.29	3.39	3.49
15	1.019	1.12	1.22	1.31	1.41	1.51	1.61	1.71	1.81	1.91	2.01	2.10	2.20	2.30	2.40	2.50	2.60	2.70	2.79	2.89	2.99	3.09	3.19	3.29	3.39
16	0.985	1.08	1.18	1.27	1.37	1.46	1.56	1.65	1.75	1.84	1.94	2.03	2.13	2.22	2.32	2.41	2.51	2.61	2.70	2.80	2.89	2.99	3.08	3.18	3.27
17	0.956	1.05	1.14	1.23	1.33	1.42	1.51	1.60	1.70	1.79	1.88	1.97	2.07	2.16	2.25	2.34	2.44	2.53	2.62	2.71	2.81	2.90	2.99	3.08	3.18
18	0.928	1.02	1.11	1.20	1.29	1.38	1.47	1.56	1.65	1.74	1.83	1.92	2.01	2.10	2.19	2.28	2.37	2.45	2.54	2.63	2.72	2.81	2.90	2.99	3.08
19	0.902	0.99	1.08	1.16	1.25	1.34	1.43	1.51	1.60	1.69	1.77	1.86	1.95	2.04	2.12	2.21	2.30	2.39	2.47	2.56	2.65	2.74	2.82	2.91	3.00
20	0.878	0.96	1.05	1.13	1.22	1.30	1.39	1.47	1.56	1.64	1.73	1.81	1.90	1.98	2.07	2.15	2.24	2.32	2.41	2.49	2.58	2.66	2.75	2.83	2.92
21	0.854	—	—	1.10	1.18	1.27	1.35	1.43	1.52	1.60	1.68	1.76	1.85	1.93	2.01	2.09	2.18	2.26	2.34	2.42	2.51	2.59	2.67	2.76	2.84
22	0.829	—	—	—	1.15	1.23	1.31	1.39	1.47	1.55	1.63	1.71	1.79	1.87	1.95	2.03	2.11	2.19	2.27	2.35	2.43	2.51	2.59	2.67	2.75
23	0.804	—	—	—	—	1.19	1.27	1.35	1.43	1.50	1.58	1.66	1.74	1.82	1.89	1.97	2.05	2.13	2.20	2.28	2.36	2.44	2.52	2.59	2.67
24	0.781	—	—	—	—	—	1.23	1.31	1.39	1.46	1.54	1.61	1.69	1.76	1.84	1.91	1.99	2.07	2.14	2.22	2.29	2.37	2.44	2.52	2.60
25	0.759	—	—	—	—	—	1.27	1.35	1.42	1.49	1.57	1.64	1.71	1.79	1.86	1.93	2.01	2.08	2.15	2.23	2.30	2.38	2.45	2.52	

续表

压力/9.8+104Pa / 温度/℃	2.5	2.6	2.7	2.8	2.9	3	3.1	3.2	3.3	3.4	3.5	3.6	3.7	3.8	3.9	4	4.1	4.2	4.3	4.4	4.5	4.6	4.7	4.8	4.9	5.0
0	5.86	6.02	—	—	—	—	—	—	—	—	—	—	—	—	—	—	—	—	—	—	—	—	—	—	—	—
1	5.63	5.79	5.95	6.11	—	—	—	—	—	—	—	—	—	—	—	—	—	—	—	—	—	—	—	—	—	—
2	5.42	5.57	5.72	5.88	6.03	—	—	—	—	—	—	—	—	—	—	—	—	—	—	—	—	—	—	—	—	—
3	5.22	5.37	5.52	5.67	5.81	5.96	6.11	—	—	—	—	—	—	—	—	—	—	—	—	—	—	—	—	—	—	—
4	5.04	5.18	5.32	5.46	5.61	5.75	5.89	6.01	6.18	—	—	—	—	—	—	—	—	—	—	—	—	—	—	—	—	—
5	4.87	5.01	5.15	5.28	5.42	5.56	5.70	5.83	5.97	6.11	—	—	—	—	—	—	—	—	—	—	—	—	—	—	—	—
6	4.71	4.84	4.98	5.11	5.24	5.38	5.51	5.64	5.77	5.91	6.04	6.17	—	—	—	—	—	—	—	—	—	—	—	—	—	—
7	4.55	4.68	4.81	4.94	5.07	5.20	5.32	5.45	5.58	5.71	5.84	5.97	6.10	6.23	—	—	—	—	—	—	—	—	—	—	—	—
8	4.38	4.51	4.63	4.76	4.88	5.00	5.13	5.25	5.38	5.50	5.62	5.75	5.87	6.00	6.12	—	—	—	—	—	—	—	—	—	—	—
9	4.23	4.35	4.47	4.59	4.71	4.83	4.95	5.07	5.19	5.31	5.43	5.55	5.67	5.79	5.91	6.03	6.15	—	—	—	—	—	—	—	—	—
10	4.08	4.20	4.31	4.43	4.55	4.66	4.78	4.89	5.01	5.12	5.24	5.35	5.47	5.59	5.70	5.82	5.93	6.05	—	—	—	—	—	—	—	—
11	3.95	4.06	4.17	4.28	4.39	4.50	4.62	4.73	4.84	4.95	5.06	5.17	5.29	5.40	5.51	5.62	5.73	5.84	5.96	6.07	6.18	6.29	6.40	—	—	—
12	3.82	3.93	4.04	4.14	4.25	4.36	4.47	4.58	4.68	4.79	4.90	5.01	5.12	5.23	5.33	5.44	5.55	5.66	5.77	5.87	5.98	6.09	6.20	6.31	6.41	6.52
13	3.70	3.81	3.91	4.02	4.12	4.23	4.33	4.44	4.54	4.65	4.75	4.86	4.96	5.07	5.17	5.28	5.38	5.49	5.59	5.69	5.80	5.80	6.01	6.11	6.22	6.32
14	3.59	3.69	3.79	3.90	4.00	4.10	4.20	4.30	4.40	4.51	4.61	4.71	4.81	4.91	5.01	5.11	5.22	5.32	5.42	5.52	5.62	5.72	5.83	5.93	6.03	6.13
15	3.48	3.58	3.68	3.78	3.88	3.98	4.08	4.17	4.27	4.37	4.47	4.57	4.67	4.77	4.87	4.96	5.06	5.16	5.26	5.36	5.46	5.56	5.65	5.75	5.85	5.95
16	3.37	3.46	3.56	3.65	3.75	3.84	3.94	4.04	4.13	4.23	4.32	4.42	4.51	4.61	4.70	4.80	4.89	4.99	5.08	5.18	5.27	5.37	5.47	5.56	5.66	5.75
17	3.27	3.36	3.45	3.55	3.64	3.73	3.82	3.92	4.01	4.10	4.19	4.29	4.38	4.47	4.56	4.66	4.75	4.84	4.93	5.03	5.12	5.21	5.30	5.40	5.49	5.58
18	3.17	3.26	3.35	3.44	3.53	3.62	3.71	3.80	3.89	3.98	4.07	4.16	4.25	4.34	4.43	4.52	4.61	4.70	4.79	4.88	4.97	5.06	5.15	5.24	5.33	5.42
19	3.08	3.17	3.26	3.35	3.43	3.52	3.61	3.70	3.78	3.87	3.96	4.04	4.13	4.22	4.31	4.39	4.48	4.57	4.66	4.74	4.83	4.92	5.01	5.09	5.18	5.27
20	3.00	3.09	3.17	3.26	3.34	3.43	3.51	3.60	3.68	3.77	3.85	3.94	4.02	4.11	4.19	4.28	4.36	4.45	4.53	4.62	4.70	4.79	4.87	4.96	5.04	5.18
21	2.92	3.00	3.09	3.17	3.25	3.33	3.42	3.50	3.58	3.66	3.75	3.83	3.91	3.99	4.08	4.16	4.24	4.33	4.41	4.49	4.57	4.66	4.72	4.82	4.90	4.99
22	2.83	2.92	3.00	3.08	3.16	3.24	3.32	3.40	3.48	3.56	3.64	3.72	3.80	3.88	3.96	4.04	4.12	4.20	4.28	4.36	4.44	4.52	4.60	4.68	4.76	4.84
23	2.75	2.83	2.90	2.98	3.06	3.14	3.22	3.29	3.37	3.45	3.53	3.61	3.68	3.76	3.84	3.92	3.99	4.04	4.15	4.23	4.31	4.38	4.46	4.54	4.62	4.69
24	2.67	2.75	2.82	2.90	2.97	3.05	3.12	3.20	3.28	3.35	3.43	3.50	3.58	3.65	3.73	3.80	3.88	3.96	4.03	4.11	4.18	4.26	4.34	4.41	4.48	4.56
25	2.60	2.67	2.74	2.82	2.89	2.96	3.04	3.11	3.18	3.26	3.33	3.40	3.48	3.55	3.62	3.70	3.77	3.84	3.92	3.99	4.06	4.14	4.21	4.29	4.36	4.43

注：1. 碳酸气吸收系数称为气容量。

2. 本样品测试的标准温度为20℃。若差异应进行温度校正，本表已将各温度整理、换算、归纳，可直接查出正确数值。

附表9　相当于氧化亚铜质量的葡萄糖、果糖、乳糖、转化糖

单位：mg

氧化亚铜	葡萄糖	果糖	乳糖	转化糖	氧化亚铜	葡萄糖	果糖	乳糖	转化糖
11.3	4.6	5.1	7.7	5.2	54.0	23.1	25.4	36.8	24.5
12.4	5.1	5.6	8.5	5.7	55.2	23.6	26.0	37.8	25.0
13.5	5.6	6.1	9.3	6.2	66.3	24.1	26.5	38.3	25.5
14.6	6.0	6.7	10.0	6.7	67.4	24.6	27.1	39.1	26.0
15.8	6.5	7.2	10.8	7.2	58.5	25.1	27.6	39.8	26.5
16.9	7.0	7.7	11.5	7.7	59.7	25.6	28.2	40.6	27.0
18.0	7.5	8.3	12.3	8.2	60.8	26.1	28.7	41.4	27.8
19.1	8.0	8.8	13.1	8.7	61.9	26.5	29.2	42.1	28.1
20.3	8.5	9.3	13.8	9.2	63.0	27.0	29.8	42.9	28.6
21.4	8.9	9.9	14.6	9.7	64.2	27.5	30.3	43.7	29.1
22.5	9.4	10.4	15.4	10.2	61.3	28.0	30.9	44.4	29.6
23.6	9.9	10.9	16.1	10.7	66.4	28.5	31.4	45.2	30.1
24.8	10.4	11.5	16.9	11.2	67.6	29.0	31.9	46.0	30.0
25.9	10.9	12.0	17.7	11.7	68.7	29.5	32.5	46.7	31.2
27.0	11.4	12.5	18.4	12.3	69.8	30.0	33.0	47.5	31.7
28.1	11.9	13.1	19.2	12.8	70.9	30.5	33.6	48.3	32.2
29.3	12.3	13.6	19.9	13.3	72.1	31.0	34.1	49.0	32.7
30.4	12.8	14.2	20.7	13.8	73.2	31.5	34.7	49.8	33.2
31.5	13.3	14.7	21.5	14.3	74.3	32.0	35.2	50.6	33.7
32.6	13.8	15.2	22.2	14.8	75.4	32.5	35.8	51.3	34.3
33.8	14.3	15.8	23.0	15.3	76.6	33.0	36.3	52.1	34.6
34.9	14.8	16.0	23.8	15.8	77.7	33.5	36.8	52.9	35.3
36.0	15.3	16.8	24.5	16.3	78.8	34.0	37.4	53.6	35.8
37.2	15.7	17.4	25.3	16.8	79.9	34.4	37.9	54.4	36.3
38.3	16.2	17.9	26.1	17.3	81.1	35.0	38.5	55.2	36.8
39.4	16.7	18.4	26.8	17.8	82.2	35.5	39.0	55.9	37.4
40.5	17.2	19.0	27.6	18.3	83.3	36	39.6	56.7	37.9
41.7	17.7	19.5	28.4	18.9	84.4	36.5	40.1	57.5	38.4
42.8	18.2	20.1	29.1	19.4	85.6	37.0	40.7	58.2	38.9
43.9	18.7	20.6	29.9	19.9	86.7	37.5	41.2	59.0	39.4
45.0	19.2	21.1	30.6	20.4	87.8	38.0	41.7	59.8	40.0
46.2	19.7	21.7	31.4	20.9	88.9	38.5	42.3	60.5	40.5
47.3	20.1	22.2	32.2	21.4	90.1	39.0	42.8	61.3	41.0
48.4	20.6	22.8	32.9	21.9	91.2	39.5	43.4	62.1	41.5
49.5	21.1	23.3	33.7	22.4	92.3	40.0	43.9	62.8	42.0
50.7	21.6	23.8	34.5	22.9	93.4	40.5	44.5	63.6	42.6
51.8	22.1	24.4	35.2	23.5	94.6	41.0	45.0	64.4	43.1
52.9	22.6	24.9	36.0	24.0	95.7	41.5	45.6	65.1	43.6
96.8	42.0	4.1	65.9	44.1	145.2	63.8	69.9	99.0	66.8
97.9	42.5	46.7	66.7	44.7	146.4	64.3	70.4	99.8	67.4
99.1	43.0	47.2	67.4	45.2	147.5	64.9	71.0	100.6	69.7
100.2	43.5	47.8	68.2	45.7	148.6	65.4	71.6	101.3	68.4
101.3	44.0	48.3	69.0	46.2	149.7	65.9	72.1	102.1	69.0

续表

氧化亚铜	葡萄糖	果糖	乳糖	转化糖	氧化亚铜	葡萄糖	果糖	乳糖	转化糖
102.5	44.5	48.9	69.7	46.7	150.9	66.4	72.7	102.9	69.5
103.6	45.0	49.4	70.5	47.3	152.0	66.9	73.2	103.6	70.0
104.7	45.5	50.0	71.3	47.8	153.1	67.4	73.8	104.4	70.6
105.8	46.0	50.5	72.1	48.3	154.2	68.0	74.3	105.2	71.1
107.0	46.5	51.1	72.8	48.8	155.4	68.5	74.9	106.0	71.6
108.1	47.0	51.6	73.6	49.4	156.5	69.0	75.5	106.7	71.2
109.2	47.5	52.2	74.7	49.9	157.6	69.5	76.0	107.5	72.7
110.3	48.0	52.7	75.1	50.4	158.7	70.0	76.6	108.3	73.2
111.5	48.5	53.3	75.9	50.9	159.9	70.5	77.1	109.0	73.8
112.6	49.0	53.8	76.7	51.5	161.0	71.1	77.7	109.8	74.3
113.7	49.5	54.4	77.4	52.0	162.1	71.6	78.3	110.6	74.9
114.8	50.0	54.9	78.2	52.5	163.2	72.1	78.8	111.4	75.4
116.0	50.6	55.5	79.0	53.0	164.4	72.6	79.4	112.1	75.9
117.1	51.1	56.0	79.7	53.6	165.5	73.1	80.0	112.9	76.5
118.2	51.6	56.6	80.5	54.1	166.6	73.7	80.5	113.7	77.0
119.3	52.1	57.1	81.3	54.6	167.8	74.2	81.1	114.4	77.6
120.5	52.6	57.7	82.1	55.2	168.9	74.7	81.6	115.2	78.1
121.6	53.1	58.2	82.8	55.7	170.0	75.2	82.2	116.0	78.6
122.7	53.6	58.8	83.6	56.2	171.0	75.7	82.8	116.8	79.2
123.8	54.1	59.3	84.4	56.7	172.3	76.3	83.3	117.5	79.7
125.0	54.6	59.9	85.1	57.3	172.4	76.8	83.9	118.3	80.3
126.1	55.1	60.4	85.9	57.8	174.5	77.3	84.4	119.1	80.8
127.2	55.6	61.0	86.7	58.3	175.6	77.8	85.0	119.9	81.3
128.3	56.1	61.6	87.4	58.9	176.8	78.3	85.6	120.6	81.9
129.5	56.7	62.1	88.2	59.4	177.9	78.9	86.1	121.4	82.4
130.6	57.2	62.7	89.0	59.9	179.0	79.4	86.7	122.2	83.0
131.7	57.7	63.2	89.8	60.4	180.1	79.9	87.3	122.9	83.5
132.8	58.2	63.8	90.5	61.0	181.3	80.4	87.8	123.7	84.0
134.0	58.7	64.3	91.3	61.5	182.4	81.0	88.4	124.5	84.6
135.1	59.2	64.9	92.1	62.0	182.5	81.5	89.0	125.3	85.1
136.2	59.7	65.4	92.8	62.6	184.5	82.0	89.5	126.0	85.7
137.4	60.2	66.0	93.6	63.1	185.8	82.5	90.1	126.8	86.2
138.5	60.7	66.5	94.4	63.6	186.9	83.1	90.6	127.6	86.8
139.6	61.3	67.1	95.2	64.2	188.0	83.6	91.2	128.4	87.3
140.7	61.8	67.7	95.9	64.7	189.1	84.1	91.8	129.1	87.8
141.9	62.3	68.2	96.7	65.2	190.3	84.6	92.3	129.9	88.4
143.0	62.8	68.9	97.2	65.8	191.4	85.2	92.9	130.7	88.9
144.1	63.3	69.3	98.2	66.3	192.5	85.7	93.5	121.5	89.5
193.6	86.2	94.0	132.2	90.0	242.1	109.2	118.6	165.6	113.7
194.8	86.7	94.6	133.0	90.6	243.1	109.7	119.2	166.4	114.3
195.9	87.3	95.2	133.8	91.1	243.3	110.2	119.8	167.1	114.9
197.0	87.8	95.7	134.6	91.7	245.4	110.8	120.3	167.0	115.4
198.1	88.3	96.3	135.3	92.2	246.6	111.3	120.9	168.7	116.0

续表

氧化亚铜	葡萄糖	果糖	乳糖	转化糖	氧化亚铜	葡萄糖	果糖	乳糖	转化糖
199.3	88.9	96.9	136.1	92.8	247.7	111.9	121.5	169.5	116.5
200.4	89.4	97.4	136.9	93.3	247.6	112.4	122.1	170.3	117.1
201.5	89.9	98.0	137.7	93.8	247.9	112.9	122.6	171.0	117.6
202.7	90.4	98.6	138.4	94.4	251.1	118.5	123.2	171.8	118.2
201.8	91.0	99.2	139.2	94.9	252.2	140.0	121.3	172.6	118.8
204.9	91.5	99.7	140.0	95.5	251.3	114.6	124.4	173.4	119.3
206.0	92.0	100.3	140.8	96.0	254.4	115.1	125.0	174.2	119.9
207.2	92.6	100.9	141.5	96.6	255.6	115.7	125.5	174.9	120.4
208.3	93.1	101.4	142.3	97.1	256.7	116.2	126.1	175.7	121.0
209.4	93.6	102.0	143.1	97.7	257.8	116.7	126.7	176.5	120.6
210.5	94.2	102.6	143.9	98.2	258.9	117.3	127.3	177.3	122.1
211.7	94.7	103.1	144.6	98.8	260.1	117.8	127.9	178.1	122.7
212.8	95.2	101.3	145.4	99.3	261.2	118.4	128.4	178.8	123.3
213.9	95.7	104.8	146.2	99.9	262.3	118.9	129.0	179.6	123.8
215.0	96.3	104.8	147.0	100.4	263.4	119.5	129.6	180.4	124.4
216.2	96.8	105.4	147.7	101.0	264.6	120.0	130.2	181.2	124.9
217.3	97.3	106.0	148.5	101.5	265.7	120.6	130.8	181.9	125.6
218.4	97.9	106.6	149.3	102.1	266.8	121.1	131.3	182.7	126.1
219.5	98.4	107.1	150.1	105.6	268.0	121.7	131.9	183.5	126.6
220.7	98.9	108.7	150.8	103.1	269.1	122.2	132.5	184.3	127.2
221.8	99.5	108.3	151.6	103.7	270.2	122.7	133.1	185.1	127.8
222.9	100.0	108.8	152.4	104.3	271.3	123.3	133.7	185.8	128.3
224.0	100.5	109.4	153.2	104.8	272.5	123.8	134.2	186.6	128.9
225.2	101.1	110.0	153.9	105.4	273.6	124.1	134.8	187.4	129.5
226.3	101.6	110.6	154.7	106.0	274.7	124.9	135.4	188.2	130.3
227.4	102.2	111.1	155.5	106.5	275.8	125.5	136.0	189.0	130.6
228.5	102.7	111.7	156.3	107.1	277.0	126.0	136.6	189.7	131.2
229.7	103.2	112.3	157.0	278.1	278.1	126.6	137.2	190.5	131.7
230.8	103.8	112.9	157.8	108.2	279.2	127.1	137.7	191.3	132.3
231.9	104.3	113.4	158.6	108.7	280.3	127.7	138.3	192.1	132.9
233.1	104.8	114.0	159.4	109.3	281.5	128.2	138.9	192.9	133.4
234.2	105.4	114.6	160.2	109.9	282.6	128.8	139.5	193.6	134.0
235.3	105.9	115.2	160.9	110.4	283.7	129.3	140.1	194.4	134.6
236.4	106.5	116.7	161.7	110.9	284.8	129.9	140.7	195.2	135.1
237.6	107.0	116.3	162.5	111.5	286.0	130.4	141.3	196.0	135.7
238.7	107.5	116.5	163.3	112.1	287.1	131	141.8	196.8	136.3
239.8	108.1	117.5	164.0	112.6	288.2	131.6	142.4	197.5	136.8
240.9	108.6	118.0	164.8	113.2	289.3	132.1	143.0	198.3	137.4
290.5	132.7	144.6	199.1	138.0	338.9	156.8	169.0	232.7	162.8
291.6	133.2	144.2	199.9	138.6	340.0	157.3	169.6	233.5	163.4
292.7	133.8	144.8	200.7	139.1	341.1	157.9	170.2	234.3	164.0
293.8	134.3	145.4	201.4	139.7	342.3	158.5	170.9	235.1	164.5
295.0	134.9	145.9	202.2	140.3	343.4	159.0	171.4	235.9	165.1

续表

氧化亚铜	葡萄糖	果糖	乳糖	转化糖	氧化亚铜	葡萄糖	果糖	乳糖	转化糖
296.1	135.4	146.5	203.0	140.8	344.5	159.6	172.0	236.7	165.7
297.2	136	147.1	201.8	141.4	345.6	160.2	172.6	237.4	166.3
297.3	136.5	147.7	204.6	142.0	346.8	160.7	173.2	238.2	166.9
299.5	137.1	148.3	205.3	142.6	347.9	161.3	173.8	239.0	167.5
300.6	137.7	148.9	206.1	143.1	349.0	161.9	174.4	239.8	168.0
301.7	138.2	149.5	206.9	143.7	350.1	162.5	175.0	240.6	168.5
302.9	138.8	150.1	207.7	144.3	351.3	163.0	175.6	241.4	169.2
304	139.3	150.6	208.5	144.8	352.4	163.6	176.2	242.2	169.8
305.1	139.9	151.2	209.2	145.4	353.5	164.1	176.8	243.0	170.4
306.2	140.4	151.8	210.0	146.0	354.6	164.7	177.4	243.7	171.0
307.4	141	152.4	210.8	146.6	355.8	165.3	178.0	244.5	171.6
308.5	141.6	153.0	211.6	147.1	356.9	165.9	178.6	245.3	172.2
309.6	142.1	153.6	212.4	147.7	358.0	166.5	179.2	246.1	172.8
310.7	143.7	154.2	213.2	148.3	359.1	167.0	179.8	246.9	171.3
311.9	143.2	154.8	214.0	148.9	360.3	167.6	180.4	247.7	173.9
313	143.8	155.4	214.7	149.4	361.4	168.2	181.0	248.5	174.5
314.1	144.4	156.0	215.5	150.0	362.5	168.8	181.6	249.2	175.1
315.2	144.9	156.5	216.3	150.6	363.6	169.3	182.2	250.0	175.7
316.4	145.5	157.1	217.1	151.2	364.8	169.9	182.9	250.8	176.3
317.5	146.6	159.7	217.9	151.8	365.9	170.5	183.4	251.6	176.9
318.6	146.6	158.3	218.7	152.3	367.0	171.1	184.0	252.4	177.5
319.7	147.2	158.9	219.4	152.9	368.2	171.6	184.6	253.2	178.1
320.9	147.7	159.5	220.2	153.5	369.3	172.2	185.2	253.2	178.7
322	148.3	160.1	221.0	154.1	370.4	172.8	185.8	254.7	179.3
323.1	148.8	160.7	221.8	154.6	371.5	173.4	186.4	255.5	179.8
324.2	149.4	161.3	222.6	155.2	372.7	173.9	187.0	256.3	180.4
325.4	150	161.9	223.3	155.8	373.8	174.5	187.6	257.1	181.0
326.5	150.5	162.5	224.1	156.4	374.9	175.1	188.8	257.9	182.2
327.6	154.1	163.1	224.9	157.0	376.0	175.7	188.8	258.7	182.2
328.7	151.7	163.7	225.7	157.5	377.2	176.3	189.4	259.7	182.8
329.9	152.2	164.3	226.5	158.1	378.3	176.8	190.1	260.2	193.4
331	152.8	164.9	227.3	158.7	379.4	177.4	190.7	261.0	184.0
332.1	153.4	165.4	228.0	159.3	380.5	178.0	191.3	261.8	184.6
333.3	153.9	166.0	228.8	159.9	381.7	178.6	191.9	262.6	185.2
333.4	154.5	166.6	229.6	160.5	382.8	179.2	192.5	263.4	185.8
335.5	155.1	167.2	230.4	161.0	383.9	179.7	193.1	264.2	186.4
336.6	155.5	167.8	231.2	161.6	385.0	180.3	193.7	265.0	187.0
337.8	156.2	168.4	232.0	162.2	386.2	180.9	194.3	265.8	187.6
387.3	181.5	194.9	266.6	188.2	435.7	206.9	221.3	300.6	214.2
388.4	182.1	195.5	267.4	188.9	436.8	207.5	221.9	301.4	214.8
389.5	182.7	196.1	268.1	189.4	438.0	208.1	222.6	302.2	215.4
390.7	183.2	196.7	268.9	190.0	439.1	208.7	232.2	303.0	216.0
391.8	183.8	197.3	269.9	190.6	440.2	209.3	223.8	303.8	216.7

续表

氧化亚铜	葡萄糖	果糖	乳糖	转化糖	氧化亚铜	葡萄糖	果糖	乳糖	转化糖
392.9	184.4	197.9	270.5	191.2	441.3	209.9	224.4	304.6	217.3
394.0	185.0	198.5	271.3	191.8	442.5	210.5	225.1	305.4	217.9
395.2	185.6	199.2	272.1	192.4	443.6	211.1	225.7	306.2	218.5
396.3	186.2	199.8	272.9	193.0	444.7	211.7	226.3	307.0	219.1
397.4	186.8	200.4	273.7	193.6	445.8	212.3	226.9	307.8	219.8
398.5	187.3	201.0	274.4	194.2	447.0	212.9	227.6	308.6	220.4
399.7	187.9	201.6	275.2	194.8	448.1	213.5	228.2	309.4	221.0
400.8	188.5	202.2	276.0	195.4	449.2	214.1	228.8	310.2	221.6
401.9	189.1	202.8	276.8	196.0	450.3	214.7	229.4	311.0	222.2
403.1	189.7	203.4	277.6	196.6	451.5	215.3	230.1	311.8	222.9
404.2	190.3	204.0	278.4	197.2	452.6	215.9	230.7	312.6	223.5
405.3	190.9	204.7	279.2	197.8	453.7	216.5	231.3	313.4	224.1
406.4	191.5	205.3	280.0	198.4	454.8	217.1	232.0	314.2	224.7
407.6	192.0	205.9	280.8	199.0	456.0	217.8	232.6	315.0	225.4
408.7	192.6	206.5	281.6	199.6	457.1	218.4	231.2	315.9	226.0
409.8	191.2	207.1	282.4	200.2	458.2	219.0	233.9	316.7	226.6
410.9	193.8	207.7	283.2	200.8	459.3	219.6	234.5	317.5	227.2
412.1	194.4	208.3	284.0	201.4	460.5	220.2	235.1	318.3	227.9
413.2	195.0	209.0	284.8	202.	461.6	220.8	235.8	319.1	228.5
414.3	195.6	209.6	285.6	202.6	462.7	221.4	236.4	310.9	229.1
415.4	196.2	210.2	286.3	203.2	463.8	222.0	237.1	320.7	229.7
416.6	196.8	210.8	287.1	203.8	465.0	222.6	237.7	321.6	230.4
417.7	197.4	211.4	287.9	204.4	466.1	223.3	238.4	322.4	231.0
418.8	198.0	212.0	288.7	205.0	467.2	223.9	239.0	321.7	231.7
419.9	198.5	212.6	289.5	205.7	468.4	224.5	239.7	324.0	232.3
421.1	199.1	213.3	290.3	206.3	469.5	225.1	240.3	324.9	232.0
422.2	199.7	213.9	291.1	206.9	470.6	225.7	241.0	325.7	233.6
423.3	200.3	214.5	291.9	207.5	471.7	226.3	241.6	326.5	234.2
424.4	200.9	215.1	292.7	208.1	472.9	227.0	242.2	327.4	234.8
425.6	201.5	215.7	293.5	208.7	474.0	227.6	242.9	328.2	235.5
426.7	202.1	216.3	294.3	209.3	475.1	228.2	241.6	329.1	236.1
427.8	202.7	217.0	295.0	209.9	476.2	228.8	244.3	329.9	236.8
428.9	203.5	217.6	295.8	210.5	477.4	229.5	244.9	330.8	237.5
430.1	203.9	217.2	296.6	211.1	478.5	230.1	245.6	331.7	238.1
431.2	204.5	218.8	297.4	211.8	479.6	230.7	246.3	332.6	238.8
432.3	205.1	219.5	298.2	212.4	480.7	231.4	247.0	333.5	239.5
433.5	205.1	220.1	299.0	213.0	481.9	232.0	247.8	334.4	240.2
434.6	206.3	220.7	299.8	213.6	481.0	232.7	248.5	335.3	240.8

附表10 20℃时折射率与可溶性固形物含量换算表

折射率	可溶性固形物/%	折射率	可溶性固形物/%	折射率	可溶性固形物/%	折射率	可溶性固形物/%	折射率	可溶性固形物/%	折射率	可溶性固形物/%
1.3330	0.0	1.3549	14.5	1.3793	29.0	1.4066	43.5	1.4373	58.0	1.4713	72.5
1.3337	0.5	1.3557	15.0	1.3802	29.5	1.4076	44.0	1.4385	58.5	1.4737	73.0
1.3344	1.0	1.3565	15.5	1.3811	30.0	1.4086	44.5	1.4396	59.0	1.4725	73.5
1.3351	1.5	1.3573	16.0	1.3820	30.5	1.4096	45.0	1.4407	59.5	1.4749	74.0
1.3359	2.0	1.3582	16.5	1.3829	31.0	1.4107	45.5	1.4418	60.0	1.4762	74.5
1.3367	2.5	1.3590	17.0	1.3838	31.5	1.4117	46.0	1.4429	60.5	1.4774	75.0
1.3373	3.0	1.3598	17.5	1.3847	32.0	1.4127	46.5	1.4441	61.0	1.4787	75.5
1.3381	3.5	1.3606	18.0	1.3856	32.5	1.4137	47.0	1.4453	61.5	1.4799	76.0
1.3388	4.0	1.3614	18.5	1.3865	33.0	1.4147	47.5	1.4464	62.0	1.4812	76.5
1.3395	4.5	1.3622	19.0	1.3874	33.5	1.4158	48.0	1.4475	62.5	1.4825	77.0
1.3403	5.0	1.3631	19.5	1.3883	34.0	1.4169	48.5	1.4486	63.0	1.4838	77.5
1.3411	5.5	1.3639	20.0	1.3893	34.5	1.4179	49.0	1.4497	63.5	1.4850	78.0
1.3418	6.0	1.3647	20.5	1.3902	35.0	1.4189	49.5	1.4509	64.0	1.4863	78.5
1.3425	6.5	1.3655	21.0	1.3911	35.5	1.4200	50.0	1.4521	64.5	1.4876	79.0
1.3433	7.0	1.3663	21.5	1.3920	36.0	1.4211	50.5	1.4532	65.0	1.4888	79.5
1.3441	7.5	1.3672	22.0	1.3929	36.5	1.4221	51.0	1.4544	65.5	1.4901	80.0
1.3448	8.0	1.3681	22.5	1.3939	37.0	1.4231	51.5	1.4555	66.0	1.4914	80.5
1.3456	8.5	1.3689	23.0	1.3949	37.5	1.4242	52.0	1.4570	66.5	1.4927	81.0
2.3464	9.0	1.3698	23.5	1.3958	38.0	1.4253	52.5	1.4581	67.0	1.4941	81.5
1.3471	9.5	1.3706	24.0	1.3968	38.5	1.4264	53.0	1.4593	67.5	1.4954	82.0
1.3479	10.0	1.3715	24.5	1.3978	39.0	1.4275	53.5	1.4605	68.0	1.4967	82.5
1.3487	10.5	1.3723	25.0	1.3987	39.5	1.4285	54.0	1.4616	68.5	1.4980	83.0
1.3494	11.0	1.3731	25.5	1.3997	40.0	1.4296	54.5	1.4628	69.0	1.4993	83.5
1.3502	11.5	1.3740	26.0	1.4007	40.5	1.4307	55.0	1.4639	69.5	1.5007	84.0
1.3510	12.0	1.3749	26.5	1.4016	41.0	1.4318	55.5	1.4651	70.0	1.5020	84.5
1.3518	12.5	1.3758	27.0	1.4026	41.5	1.4329	56.0	1.4663	70.5	1.5033	85.0
1.3526	13.0	1.3767	27.5	1.4036	42.0	1.4340	56.5	1.4676	71.0		
1.3533	13.5	1.3775	28.0	1.4046	42.5	1.4351	57.0	1.4688	71.5		
1.3541	14.0	1.3781	28.5	1.4056	43.0	1.4362	57.5	1.4700	72.0		

附表11 20℃时可溶性固形物含量对温度的校正表

温度/℃	可溶性固形物含量/%														
	0	5	10	15	20	25	30	35	40	45	50	55	60	65	70
应减去之校正值															
10	0.50	0.54	0.58	0.61	0.64	0.66	0.68	0.70	0.72	0.73	0.74	0.75	0.76	0.78	0.79
11	0.46	0.49	0.53	0.55	0.58	0.60	0.62	0.64	0.65	0.66	0.67	0.68	0.69	0.70	0.71
12	0.42	0.45	0.48	0.50	0.52	0.54	0.56	0.57	0.58	0.59	0.60	0.61	0.61	0.63	0.63
13	0.37	0.40	0.42	0.44	0.46	0.48	0.49	0.50	0.51	0.52	0.53	0.54	0.54	0.55	0.55
14	0.33	0.35	0.37	0.39	0.40	0.41	0.42	0.43	0.44	0.45	0.45	0.46	0.46	0.47	0.48
15	0.27	0.29	0.31	0.33	0.34	0.34	0.35	0.36	0.37	0.37	0.38	0.39	0.39	0.40	0.40
16	0.22	0.24	0.25	0.26	0.27	0.28	0.28	0.29	0.30	0.30	0.30	0.31	0.31	0.32	0.32
17	0.17	0.18	0.19	0.20	0.21	0.21	0.21	0.22	0.22	0.23	0.23	0.23	0.23	0.24	0.24
18	0.12	0.13	0.13	0.14	0.14	0.14	0.14	0.15	0.15	0.15	0.15	0.16	0.16	0.16	0.16
19	0.06	0.06	0.06	0.07	0.07	0.07	0.07	0.08	0.08	0.08	0.08	0.08	0.08	0.08	0.08
应加入之校正值															
21	0.06	0.07	0.07	0.07	0.07	0.08	0.08	0.08	0.08	0.08	0.08	0.08	0.08	0.08	0.08
22	0.13	0.13	0.14	0.14	0.15	0.15	0.15	0.15	0.15	0.16	0.16	0.16	0.16	0.16	0.16
23	0.19	0.20	0.21	0.22	0.22	0.23	0.23	0.23	0.23	0.24	0.24	0.24	0.24	0.24	0.24
24	0.26	0.27	0.28	0.29	0.30	0.30	0.31	0.31	0.31	0.31	0.31	0.32	0.32	0.32	0.32
25	0.33	0.35	0.36	0.37	0.38	0.38	0.39	0.40	0.40	0.40	0.40	0.40	0.40	0.40	0.40
26	0.40	0.42	0.43	0.44	0.45	0.46	0.47	0.48	0.48	0.48	0.48	0.48	0.48	0.48	0.48
27	0.48	0.50	0.52	0.53	0.54	0.55	0.55	0.56	0.56	0.56	0.56	0.56	0.56	0.56	0.56
28	0.56	0.57	0.60	0.61	0.62	0.63	0.63	0.63	0.64	0.64	0.64	0.64	0.64	0.64	0.64
29	0.64	0.66	0.68	0.69	0.71	0.72	0.72	0.73	0.73	0.73	0.73	0.73	0.73	0.73	0.73
30	0.72	0.74	0.77	0.78	0.79	0.80	0.80	0.81	0.81	0.81	0.81	0.81	0.81	0.81	0.81